全国教育科学"十一五"规划课题成果

高等学校国防教育与素质教育关系论

GAODENG XUEXIAO GUOFANG JIAOYU YU SUZHI JIAOYU GUANXILUN

徐建军　汪　强　著

人民出版社

序　言

　　本书是全国教育科学"十一五"规划课题"高校国防教育与素质教育的关系研究"的最终成果,也是中南大学拥有的教育部高校国防教育理论与实践研究基地和教育部高等教育学(国防教育)师资培养硕士点开展学术研究的标志性成果。

　　本书的基本宗旨是,以马列主义、毛泽东思想和中国特色社会主义理论体系为指导,以当代社会发展与大学生成长成才为基础,以我国民族国防教育和素质教育文化为背景,以发达国家相关理论与实践为借鉴,以促进大学生全面发展为目标,旨在探究高校国防教育的综合素质培养功能,形成有中国特色大学生国防教育与素质教育关系理论,促进高等教育改革,以国防教育促进大学生综合素质培养,努力适应和满足我国社会主义现代化建设和增强综合国力对开发人才资源的需要。

　　书稿分为九个部分,第一章深入剖析了高校国防教育与素质教育的本质,界定相关研究范畴;第二章阐述了国防教育与素质教育的理论体系;第三章纵向考察了国防教育与素质教育从古至今的关系发展历程;第四章横向比较了各国国防教育与素质教育关系的处理;第五章至第八章专题分析了国防教育与思想政治素质教育、科学文化素质教育、身体心理素质教育、实践创新素质教育的具体关系;第九章提出了利用国防教育促进大学生综合素质培养的方法与路径。

下面简要介绍各章主要内容和核心观点,以作为一个概略的导读。

第一章:高校国防教育与素质教育的本质。我们将国防教育划分为职业型、专业型、修业型三种。在大学生中开展修业型国防教育,是大量培养新型军事人才的需要,是深化国防教育体制改革的需要,也是提高大学生自身综合素质的需要。高校国防教育以高校为主体,以国防为本位,育人是高校国防教育的出发点和落脚点。高校国防教育具有教育目标的高层性、教学安排的规范性、教育途径的广泛性等特征。铸魂——国防意识的强化,精武——国防能力的提高,尚谋——国防人才的培养,这三个基本要素构成了高校国防教育的基本价值功能。运用辩证法考察高校素质教育,其突出特点是四个结合,即主导性与主体性相结合,基础性与发展性相结合,整体性与层次性相结合,理论性与实践性相结合。在比较分析的视野下,高校素质教育存在着与传统应试教育分野不明、跟基础素质教育区别不大、使全面素质教育概念泛化等常见误区。通过系统分析,我们认为,按照思想政治素质、科学文化素质、身体心理素质、实践创新素质四个方面构建高校素质教育目标职能体系较为妥当。

第二章:高校国防教育与素质教育理论。高校国防教育理论以马克思主义关于国防和军事的基本原理为指导,同时借鉴军事教育学、军事心理学等学科的理论成果而逐步完善。而高校国防教育指导理论包括马克思主义关于国防和军事的基本原理和马克思主义国防和军事基本原理中国化成果。高校素质教育理论以马克思关于人的全面发展学说为基础,借鉴教育学、心理学、社会学等学科的相关理论成果,结合高等教育和社会发展的需要,逐渐形成并进一步丰富和发展。高校国防教育与素质教育有着不同的本质内涵和理论基础,但两者又密切地关联着。素质教育是一种教育价值观和教育理想,而国防教育正是为了实现素质教育目的开展的一项教育实践活动。作为目的的素质教育和作为手段的国防教育是两者的内在逻辑关系表述。

第三章:国防教育与素质教育关系的纵向考察。纵观中国古代国防教育发生发展的历史,以国防观念和意识、爱国主义精神、民族英雄主义、传统武德为基础内容的国防教育,无不体现着重视对人进行教育和提高人素质的教育思想。1840年鸦片战争爆发后,由于抵御外辱成为国家和民族的重中之重,国防教育和素质教育的关系呈现出几个特点:国防教育的功能得到较为系统的开发,国防教育的作用表现得越来越广泛和重大;素质教育地位得到提升,国防教育已成为素质教育的重要内容;国防教育和素质教育的内涵更加丰富,素质教育重在为国防教育服务。改革开放前的国防教育和素质教育,既有承先,又有新的发展,两者的关系逐步走向交叉、互融、共享阶段。改革开放后高校不断深化教育改革,全面推进素质教育,军训逐渐制度化,基本目的是提高学生的国家安全意识和综合素质。

第四章:国防教育与素质教育关系的国外借鉴。历史的经验教训唤起了世界各国强烈的忧患意识,各国普遍重视全民的国防教育。如德国强调民防普及,创新国防;英国的国防宣传,无孔不入;美国注重全民国防,国家至上;日本狠抓危机教育,扩充军力等。从发达国家素质教育的主要特色来看,德国重视提升关键能力,英国极力促进全面发展,美国注重挖掘个人潜力,日本强调实行个性教育。纵观世界发达国家的国防教育和素质教育,立足于公民教育和价值观教育,注重道德教育的实用性和可行性是开展思想道德素质教育的有效途径,坚持学生为学习主体,强调通才教育,培养复合型创新人才,是推进文化素质教育的必由之路,而营造良好的学习生活环境,注重心理健康和体育运动,是促进身体心理素质教育不可缺少的因素。

第五章:高校国防教育与思想政治素质教育的关系。思想政治素质具有以下主要特点:明确的主导性,强烈的政治性,鲜明的思想性,显著的发展性。高校国防教育与大学生思想政治素质教育的内在联系体现在:本质内涵的一致性,教育内容的从属性,主体客体的同一性,教育成果的共享性。调查显示,大学生对国防教育高度认可,德育功能较为明显;国防教育的安排较为合理,集中教育效果较为突出;国防教育必修课开设率高,到课率高。目前表现出的问题主要有:系统性不强,必修课效果欠佳,选修课欠丰富,课外支撑系统薄弱,经费、人员、精力投入不足。以国防教育促进大学生思想政治素质教育,要加强民族精神教育,增强大学生心系中华的自豪感;加强忧患意识教育,增强大学生振兴民族的紧迫感;加强责任意识教育,增强大学生报效祖国的使命感。要做到课程设置系统、机制保障到位、教学组织规范,不断优化教学过程。要以校园文化活动为载体,倡导自发性国防教育;以社会实践活动为载体,支撑体验性国防教育;以大众传播媒介为载体,推进熏陶性国防教育。

第六章:高校国防教育与科学文化素质教育的关系。科学文化素质教育的任务是传授知识,训练技能,发展职能。其特性主要是广泛的渗透性,高度的实践性,鲜明的时代性。国防教育与科学文化素质教育的理念侧重不同:艰苦磨练与轻松学习;教育过程实施相异:强制执行与自主发展;教育模式解读不一:整齐划一与个性张扬。但二者目标一致,内容交叉,成效共享。国防教育对科学文化素质教育的促进作用体现在:内容丰富,拓展思维空间;讲究纪律,养成良好习惯;任重道远,明确学习意义。科学文化素质教育对国防教育的积极作用体现在:夯实国防教育理论,完善国防教育内容,优化国防教育方法,巩固国防教育效果。

第七章:高校国防教育与身心素质教育的关系。军训是一项具有一定生理负荷强度的有氧训练,有助于大学生健康素质的提高,有助于大学生运动素质的提高,有助于大学生神经系统和大脑机能的调节。高校国防教育对大学生非智力因素的培养功能主要表现在成就动机的激发、意志品质的磨砺、团队意识的培养和战斗精神的培育等。高校国防教育在学生身心健康素质方面特殊的培养方法主要是环境磨练、集体影响和自我养成。其培养途径主要体现在三个结合:身体素质与心理素质训练的有机结合;训练、管理与思想政治教育的有机结合;学习的自觉性与教育的强制性的有机结合。

第八章:高校国防教育与实践创新素质教育的关系。教育原则是教育规律的体现。在大学生实践创新素质教育中应遵循整体性原则、主体性原则、创新性原则、实践性原则、发展性原则。国防教育与实践创新素质教育都属于素质教育大系统中的一个子系统,但两者是相互渗透的,国防教育中包含了实践创新素质教育的很多内容,国防教育有利于实践创新意识的培养,有利于实践创新思维的训练,有利于实践创新潜能的挖掘。实践创新素质的提高不是一个自发的过程,当客观条件具备时,还需要主体付出艰苦努力。由于国防教育有利于主体克服畏惧障碍,突破定势羁绊,摆脱懒惰思想,树立自信观念,因而能促进实践创新素质的提高。

第九章:以国防教育促进大学生综合素质培养。就主体的价值强化而言,国防教育的作用可归纳为:和平条件下的固本作用,特定条件下的应急作用,对峙条件下的威慑作用,战争条件下的实战作用。国防教育的系统性决定其综合素质培养功能;国防教育的渗透性拓展其综合素质培养功能;国防教育的针对性强化其综合素质培养功能。国防教育在大学生综合素质培养中具有重要地位和特殊作用,我们对此一定要有清醒的认识。国防教育与大学生综合素质培养的其他内容相互渗透而非孤立存在,我们在设计大学生国防教育的内容时应特别强调,结构要合理,结合要紧密。为解决高校国防教育中普遍存在的集中教育强、分散教育弱的问题,我们必须树立长期的实践观念,抓好集中强化、持续实施、多线渗透、网络育人等几个环节,深入、持久、有效地开展国防教育,促进大学生综合素质的提高。

本人作为课题负责人和本书写作的主持人,负责写作大纲的制定和组织完成,并对全书进行了修改和统稿定稿。汪强为申报课题和落实本书的出版作出了重要贡献。本书作者按顺序排列分别是:第一章徐建军、胡杨,第二章柯闻秀,第三章陈迎明,第四章余文武,第五章乔硕功,第六章胡杨,第七章汪强,第八章贺少华、胡杨,第九章廖济忠。柯闻秀、胡杨、廖济忠还承担了一些相关工作。

课题立项和本书写作得到了教育部体育卫生与艺术教育司廖文科副司长、谭钢司长助理的很大支持。本书在写作过程中,吸收了许多专家学者的研究成果,谨致诚挚的谢意。由于高校国防教育与素质教育涉及面广,理论性与实践性强,又处在发展变化之中,我们的认识和把握有一定局限,书中难免有疏漏与不足,敬请同行专家、学者和广大读者批评指正。最后,要特别感谢人民出版社夏青老师,由于她的支持、鼓励和辛劳,本书得以出版。

徐建军

2010 年 9 月

目　　录

第一章　高校国防教育与素质教育的本质

众所周知,随着科学技术的突飞猛进,知识经济初显端倪,国力竞争日趋激烈,21世纪最根本的竞争是人才的竞争。今天的大学生是未来社会知识与文化的最为主要的传承者和创造者,他们的综合素质状况,关系到国家的国力兴衰和生死存亡。因此,世界各国都产生了这样一个共识:只有加强大学生综合素质的培养,造就高质量的专门人才,才能在未来的政治、经济、文化的竞争中取得主动。这对我国高等教育既提供了机遇,也提出了挑战。人才的培养始终是教育工作者所面临的永恒的课题。如何反思现有的人才培养模式? 中国应如何培养面向21世纪社会发展需要的人才? 究竟怎样理解素质教育? 对大学生怎样推行国防教育? 如何充分融合两种教育更好地培养大学生? 这都是值得我们深思的问题。大学生国防教育与素质教育理论与实践关系的探索,是一场深刻的、持续发展的高等教育改革。我们只有把教育放在优先发展的战略地位,努力推进高等教育的现代化,提高大学生的全面素质,才能加速我国社会主义现代化建设,增强我国的综合国力。

第一节　基本研究视域的概念界定

全面阐述高校国防教育与素质教育关系问题,首先要明确几个关键的概念,如国防、国防教育、素质、素质教育。只有把这些概念界定好了,我们才能更深入地探讨问题。基本概念的日臻精确,标志着相应学科的日益成熟。概念模糊不清,必将导致对事物本质认识的随意性而最终妨碍科学的发展。所以如何确定有关概念的含义,不仅涉及对两种教育本身一系列重大问题的认识,而且关系着两种教育关系理论体系的科学构建。

一、国防与国防教育

国家兴亡,匹夫有责。只有国家繁荣富强,人民才能安居乐业。国防与国家的各个部门、各种组织以及全体公民都息息相关。振兴国防,教育为本。要使全民树立牢固的国防思想,人人关心国防事业,积极为国防建设作贡献,关键在于教育。

1. 国防及其要素

"国防"一词是由"国"与"防"两个词素构成的复合结构形式的合成词。"国"是国家的简称。国家是个历史的范畴,是人类社会阶级斗争的必然产物。"国家是阶级统治的机关,是一个阶级压迫另一个阶级的机关"①,是经济上占统治地位的阶级为了维护本阶级的利益对被统治阶级实行专政的工具。"防"是防备、防卫以及各种防务的简称,是指预先采取各种方案、措施和手段,以制止和抵御外来的各种威胁、攻击、侵袭和伤害的发生,保持本身的安全性、完整性和正常健康发展。

---

① 《列宁选集》第3卷,人民出版社1995年版,第114页。

国防是国家防务的简称。对国防的定义,当前学术界有多种表述,如《军事大词典》、《国防教育大词典》、《中国军事百科全书》、《中华人民共和国国防法》等都有过相关界定。比较而言,既体现对待学术问题的严谨态度,又维护法律的严肃性和权威性,我们以《中华人民共和国国防法》的定义为开展研究的基本依据。它规定,国防是指"国家为防备和抵抗侵略,制止武装颠覆,保卫国家的主权、统一、领土完整和安全所进行的军事活动,以及与军事有关的政治、经济、外交、科技、教育等方面的活动"。在以上规定中,可以看出国防活动有四个基本要素,即国防的主体、国防的目的、国防的手段、国防的对象。①

2. 国防教育的内涵

有国家就有国防,有国防就有国防教育。一定社会的国防教育,是一定社会政治经济的反映,同时又给一定社会的政治经济以影响和作用。我们知道国防教育学是学术界正在呼唤建立的一门新兴的交叉学科,当前学术界对"国防教育"不是没有定义,而是定义太多,还没有形成一个严谨的统一的定义。现就当中具有代表性的定义介绍如下:

《中国军事百科全书》的定义是:"国防教育是为巩固和加强国防而对公民进行的教育。国防教育是国防建设的组成部分、教育事业的重要内容。"②《国防教育大词典》的界定是:国防教育是"国防领域里的教育现象,是为增强全民国防观念,强化全民国防意识和军事知识与技能所进行的教育。"③《国防教育学》认为:"国防教育,是国防领域里的教育现象,是为捍卫国家主权、领土完整和安全,防御外来侵略、颠覆和威胁,对整个社会全体公民进行有组织、有计划的国防政治、思想品德、军事技术战术和体制等诸方面施以影响的一切活动。"④《中国的国防构想》认为:

---

① 参见吴温暖:《高等学校国防教育》,厦门大学出版社2007年版,第2页。
② 《中国军事百科全书》增补卷,军事科学出版社2002年版,第136页。
③ 候树栋:《国防教育大词典》,军事科学出版社1992年版,第644页。
④ 武炳、张彦斌、杜景山:《国防教育学》,国防大学出版社2000年版,第4页。

"国防教育是旨在提高全体公民保卫国防的意识和能力而实施的教育活动。"①《高等学校国防教育》将国防教育的定义表述为："国家为增强公民的国防意识,提高公民的国防行为能力而进行的教育,是国防建设和国民教育的重要组成部分"。②

以上几种定义,在我国国防教育的历史发展和学术研究的进程中都发挥过重要的作用。比较而言2007年出版的《高等学校国防教育》吸收了各家所长,定义比较合理,表述简洁明了,研究边界清楚明晰,系统地反映了国防教育的主体与对象、国防教育的目的、国防教育的归属以及怎样实现国防教育目的等基本问题,即国防教育的对象是全体公民;国防教育的目的是增强公民的国防意识,提高公民的国防行为能力;国防教育的归属既是国防建设的重要组成部分,也是国民教育的重要内容。

3. 国防教育的基本类型

国防教育的对象有着广泛的群众性,但不同群体在其中所处的地位和作用不同。传统的层次划分法的依据是我国社会成员的构成及其所承担的国防责任。例如有"四层次说"③、"三对象说"④等。既反映现实状况,也反映知识经济、知识军事的特点及其对人才的要求,我们将国防教育划分为以下三种类型:⑤

一是职业型。这里是指武装力量特别是军队的国防教育。军队永远是战斗队,军人永远是战斗队员,职业型国防教育具有全时制、全方位、全员额的鲜明特点,即军队必须在全部时间、单位、人员里加强教育、管理和训练。亨廷顿在《士兵与国家》一书中指出:"军官队伍必须忠于军人理想,只有达到这种程度,它才是职业性的。……军队中唯一持久和具有团

---

① 糜振玉:《中国的国防构想》,解放军出版社1988年版,第139页。
② 吴温暖:《高等学校国防教育》,厦门大学出版社2007年版,第13页。
③ 李元喜:《国防教育百题问答》,国防大学出版社1989年版,第207—208页。
④ 张万年:《当代世界军事与中国国防》,军事科学出版社2002年版,第272页。
⑤ 参见廖济忠:《论国防教育与大学生综合素质培养》,中南大学硕士学位论文,2005年,中国知网。

结力量的忠诚就是军人对其职业权能之理想的忠诚,即每个战士对做个好士兵理想的追求,每个部队对模范团的传统和精神的崇尚。……军队要实现其功能,就要求其中每一等级必须能够指挥下级,下级要立即忠实地服从命令,若没有这种关系,实现军事职业化是不可能的。"①可以看出,军人职业具有政治性、尚武性、团体性、约束性、危险性和奉献牺牲性等特点。军队不生产谷物却生产安全,因而与其他职业不同,军人创造的价值主要不是有形的物质财富,而是安全价值、政治外交价值、精神价值等。换言之,军人创造的价值,主要表现为保障其他人群的价值创造。②

二是专业型。这里是指军事院校的国防教育。专业型国防教育是国防事业发展到一定阶段的产物,也是适应时代需要和迎接未来挑战的必然选择。用兵之法,教诫在先,不教而战谓之弃。目前我国军人的人数虽多但素质较差的现状已成为军队现代化建设的瓶颈之一。曾任西点军校教务长的佛林准将早在 20 世纪 80 年代就说过:"没有受过高等教育、没有优异文凭的军官,现在已不能升为少校了。"③通过办院校以推动军人素质的改善和军队整体水平的提高,是各国军队建设的一条共同规律,也是我党我军的优良传统,从红军大学到抗日军政大学,再到新中国成立后创办的包括政治、后勤、工程技术和医疗卫生等类别的军事院校,培养了与各个时期战争需要相适应的合格人才,成为我军克敌制胜和发展壮大的重要因素。专业型国防教育是军事人才获得系统政治理论、军事理论、专业技术、组织指挥知识和技能,形成较高综合素质的基本途径。邓小平曾对办军事院校提出过三条基本要求:第一,训练干部、选拔干部、推荐干部,要起到集体干部的作用;第二,认真学习现代化战争知识,学习诸军兵种联合作战;第三,恢复我们军队的传统作风,要在学校里培养这种作风,并把它带到部队,发扬光大。这三条基本要求对搞好专业型国防教育仍

---

① Samuel P. Huntington, The Soldier and the State: *The'theory and Politics of Civil-Military Relations*, Cambridge: The Bell: nap Press of Harvard University Press, 1957, pp. 73 - 74.

② 参见张明仓:《军事价值论》,云南人民出版社 2004 年版,第 139 页。

③ 张之著:《国防意识与民族精神》,国防大学出版社 1989 年版,第 178 页。

具有很强的现实指导意义。

三是修业型。所谓修业,就是以必修和选修相结合的方式进行某种学习和训练,是既有强制性的统一要求,又有鼓励性的广泛选择的一种国防教育方式。修业型国防教育面向的对象很广,对不同的群体来说,其必修的要求和选修的条件也会有所变化,但我们必须明确大学生群体在其中的重要地位。根据研究的需要,在此仅以大学生为对象展开讨论。在大学生中开展修业型国防教育,是大量培养新型军事人才的需要,是深化国防教育体制改革的需要,也是提高大学生自身综合素质的需要。为培养新型军事人才,世界上许多国家都十分重视军事教育同国民教育的兼容并蓄。"现在,美国每年培养的地方大学毕业生占美军新任军官总数的 70% 左右,英军受过地方高等教育的新任军官甚至接近 100%。"①纵观我军的发展历程,培养新型军事人才的途径不断拓宽。1999 年,从普通高校选拔军队干部的试点工作在北京大学、清华大学、西北大学进行。2000 年,国务院、中央军委联合下发了《关于建立依托普通高等教育培养军队干部制度的决定》。据国务院新闻办公室 2009 年 1 月 20 日发表的《2008 年中国的国防》白皮书介绍:"目前全国开展国防生培养工作的普通高校已达 117 所。军队在全国遴选近 1000 所省市重点普通中学,建立国防生源基地。"②另一条重要的线索是 1985 年开始进行大中学生军训试点,2001 年进入全面展开阶段,自 2002 年起,全国所有普通高校学生都要参加军事训练。也就是说,修业型国防教育既有良好的现实基础,又有新型军事人才培养需要的强力牵引,其中国防生的培养已具有比较明显的专业性质。

中国 12 万大学生进军营　解放军兵源素质大提高

清华大学电子系本科生刘培今年选择前往海军潜艇作战部队,

---

① 田佑中:《学生官——军营里的知识分子》,社会科学文献出版社 2005 年版,第 56 页。

② http://www.chinanews.cn/gn/news/2009/01-20/1534953.shtml.

成为清华近年来第一个前往潜艇部队从事基层指挥工作的毕业生。他是清华6名应征入伍者中的一员,也是全国12万高校应届毕业生入伍大军中的一分子。

当2005年刚开始在校大学生应征入伍工作时,北京大学光华管理学院学生高明告别校园进军营制造的轰动效应,今已难寻。与高明两年后重返校园不同的是,刘培等人将长期扎根军营,在部队建功立业。

国防大学教授公方彬说,本次12万名大学生入伍"是历史的重复,更是时代使然"。他撰文回忆起解放军历史上有过3次知识分子或学生大规模入伍,带来的都是军队人才队伍建设上的大发展。

第一次出现在延安时期。大批知识分子投奔延安,带来延安文化建设的一次跃升。据统计,从1937年到1942年底,有10万多人冒着生命危险冲破重重障碍投奔延安,出现"天下英雄豪杰云集延安"之势。

第二次是新中国成立后不久。为了适应军队建设的需要和改善部队官兵的文化构成,国家动员数万名大学生进军队,不仅提高了部队的整体文化素质,同时也保证了一些技术军兵种顺利组建成军。

第三次是20世纪80年代初。为了更好地完成建设机械化军队对军官素质的需要,从1983年起,连续3年从地方大学批量招收毕业生,补充到基层军事指挥岗位上去。当时人们习惯称之为"学生官"。

公方彬表示,与前3次大量吸收知识青年入伍相比,本次招收大学生入伍,与其说是军队建设的特殊举措,不如说是国家与军队建设发展到一个特定历史阶段的必然产物。据了解,除少量急需专业应届大学毕业生作为干部特招入伍以外,今年是中国军队首次大规模从普通高校应届毕业生中直招士官。

实际上这一大好局面的形成,经历了漫长的过程,大学生兵员数量与政策直接相关。2001年9月,修改后的《征兵工作条例》正式颁布实施。《条例》规定：依法可以缓征的、正在全日制高等学校就学的学生，本人自愿应征且符合条件的，可以批准服现役，原就读学校应保留其学籍，退伍后准其复学。这一年，各地在校大学生有2000多人获准应征入伍。

2008年2月，国防部征兵办公室发出通知，要求认真做好各级各类院校的征兵普查工作。232.3万名潜在征集对象纳入兵役机关视野。充分考虑升学和就业的影响，仍有144万名各类院校应届毕业生可以应征。

2009年高校应届毕业生应征入伍服义务兵役，将由政府补偿大学读书期间的相应学费，代偿助学贷款，每年最高可达6000元，总金额可达2.4万元人民币。大学生服义务兵役期间，在选取士官、考军校、安排到技术岗位等方面，还可按规定享受优先。一些高校毕业生把参加预征当做就业之外的"另一种选择"。

与2001年相比，2009年征集大学生入伍年度总量扩大近60倍，即使与2008年相比，也增加了两倍。许多高校老师认为，现在大学生投身军营，除了理想还有长远发展等现实考虑，更成熟也更理智。教育部思想政治工作司徐艳国处长认为，大学生只有更多地了解国情，了解社会，了解实际，才能进一步明确自己的人生方向和目标，因为在这些工作中他们也受到了锻炼。①

二、素质与素质教育

素质，是现在人们用得比较多的一个词语，是评价和衡量人才的重要概念。不时见诸各类报刊、科研论文和著述中。然而什么是"素质"还真是没有多少人能讲得清。这是因为"素质"是一个内涵不断演变、不断丰富的概念。在素质教育概念提出以前，素质作为一个科学概念，主要运用于生理学、心理学之中。素质教育概念确立以后，素质则变成教育科学中

---

① 参见 http://www.chinanews.com.cn/gn/news/2009/09-01/1843059.shtml。

的一个基本概念,其含义也已大大扩充、丰富。

1. 素质及其结构

在古汉语里,"素"的本义是指未经过染色的白色丝绢,"质"是指质地、品质、性质,"素质"则是指白色质地,可以引申为事物的本来性质、品质。在现代,素质是一个经典的生理、心理学概念,又是一个在学校教育活动和社会生活中广泛使用的概念。"素质"概念有狭义和广义之分。

狭义的素质,就是生理学和心理学上所说的"素质",即"遗传素质",指人生来就具有的先天的解剖生理特点。《辞海》中认为素质是:"人的先天的解剖生理特点,主要是感觉器官和神经系统方面的特点。素质只是人的心理发展的生理条件,不能决定人的心理的内容和发展水平。"①由此看来,素质并不是知识、技能、智力、品质等的总和,而是它们的基础,是它们的"种子"。如果把人比喻为一棵树,那么,素质并不是这棵树的枝、叶、花、果等发展成熟的东西,而是它们之所以长成为枝、叶、花、果等的本源、基础。狭义的素质是整个心理活动形成和发展的前提,离开了这个自然前提,就谈不上人的发展。大多数人在解剖生理上差异并不很大。它主要是一个优生问题,而不是教育问题,或者说狭义的素质概念缺乏广泛的教育上的适应性,不能完全适应素质教育实践的需要。

广义的素质概念,即哲学与教育学意义上的素质概念,其内涵已经超越了遗传特征的局限,而且包括后天的心理素质和社会素质,是先天和后天共同作用下形成的人的身心发展总水平。在外延上,它既可以指个体素质,也可以指群体的质量和性质。《教育大辞典》指出素质是"公民或某种专门人才的基本品质。如国民素质、民族素质、干部素质、教师素质、作家素质等,都是个体在后天环境教育影响下形成的"②。广义素质着重表示人在先天生理基础上,受后天环境、教育的影响,通过个体自身的认识与社会实践,逐渐养成的比较稳定的基本品质及其动态发展可能性,是

---

① 《辞海》,上海辞书出版社 1989 年版,第 3200 页。
② 顾明远:《教育大辞典》,上海教育出版社 1990 年版,第 127 页。

先天因素与后天环境及教育综合作用的产物,是个体身心特点综合的、内在的及整体的体现。其基本内容是精神境界、思维品质、文化涵养和行为规范。素质教育中的素质,显然不是指本义的或者狭义的素质,而只能是指广义的素质,或者说哲学与教育学意义上的素质。

素质结构的划分在理论界仁者见仁、智者见智。归纳起来主要有三种分法:一种是传统划分,主要有三分法指德智体,四分法即德智体美,五分法即德智体美劳。二是未明确分层次的素质划分,这些划分主要涉及政治素质、道德素质、业务素质、身体素质、心理素质、审美素质、劳动素质、思维素质、创新素质等。三是层次性划分,有的认为体是生理基础层面,德智美是心理发展层面,劳动属于实践层面,是各种素质的综合运用;有的把素质分为生理素质层面、一般心理素质层面、文化心理素质层面和个性心理素质层面;有的将素质从低到高分为生理层面、心理层面和社会文化层面,这种分层是目前比较流行的划分法。因为生理素质、心理素质、社会文化素质的三层结构充分反映出素质范畴是以人的先天遗传因素为基础,在后天环境和教育的影响下,通过人的社会化学习、交往和社会实践而形成的,具有社会价值的身心组织的要素、成分、结构及其质量水平,它既是对人的身心潜能的开发、加工和塑造,又是社会文化素养在身心结构中的积淀,并呈现出独特的个性心理品质和人格模式。

2. 素质教育的概念

"素质教育"一词在 20 世纪 90 年代提出以来开始在教育界广为流传。由于对"素质"一词的界定有多种不同的提法,所以"素质教育"的概念在认识上也是说法不一,但基本含义大体上是一致的,主要是论述的角度不同而已。我们选择了四个有代表性的关于素质教育的概念作简单的介绍:一是"专指性概念"①说。这是针对基础教育的弊端——"应试教育"提出的。根据这一思路,素质教育不仅仅是传授知识,而且是激活知识;它不是简单地把学生当做认知体,而是作为生命体;它是普通的科学

---

① 谢维和:《素质、发展与教育》,《教育研究》1995 年第 12 期。

文化教育,而不是专业与职业教育。二是"个性发展"说。这种观点认为,素质教育是全面发展的具体化和进一步发展。它是把教育的着眼点放在学生身上,亦即以学生为本位、为核心,强调学生的自身发展的要求,其核心就是个性的发展。三是"人本思想"①论。素质教育被认为在实质上是一种人本主义的教育观,是从人自身需要的角度规范教育,而不仅仅是从社会角度,它是以人、受教育者为出发点的,而不是以劳动力为出发点的。从基础教育的角度而言,它是人才的基础教育,而不是人才教育,因而这种观点认为素质是知识和能力的基础,是人们自身比较稳定的、带有原发状态的东西。四是"素质要素综合"论。此类定义方法,主张综合已有各类观点,力求定义出更具综合性、本质性和贴切性的素质教育概念,其基本观点能够反映素质教育概念的主要结构要素,因而能被更多的人认可。此外,孙立春在其所著的《素质教育新论》一书中,将人们对素质教育概念的理解归纳为 12 种观点,等等。

　　总之,人们对素质教育的认识已经提升到了一个新的高度。对素质教育的理解,我们认为不应单去抠素质教育的字面含义,甚至不宜给素质教育本身下简单的定义。1999 年颁布的《中共中央国务院关于深化教育改革全面推进素质教育的决定》(中发〔1999〕9 号)指出:"实施素质教育,就是全面贯彻党的教育方针,以提高国民素质为根本宗旨,以培养学生的创新精神和实践能力为重点,造就'有理想、有道德、有文化、有纪律'的、德智体美等方面全面发展的社会主义事业的建设者和接班人。""这是对素质教育的最准确的定位。换一句话来说,素质教育,从受教育者的角度说,就是德、智、体、美等方面的全面发展,特别是社会适应能力、实践能力、创新能力和创业能力的不断增强;从教育提供者的角度说,就是使更多的人受更好的教育。"②这种目的,在一定程度上与教育的价值理想相吻合,是用以促进学生的个性化、多样化与在更大范围上的社会化

---

① 　燕国材:《关于素质教育的几个问题》,《教育科学研究》1990 年第 2 期。
② 　金一鸣、唐玉光:《中国素质教育政策研究》,山东教育出版社 2004 年版,第 5 页。

相互融合、相互促进的一种价值目标。

3. 素质教育的基本要义

我们认为,要理解知识经济背景下的素质教育至少要明确以下四点:

首先,素质教育是面向全体学生的教育。素质教育倡导人人都有受教育的权利,强调在教育中每个人都要得到发展,而不是只注重一部分人,更不是只注重少数尖子学生的发展。每个人、每一位学生都能得到发展,我们应该尊重这种权利,保护这种权利,创造条件帮助他们实现这种权利。面向全体学生意味着教育者要认清每个学生的优势,开发其潜能,培养其特长,使每位学生都具备一技之长,使全体学生各自走上不同的成才道路,成长为不同层次、不同规格的有用人才。

其次,素质教育是全面发展学生素质的教育。过去讲全面发展,主要强调的是学生的品德、知识和身体素质的发展。而素质教育要求在教育方针指导下,从学生身心发展不同特点出发,因地因校制宜,着眼于教育教学全过程与各个环节,并运用多种方式着力培养学生的综合素质。这样,发展学生的素质更加全面,内容更加丰富,它不仅包括政治素质、思想素质、法律素质、道德素质、科学素质、文化素质、身体素质,还包括心理素质、专业素质、学习素质、信息素质、创新素质、职业素质等各方面的素质。

再次,素质教育是促进学生主动发展的教育。主动发展既是一种个性教育,又是一种创新教育。它允许学生在发展程度和素质结构上存在差别,这既是对"人"的尊重,也是未来社会对人才素质的又一特殊要求。因此素质教育强调教育者以人为本,尊重、关心、理解、信任每一个学生,在传授给学生知识的同时,授之以渔,教会他们终身学习的本领,调动学生的积极性,给学生一个自主发展空间,使他们的个性得到充分的自由的发展。

最后,素质教育是以培养创新精神和实践能力为重点的教育。素质教育从关心人的发展和社会需要出发,强调既重视学科理论课程的教学,又要重视综合实践活动领域课程的教学;既重视让学生掌握系统的文化科学基础知识,又要重视所学的知识与学生的生活世界、与社会实践紧密结合,发展学生的实践能力和对知识的综合运用能力,使学生成为既具有宽厚扎实的文化底蕴,又具有较强分析问题和解决问题能力、实际操作能力和创新能力的社会主义建设者。

第二节　高校国防教育的本质解析

国防教育的本质是什么? 本质是事物诸要素的内在联系。国防教育的要素包括教育对象、教育条件、教育内容、教育目的等。从这个角度分析,国防教育的本质可以概括为:"关于国家和公民根本的共同的长远的利益教育。"①高校国防教育,它的限制性条件是普通高等院校,这一条件将它与全民国防教育和军事院校国防教育区分开来;这一条件也将它的对象确定在一个特定的范围。高校国防教育,指的是在高等学校开展的国防教育。广义的高校国防教育,一般指对全体师生员工进行的各种国防教育活动;狭义的高校国防教育,特指对在校学生开设的国防教育课程。国防教育是"关于公民根本利益的教育、关于公民共同利益的教育、关于公民长远利益的教育"②。为了在高校的视域内更好地了解国防教育的本质,我们将从其基本定位、主要特征和功能价值等方面来解析。

一、基本定位——高校、国防、育人

根据对象的主体性原则,我们认为,首先,高校国防教育应以高校为主体。其次,国防是国防教育的出发点和落脚点,是目的和归宿,所以高校国防教育应以国防为本位。最后,任何领域的教育现象最终都要落实

---

① 苑士军:《试论国防教育的本质》,《国防教育》2006 年第 5 期。
② 苑士军:《试论国防教育的本质》,《国防教育》2006 年第 5 期。

到育人上来。① 因此,育人是高校国防教育的出发点和落脚点。我们必须通过高等教育的教学体制、课程体系、教学内容、教学手段、教学方法等一系列的活动,营造一个发展巩固国防教育成果的氛围,促进高校育人工作的发展。

1. 以高校为主体

《中华人民共和国国防法》第四十二条规定:"学校的国防教育是全民国防教育的基础。"江泽民更加明确指出:"各级党校、大专院校、干部学校、职工学校和各类成人教育学校,应开设国防教育课程,把国防教育作为学员、学生的一门必修课。"②这些国家的基本法律规定和国家领导人的重要讲话,为学校开展国防教育奠定了法理基础,使学校国防教育具备了强大的推动力和促进力。高校在国防教育中的作用是由高校的人才培养、科学研究、社会服务三大社会职能所决定的。从人才培养角度而言,高校是培养高级人才的专门机构,具有较好的师资和教学手段,因此它理所当然也是开展国防教育的理想场所和重要阵地。从科学研究角度而言,国防教育学在理论上有一个不断丰富、发展、完善的过程,高校在这当中应发挥举足轻重的作用。高校要充分运用自己的人才优势,加强对国防教育有关理论问题的研究,推进国防教育的理论创新。从社会服务角度而言,高校具有为社会传承国防教育思想的使命。高校通过规范化、制度化的教学,完成对作为人类文明成果的知识的传授,同时在知识传授过程中又将蕴涵于知识之中的思想文化精神予以传播和传递。

2. 以国防为本位

国防维系着一个国家和民族的生死存亡,而一个国家的国防教育又维系着国防的巩固、发展和壮大。国防教育是关系国家兴衰的战略性问

---

① 参见石潇纯:《论我国国防教育的目标和定位》,中南大学硕士学位论文,2006 年,中国知网。

② 中共中央宣传部宣传局、福建省委宣传部:《国防教育文选》,福建人民出版社1994 年版,第 39 页。

题。高校国防教育正是在这样的命题下建立了自己的功能和价值体系并不断拓展,但无论如何拓展,其第一位的、最根本的不会变,这就是它的国防功能。高校国防教育教什么内容取决于国防需要。在结构上,国防具有多维性,它不单是军事,还涉及社会各条战线各个领域,包括国防思想、国防力量、国防法制、国防外交、国防战略、国防体制、国防动员等等。在斗争形式上,国防具有多样性,不仅有军事斗争形式,也有包括政治斗争、经济斗争、心理斗争、外交斗争、情报斗争等在内的非军事斗争形式。所以国防结构的多维性和斗争形式的多样性特点,决定了高校国防教育是一种全面的综合性教育。围绕这些国防需要,高校国防教育的内容包括:政治思想教育、国防理论教育、国防历史教育、国防科技教育、国防法规教育、军事技术和战术训练等。因此我们要善于发挥国防教育的特殊教育功能,全面提高大学生的素质,培养既掌握现代科学文化知识,又掌握一定的现代军事科学常识;既有较高的全面素质,又有高度的国防观念的21 世纪社会主义祖国的建设者和保卫者。

3. 以育人为基础

教育对社会发展的作用,是通过培养人才来实现的。人有其自身生理和心理的发展规律。在教育过程中必须遵循这些规律,才能收到预期的效果。高等教育是高校人才培养的工作系列与过程的总称,也是育人层次的最高表现形式。高校国防教育目的的实现,依赖于对人才的培养。高校国防教育在培养高素质人才中的地位和作用主要体现在三个方面:一是高校国防教育是提高学生素质的重要手段,国防教育对学生政治思想、道德品质教育,对拓宽学生知识领域、发挥智能潜力、增强体魄、促进身心健康等方面起到的作用。二是国防教育是培养高素质后备兵员和预备役军官的有效途径。现役部队、预备役军官对大学生的需求以及加强国防教育对增强大学生履行兵役义务的自觉性等方面所起的作用。三是高校国防教育是全民国防教育的奠基工程。提高全民国防意识对巩固国防、抵御外侵至关重要。在全民国防教育中,高校具有突出优势,高校的师生具有一定的文化水平和活动能力,通过他们的辐射作用可以带动全民国防教育走上一个新台阶。①

二、主要特征——高层、规范、广泛

国防教育是一种全社会、全方位的教育,其教育对象,不单指军人和民兵预备役人员,而是全社会性的,包括大中学生、少年儿童、国家党政机关和企事业干部、广大人民群众。高校国防教育具有全民国防教育的共同特点,但由于教育对象为在校大学生,所以高校国防教育还具有其自身的一些特征。

1. 教育目标的高层性

由教育部、总参谋部、总政治部颁发的《普通高等学校军事课教学大纲》(2006 修订本)(以下简称《教学大纲》)对高等学校国防教育的目标作了明确规定:"军事课程以国防教育为主线,通过军事课教学,使大学生掌握基本军事理论与军事技能,达到增强国防观念和国家安全意识,强化爱国主义、集体主义观念,加强组织纪律性,促进大学生综合素质的提高,为中国人民解放军训练后备兵员和培养预备役军官打下坚实基础。"这一目标要求大学生不仅要树立很强的国防意识、掌握军事知识和技能,而且随时要做好准备响应国家号召,承担作为后备兵员和预备役军官的卫国重任。此外,随着时代的发展,在搞好国防基础教育的同时,高校国防教育的重点还将转到国防教育与新技术开发、经济发展、公民素质和社会进步等问题上,以此谋求高校国防教育向纵深的不断推进。全民国防教育的目标则主要是增强全民国防观念,提高对国防重要性的认识。由此可见,高校国防教育目标的层次性比全民国防教育更高。

2. 教学安排的规范性

高校国防教育将军事课作为高等学校本、专科学生的公共必修课,其课程设置与高等学校其他课程一样,被纳入学校的教学计划,并配有专门

---

① 参见李晓坤、苏玉民、李洁:《高等学校国防教育综述》,《高教社科信息》2001 年第 1 期。

师资、教材、经费和物质保障等。按照《教学大纲》规定,军事理论教学时数为36学时,采取课堂教学的方式进行;军事技能训练时间为2~3周,实际训练时间不得少于14天,主要采取在校内集中组织实施或在训练基地分批轮训的形式进行。教学过程中,严格考勤考纪,考核合格学生方能取得与毕业或学位挂钩的相应学分,成绩记入学生档案。这种规范性的教学安排比起全民国防教育更有保障。全民国防教育并没有明确的教学要求,而只是要求各地区、各部门、各单位因地制宜采取多种形式开展国防教育。全民国防教育在内容选择上也没有统一规定,一般以爱国主义教育和普及国防常识为主。① 与全民国防教育不同,高校国防教育更加注重内容的系统性,"课程设置放在学校育人目标这个大系统中通盘考虑,进行总体设计,使之符合国家的国防现代化建设的客观要求,又与学校为实现育人目标而设置的一系列学科课程相协调"②。《教学大纲》规定高校军事课程包括军事理论和军事技能训练。此外,在高校开设军事课,是我国《宪法》、《兵役法》、《国防教育法》等法规赋予高校的职责。因此高校国防教育教学安排的规范性还得到了法律法规的强化。

3. 教育途径的广泛性

在高校国防教育实践中,可以选择适合高校特点的教育载体,最大限度地提高学生的参与度。高校能利用其智力优势,将国防教育与中国传统文化相结合、与社会主义核心价值观教育相结合、与通识教育相结合、与人文教育相结合等,以提高授课质量。实践证明,有计划地组织学生军训,到国防教育基地、爱国主义教育基地参观学习;到部队体验军事生活;请专家讲授军事科技知识等,这样不仅可以增加感性认识,还可以提高学习兴趣,使学生能够把科技与国防有机联系在一起。把国防教育融入到校园文化生活之中,通过板报、广播等媒介,增设栏目,定期介绍军事科技动态,进行持久性的宣传,使学生在课余时间也能了解国内外军事科技状

---

① 参见吴温暖:《高等学校国防教育》,厦门大学出版社2007年版,第73页。
② 胡凌云:《国防星光》,东南大学出版社1997年版,第18页。

况;聘请部队领导和英模作报告,利用重大纪念日,办专栏、专刊,联系实际,进行专题教育;利用课余时间组织军事沙龙、知识竞赛、红歌演唱会等,能够寓教于乐,调动学生的学习兴趣,激发爱国热情,增强国防观念。根据网络传播速度快和交互式的特点,充分利用互联网开展大学生国防教育,可以拓宽国防教育的空间和领域,达到网络内外互动的教育效果。

三、价值功能——铸魂、精武、尚谋

国防教育活动是一种具有多层次价值的社会系统的活动。高校国防教育的对象是大学生,实现他们的个体价值是国防教育的主要功能目标。我国《国防教育法》规定:"国防教育是建设和巩固国防的基础,是增强民族凝聚力,提高全民素质的重要途径。"这是高校国防教育价值取向所要遵循的基本原则。按照这一原则,"铸魂、精武、尚谋"[①]三个基本要素就构成了高校国防教育的基本价值功能取向。

1. 铸魂——国防意识的强化

铸魂是国防教育针对当代大学生的特点所提出的目标与要求,是高校国防教育价值体系的内核,是保证其他价值元素得以形成发展的基础。铸魂在高校国防教育价值体系中,担负着强化大学生国防意识的主要任务。强化国防意识是国家兴旺发达的必要条件。瑞士军事理论家约米尼指出:"假使在一个国家里面,那些牺牲生命、健康、幸福去保守国家的勇士们,其社会地位反而不如大腹商贾,那么这个国家的亡国,就一点都不冤枉。"[②]天下虽安,忘战必危,"惯听梨园歌管声,不识旗枪与弓箭",最终就可能导致"商女不知亡国恨,隔江犹唱后庭花"的局面。许多历史史实可以印证这一断言。曾经盛极一时的古罗马,由于长期的和平环境,国民的国防观念淡薄了,甚至把当兵打仗这样事关国家命运的大事交给了

①　参见周永卫:《高校国防教育基本价值取向及其实现》,中南大学硕士学位论文,2007 年,中国知网。

②　[瑞士]约米尼著,钮先钟译:《战争艺术》,广西师范大学出版社 2007 年版,第 41 页。

外籍雇佣兵,屡战屡败,使得罗马帝国迅速走向衰落。旧中国,国家散沙一盘,当日寇手举屠刀、杀戮同胞之时,竟出现国人麻木围观甚至以猎奇为快的历史悲剧。究其历史根源,还是缺乏对国民施以国防教育、国民缺乏国防观念所致。国家安全、民族强弱与国民的爱国热情,国防责任意识和献身精神密不可分。新时期高校国防教育意义下的铸魂重点,就是要培养大学生以爱国主义为核心的民族精神。大学生有了强烈的爱国热忱、正确的国防责任观念和国家利益观念,就会对国家和民族的安危产生强烈的忧患意识和责任感,并转化为自觉行为。对大学生进行国防教育,将为我国全民国防意识的提高打下坚实的基础,形成广泛的辐射。

2. 精武——国防能力的提高

在高校国防教育价值体系中,精武是主体,它关系到价值体系的构成与否。精武即精于武艺,对于大学生来说,一方面就是使他们掌握国防军事知识,如军事基础理论知识、国防的历史知识、国防形势、国防法规以及军事技术类的常识等,掌握和具备了这些国防常识,方可为提高行为能力做准备,更好地履行国防义务;另一方面精武的功能价值体现在国防教育可以使大学生们参与国防建设的实践能力增强,并且积极参加各种国防建设活动,例如在报名应征入伍、拥军、支前、保护国防设施、维护国防利益的活动中身体力行;在宣传"支援国防建设,参加国防斗争,奋起抵抗侵略"等有关国防和国家安全的宣传教育活动中踊跃参与等等。在科学技术飞速发展、高新技术武器不断涌现的今天,军队已成为知识和技术最为密集的领域。这些理论与技术对于非军事专业的大学生来说,具有一定难度,但作为21世纪的大学生还是应该具备基本的军事理论,掌握基本军事技能。目前大学生在对待军事课程上,表现出了明显的两极性,即对军事高科技、世界热点问题有强烈的敏锐性,但又不能全面、正确地分析世界军事、政治形势及发展趋势;对世界军事强国的武装力量表达了强烈的羡慕,有高度的爱国心,但又对我军现代化建设进程缺乏足够信心等。针对当代大学生的特点,使其在接受高层次专业基础教育的同时,进行系统而严格的军事训练,掌握现代军事知识和军事技能,将来无论是补入现役部队,还是编入民兵预备役部队,都会使我国武装力量,特别是后备兵员的整体素质得到提高。即使他们进入社会,从事其他工作,国防教育的成果也会星火燎原。

3. 尚谋——国防人才的培养

"运筹于帷握之中,决胜于千里之外",正是高超谋略的写照。古今中外,谋略在国防军事上被成功运用的事例数不胜数,如诸葛亮的《隆中对》,使得魏蜀吴三国成鼎立之势;毛泽东的《论持久战》使中国取得了抗日战争的最后胜利;美国的外层空间防御计划即星球大战计划使得苏联失去竞争力,世界从两极格局步入美国称霸世界的单极格局。在高等教育中,国防军事教育是最直接最系统介绍谋略知识的一门课程,因此,开展国防军事教育是培养大学生谋略能力的最佳途径之一。对大学生进行崇尚谋略教育,是国家实施素质教育的要求,是高校国防教育的价值取向之一,是培养国防后备力量的重要举措。新中国成立后,我国对国防力量进行了多次的精简整编,由 550 万精简到 200 多万。现役部队不断减少,客观要求后备力量建设必须不断加强,才能适应军事斗争准备的需要。《富爸爸投资指南》这样表述:"真正的财富是一种思维方式,而不是存在银行里的钱。"①不言而喻,只有掌握了思维方法这把钥匙,从中获取启发和领悟制胜的奥妙,才能赢得竞争活动的胜利。无论是日常生活、经济管理、体育竞赛,还是政治角逐、军事较量、外交斡旋等等,到处充满着富有时代特色的竞争。每个领域的竞争特点不一,但决定胜负的关键因素是一致的,那就是实力+谋略。有实力才能有地位,这是任何竞争领域的通则。然而,实力的形成和发挥必须依赖于谋略和智慧的正确运用。作为社会主义接班人和建设者的当代大学生,必须继承我国传统的谋略思想,并将这种思想发扬光大,只有注重培养和具备一些基本谋略本领,才能更好地为祖国建设与强大贡献力量。

---

① [美]罗伯特·T.清崎、[美]莎伦·L.莱希特著,萧明译:《富爸爸投资指南》,世界图书出版公司 2001 年版,第 4 页。

部分高校学生国防观念淡化值得重视

早在几年前,高校学生的国防意识淡化现象就引起各方包括媒体的广泛关注。2002 年 9 月,《中国青年报》记者就对空军首次在大学本科毕业生中招收双学士飞行员情况进行了调查。该报记者先后走访了河北大学、北京航空航天大学、北京工业大学、北京理工大学等高校,通过对学生采访发现,"待遇"是许多学生最先提到的两个字。有的学生明确表示:大学生毕业去当飞行员,肯定要考虑待遇怎么样。由于符合招飞条件的大学生大都可以在社会上找到一份不错的工作,原本神圣的"飞行员"职业因体现不出收入的比较优势,从而失去了应有的吸引力。北京工业大学一名学生就直言不讳地说:"现在的大学生考虑问题很实际,没有人会因为一时冲动去当兵。"而某高校学生处处长也坦言,学校对学生所持的冷静观望态度"表示理解"。

据中国新闻研究中心近年来对全国 14 个省市的大中专院校学生的抽样问卷调查结果显示,在国防的基本知识了解程度、国防英模及其基本事迹的知晓程度、国防信息的总体关注度方面,大学生的分值相对较低,这在一定程度上反映了国防观念淡化的问题。

调查表明,造成部分高校学生国防意识下滑的原因是多方面的。比如社会变革所带来的冲击。较之改革开放前,我国社会面貌发生了翻天覆地的变化,多元化的价值观念逐渐在社会大众中形成。在现实生活中,人们已越来越注重自身价值的实现。随着社会竞争的加剧,人们更倾向于将有限的精力用在如何赚钱以及如何适应越来越激烈的社会竞争上。尤其是在和平时期,人们对国防的关注失去了现实的动力,这是导致国防观念淡化的首要原因。与此同时,一些高校国防教育滞后于国防建设的需要,也是一个直接的、不可轻视的原因。

某省国教办负责人在谈到这一问题时就表示,我国《兵役法》及

《国防教育法》等虽规定了院校有对学生实施国防教育、军事训练的义务,但并未规定相关的惩处办法,致使一些大专院校国防教育、军事训练成了可有可无的东西。另外,尽管高校国防教育是依据相关法律进行的,但由于相关法规细化不够,因此操作性不强,影响了国防教育的落实。①

第三节　高校素质教育的本质厘清

20 世纪 90 年代初,中小学素质教育刚提出不久,大学教育界就有人引入"素质"概念并试图建立大学生应具备的素质结构。此后,在大学教育思想讨论不断深化的基础上,大学素质教育作为一种新的教育思想逐渐受到越来越多的关注。

一、辩证分析视角下的典型特征

运用辩证法考查高校素质教育,不难看出其具有主导性与主体性相结合、基础性与发展性相结合、整体性与层次性相结合、理论性与实践性相结合的突出特点。②

1. 主导性与主体性

素质教育是做人的工作的,必须以人为本。素质教育涉及"教育者"与"受教育者"两方面"人"的工作,只有双方的积极互动,进行双向的交流与沟通,才能使素质教育取得应有的实效。在素质教育的活动中,教师是教育信息的编码者、发送者与导控者,因而在互动中具有主导作用,是

---

① 参见文育富:《高校国防教育,需要再鼓一把劲》,《中国国防报》2007 年 5 月 21 日。

② 参见邱观建:《面向 21 世纪高校素质教育新体系》,武汉理工大学出版社 2007 年版,第 25—28 页。

互动的源泉。学生是教育信息的解码者、接受者和反馈者,更是素质教育效果与质量的具体体现者,因而在互动中拥有主体地位,是互动的中心和基础。教育者与受教育者的互动过程并非教育者"为所欲为"的过程,而是教育者与受教育者双方相互界定、相互碰撞的过程;教育者与受教育者的互动过程并非自始至终稳定不变的过程,而是教育者与受教育者双方之间不断解析对方所作反应、并随时采取相应对策的过程。通俗地说,互动就是对话,就是交流,就是沟通。大学生比较中小学生而言,更具思考的独立性,并且受入学前的世界观和价值观的影响,不可能强迫他发展。只有彼此间建立起信任、平等的朋友关系;大学生才易于敞开心扉,高校教师才可以及时准确地了解学生的真实情况。只有同时发挥教育者的主导作用与受教育者的主体作用,素质教育才能健康有效地深入开展。

2. 基础性与发展性

素质教育是"为人生做准备",即"为人生打基础"的教育。正如美国著名教育家赫钦斯所说:重要的是要通过学校教育"奠定做一个自由和负责的人的基础"①。因此,在面向 21 世纪的中国高等教育中,培养复合型人才,使学生在校全面提高综合素质,打好扎实的专业知识基础,培养科学研究的能力,是适应就业和科技进步、社会发展的需要。同时,教育实践也使我们体会到,素质教育是人的全面发展教育,是全面发展人的个性的过程,共性要求与个性发展必须结合。大学生作为受教育者,其文化基础、素质情况、学科专业、兴趣爱好、个性发展、业务要求等都存在不同的特点,所以应该因材施教,给学生素质的发展创造一个宽松、自由的空间,良好的环境和条件。素质教育的发展性要求我们一方面要相信每个学生都有发展潜能,目前个体能力的高低很大程度上是个体潜能开发的程度不一样,而且绝大多数人的潜能没有得到充分的开发。另一方面要创造各种条件,引发学生的无限创造力和潜能,使每个学生都有机会在其天赋所及的一切领域最充分的展示并发展自己的才能。

---

① http://61.153.240.150:81/Article/ArticleShow.asp? ArticleID=392.htm.

3. 整体性与层次性

素质教育的整体性一方面体现为高校的培养目标、规格、手段与结果上要协调一致,即教育中所有的过程、环节都是为最终的培养目标——人的全面发展服务。尽管各级各类高校在具体培养目标、教育手段、教育机制等方面存有差异,但都必须以实现总体目标为保证。另一方面体现为面向全体学生,"有教无类",强调学校并非培养少数尖子的象牙塔。教师应针对每一个大学生的特点和特长进行教育,努力激活和开发他们学习的主动性和创造精神,为每位学生提供公平的接受素质教育的机会和发展素质的条件。高校素质教育在面向全体学生的同时,又需要根据不同学校类型、不同学科专业特色、不同学历层次、不同年龄、不同年级学生的不同发展需要,有针对性、分层次地开展教育活动。以不同类型学校为例,在文、理、工、医、商、农、林等不同类型的学校,在综合性和单科性的学校,其素质教育的资源、基础、优势、特点各有不同,实施素质教育的侧重点、突破口不同,要结合学校实际,因地制宜,充分体现特色。即使在同一所学校,博士生、硕士生、本专科生的学历层次的区别,素质发展的要求也有层次性。对不同专业、不同年级的学生,应当按照青年学生身心发展的特点和教育发展的规律,分阶段地逐步推进素质教育。总之,只有整体性规划、普遍性要求与分层次、突出重点相结合,才能扎实有效地全面推进素质教育。

4. 理论性与实践性

理论与实践相结合是教育的普遍原则,也是素质教育的重要特征。素质教育是一种教育理论、教育思想、教育观念,其理论性很强。素质教育在我国的出现与推行,虽只有二十余年历史,但实际上,它继承了古今中外的一切有价值的教育理论、教育思想、教育观念,反映了人类世世代代积累的丰富的教育经验。当然,素质教育理论还不够成熟,还需要我们不断探索、实践、丰富。同时,素质教育还是历代教育特别是当代教育长期实践的结果。素质教育思想来源于教育实践,反过来又指导教育实践。高校素质教育强调理论与实践相结合,具体而言,我们首先要坚持教育方针、培养目标、素质教育理论与国际背景、中国实情和高校具体情况相结合;最后要坚持社会发展需要与大学生素质教育要求相结合;最后要坚持素质教育长期性与大学生素质实际状况相结合。高校素质教育是一个系统工程,我们要运用理论指导实践,通过实践、认识、再实践、再认识,在素质教育和实践活动中不断地总结新经验,研究新问题,升华成新理论,才能够逐步开创有自己特色的高校素质教育新局面。

二、比较分析视野下的常见误区

对高校素质教育的本质理解,往往存在着与传统应试教育、基础素质教育、全面素质教育等概念混淆的误区:

1. 与传统应试教育分野不明①

随着时代的变迁,传统应试教育日益凸显出不适应社会发展的倾向,暴露出越来越多的弊端,为了规避这些弊端,提出了素质教育。素质教育实际上是对传统应试教育进行扬弃与变革的直接产物。但是在当前有关素质教育的讨论中,我们常常忽视了对作为其对立面的传统应试教育的系统深入的分析,从而导致素质教育本来十分丰富的内涵被简化甚至扭曲,这样与传统应试教育的分野就没那么明晰了。这里有必要从本质上区别两者。

二者的性质目的不同。传统应试教育是淘汰选拔性教育,面向的是少数尖子生,它仅仅围绕着"升学"这一目的设计培养目标,其着眼点是培养"高层次"人才。它强调的是读书,而不是着眼于创新精神和实践能力的培养。素质教育则以提高国民素质为根本宗旨,是国民基础教育,面向全体学生。它强调的是要培养勤于思考、勇于探索、具有科学知识和强健体魄的人。

二者的学生观不同。传统应试教育将学生所处的未成熟状态当做某

---

① 参见贾永堂:《大学素质教育:理论构建与实践审视》,华中科技大学出版社2006年版,第53—68页。

种缺乏,把教育看做填补的手段,虽然它没有明确否认学生的主体地位,但也始终未能真正确立学生在教育中的主体地位。素质教育强调学生是教育永恒的主体,真正的教育不可能离开学生的主体性而展开,教育的任何成就也不可能离开学生的主体性而完成,尽管学生可能需要指导,但主宰生活与学习方向的最终应是学生自己,而不是教师。

二者的教育功能观不同。传统应试教育始终着眼于发现和解决学生现有发展与社会需求和个性完善需求之间的矛盾,不断地纠偏补缺,是一种问题教育。素质教育强调教育应超越个人现有发展水平,以其"最近发展区域"为出发点,积极引导人的发展,并在一定意义上通过这一途径引导和促进社会发展,是一种前瞻性教育。

二者的人才培养模式不同。传统应试教育参照工业经济批量生产的模式,坚持以单一的模式与同步的教育进程及标准化的教育管理塑造不同的学生。素质教育则基于对不同的学生不同的素质结构和特点的认识,倡导以个体的差异性出发,建立一个开放的、多元的教育,塑造具有丰富内容的自由个性的主体,让教育成为训练学生批判思维和个性自由发展的真正的解放过程。

2. 跟基础素质教育区别不大

我国实施素质教育是从基础教育开始的,因而只要提到"素质教育",一般总是指基础教育领域的素质教育。素质教育作为根据社会发展需要,帮助受教育者完善自我、提高综合素质、实现个性充分自由发展的教育,同样适用于高等教育。素质教育应贯穿于幼儿教育、基础教育、成人教育、高等教育等各类各级教育。但素质教育在不同阶段和不同方面应当有不同的内容和重点。

高等教育领域的高校素质教育与基础素质教育既有差别,又有联系。高校素质教育也遵循素质教育的要义:面向全体学生;促进德、智、体、美全面发展;促进主动发展。高校素质教育也要通过科学的、有效的教育途径,充分发挥学生的天赋条件来提高综合素质水平,同时在某些基本不具备或者在心理和能力上有缺陷的方面,通过教育、实践、锻炼来培养、提高某方面的素质水平。高校素质教育也要全面贯彻党的教育方针、以提高综合素质为根本宗旨,造就"有理想、有道德、有文化、有纪律"的全面发展的社会主义合格建设者和可靠接班人。

但是要注意的是,高校素质教育的重点是:一要培养大学生以创新意识、创新精神和创新能力为核心的创新素质;二要培养大学生以自主学习能力、自我学习能力、创新学习能力为核心的学习素质;三要培养大学生以心理承受能力、抗挫折能力、乐观处世能力为核心的健康素质;四要培养大学生以国际交流能力、人际交往能力、团结合作能力为核心的职业素质;五要培养大学生以信息意识、信息获取能力、信息处理能力为核心的信息素质。

高校素质教育要致力于大学生四大能力的培养:一是学会求知的能力,即掌握认识世界的工具和掌握广博与专精结合以及由博反约的自主学习能力;二是学会做事的能力,即既有实际动手操作和处理信息的能力,又具备在复杂环境条件下运用知识解决问题的能力;三是学会共同生活的能力,即在承认多元化社会和尊重多样化价值观的现实基础上,增进相互了解、理解和谅解,学会在竞争中合作,在合作中竞争;四是学会生存与自我发展的能力,即充分发展个性,增强自主性、创造性和责任感,学会适应环境求生存,改造环境求发展。[①]

3. 使全面素质教育概念泛化

高校素质教育在初期还主要局限在文化素质教育的范围内,其推动者和主要参与者是学校领导、部分非专业课教师,尤其是文科教师、公共课教师和辅导员,大部分专业课教师则漠然视之。但在全国教育工作会议之后,这种局面有了较大的改观,文化素质教育已开始走上以人才培养改革为中心的整体优化之路。一些大学在进一步深化文化素质教育尤其是使文化素质教育向专业教育渗透的同时,开始试图以素质教育思想改造专业教育,以最终建立合理可行的全面素质教育体系。

---

① 参见徐涌金:《大学生素质教育教程》,中国标准出版社 2008 年版,第 53—54 页。

随着这个潮流的涌动,"全面素质教育"的概念开始被越来越频繁、越来越广泛地使用。现在,中国教育界似乎已将"全面素质教育"当做一个"筐",无论什么样的教育思想和教育实践都想往里头装。很多情况下,"全面素质教育"实际上是被当成了标签,被贴在各种随心所欲的做法上。

这种"全面素质教育"概念的泛化表现为对素质教育的误解和滥用。例如,有人将全面素质教育视为兴趣与特长教育。不可否认,发展兴趣、培养特长本身是非常重要的,但是这毕竟不是素质教育的全部,既算是重要内容之一,也不能视为根本。素质不仅是指特长,更重要的指内在的灵魂;全面素质教育的重点也不在于发展兴趣特长,而在于提升人的精神境界。再如,有人将全面素质教育视为开设和增加选修课。重视课程的广泛性和选择性是必要的,将学生在教育中的主体性选择落实于受教育的内容和方式上甚至可以成为素质教育的突破口,但素质教育所要强调的是人的充分自由发展,而非课程学习的可选择性。如果选修课不能被正确理解和实践的话,它往往会通向"零碎的学习与迅速的遗忘",并因而成为妨碍学生发展的因素。因此我们要警惕"全面素质教育"概念的泛化,否则会影响整个教育思想和教育实践的真理性。

三、系统分析视域下的目标职能

承上所述,将人的素质划分为生理素质、心理素质和社会文化素质3个层面是较为科学的。但以这三个层面为基础再划分其基本要素时,人们有各种不同观点。有的将素质教育的基本要素划为品德、文化、身体3个要素,有的则将其划分为品德、文化、身心、审美、劳动5个要素,有的甚至将它划分为政治思想、道德、科学、文化、生理、身体、心理、审美、劳动、知识、技能、能力、交往、外在14个要素。我们认为,根据《中共中央国务院关于深化教育改革全面推进素质教育的决定》分析来看,3要素说太简单、14要素说太繁琐,5要素说没体现新的文件精神所强调的时代重点。再者高等教育的特殊性和大学学习的特殊性决定了大学生的素质结构具有自身的独特性,将素质教育的基本素质分为以下四个方面较为妥当,即思想政治素质、科学文化素质、身体心理素质、实践创新素质。因此应该按这 4 个方面为主体框架构建高校素质教育目标职能体系。

1. 核心:提升思想政治素质

思想政治素质教育在高校素质教育的内容体系中居于核心地位。高校思想政治素质教育是坚持社会主义办学方向、贯彻德智体美等全面发展的教育方针的主要方面,是区分社会主义教育与资本主义教育的主要标志。教育是一个系统工程,"不仅要加强学生的文化知识教育,而且要切实加强对学生的思想政治教育、品德教育、纪律教育、法制教育"①。回顾我国学校的办学历程,曾一度在一定程度上和一定范围内存在着文化专业知识"抓得比较紧"、思想政治方面的教育"抓得比较松"的现象。正如邓小平在 20 世纪 80 年代末总结前 10 年的工作时指出的:"十年最大的失误是教育,这里我主要是讲思想政治教育。"②因此全面推进素质教育,高校务必转变教育观念,重新认识教育功能和价值,牢固树立思想政治素质教育在素质教育的首要地位的观念。

2. 基础:提高科学文化素质

科学文化素质是一切素质的基础,是基础性的素质。由于当今科学技术的发展呈现出既高度分化又高度综合的趋势,很多重大实际课题都涉及人与自然的关系和对世界的理解,涉及多门学科。因此,世界高等教育也出现了文理渗透、理工结合、学科交叉的综合化发展趋势,从而将科学文化素质教育推到了更为重要的位置。从教育本身看,随着大教育观的逐渐确立,人们已认识到,学习是一种终生活动,应有一个终身教育的观念。即使是大学本科教育,重点也仍然是打基础,既包括学科的基础,更包括不分学科专业的公共基础。科学文化素质教育是大学全面素质教育的基础,是由科学文化的内涵和性质所决定的,它的深入持久发展必将

---

① 《江泽民文选》第二卷,人民出版社 2006 年版,第 588 页。
② 《邓小平文选》第三卷,人民出版社 1993 年版,第 306 页。

迎来全面素质教育阶段的到来,同时,实施全面素质教育也必将推动科学文化素质教育工作的深入持久地开展。

3. 保障:增强身体心理素质

身体心理素质教育是培养高素质人才的重要保障。面临激烈竞争的社会环境,若没有健康的身体和充沛的精力,就无法为社会服务。良好的身体素质是发展其他素质的物质基础。一个人只有具备健康的体魄,才有条件去认真学习科学文化知识和从事各项工作。毛泽东曾作出"健康第一"的指示,并把"身体好"放在"三好"之首。人才成功与失败,不只看身体状况和智力水平如何,还要看他的心理素质,良好的心理素质对人才的成功起着重要作用。正如爱因斯坦所说:"一个人智力上的成就往往依赖于性格上的伟大。"霍华德·加德纳说:一个人最后在社会上占据什么位置,绝大部分取决于非智力因素。因此,培养学生高尚的情感、坚强的意志和自信等健康的个性品质,才能使学生适应未来迅速变化的社会竞争。

4. 重点:加强实践创新素质

实践创新素质教育是高校素质教育的重点。大学生实践能力素质是大学生运用知识的载体,是大学生各种能力的整体显现和实际运用,是大学生整体能力的最终价值体现。因而加强大学生实践能力素质的培养,是当前素质教育的重要内容。党的十七大报告把提高自主创新能力、建设创新型国家摆到国家发展战略的核心位置。高校是创新型人才培养的主渠道、主阵地、主力军,必须全面推进大学生创新素质教育,"努力造就世界一流科学家和科技领军人才"[①]。高校的系统性教育帮助大学生建立了立体式的综合知识结构。推行素质教育就是要在综合知识结构的基础上,进一步加强实践活动和动手能力的培养,使大学生逐步形成综合性的创造能力,把知识转化为实际应用价值,从而得心应手地解决实际问题。

---

① 胡锦涛:《高举中国特色社会主义伟大旗帜　为夺取全面建设小康社会新胜利而奋斗》,人民出版社 2007 年版,第 22 页。

第二章　高校国防教育与素质教育理论

任何一种教育实践活动都是在相应的理论指导下开展的。对高校国防教育与素质教育指导理论和相关学科借鉴理论进行梳理,对于深入探讨高校国防教育与素质教育之间的关系具有指导作用。

第一节　高校国防教育理论

高校国防教育理论必须以马克思主义关于国防和军事的基本原理为指导,同时借鉴军事教育学、军事心理学等多学科的理论成果而逐步完善。

一、高校国防教育指导理论

高校国防教育指导理论分为两个部分:一部分是马克思主义关于国防和军事的基本原理;另一部分是马克思主义国防和军事基本原理中国化成果。

1. 马克思主义关于国防和军事的基本原理

马克思主义关于国防和军事的基本原理系统地回答了有关战争、军队和国防等方面的基本问题,深刻揭示了军事领域矛盾运动的基本规律,提供了认识军事问题、指导军事实践的科学世界观和方法论。

(1)马克思主义战争理论。

①战争的社会根源是私有制和阶级的产生。

马克思和恩格斯运用辩证唯物主义和历史唯物主义方法对战争起源问题进行了考察。马克思说:"按照我们的观点,一切历史冲突都根源于生产力和交往形式之间的矛盾……"①战争也不例外。战争不是从来就有的,也不是永恒存在的,它是人类社会发展到一定阶段的产物。在原始社会的最初阶段,由于生产力低下,氏族成员只有依靠集体生产才能保证生存,氏族内部实行公有制,氏族集团之间不存在发生战争的条件。此外,由于地广人稀,不同氏族集团之间基本没有交往,谈不上利害冲突,当然更不会发生战争。因此,在远古时代,人类社会曾经经历过没有战争的时期。随着人口增长,当某一氏族集团仅凭一地所产生的生活资料,已不能满足其生存和繁衍后代的需要时,便开始向外地扩张,这是人类社会最早形态的战争,这种战争或是"为了对侵犯进行报复,或者是为了扩大已经感到不够的领土"②。到了原始社会后期,随着生产力的提高,社会分工和交换大发展,剩余产品不断增多,氏族集团的私有制剧烈膨胀起来。私有制的膨胀意味着两极分化,部落和氏族首领成为奴隶主阶级,而大批的氏族成员和冲突中的战败者则转为奴隶阶级。奴隶主为了镇压奴隶的反抗,就需要特别的镇压机构,于是,国家和军队就应运而生了,军队成为国家专政的主要支柱。与此同时,战争也就脱离了生产过程,成为真正涵义上的阶级形态的战争。显然,私有制导致了阶级社会中的物质经济利益的对抗性冲突,是战争最深刻的社会历史根源。

②战争本质是政治通过暴力手段的继续。

"战争是政治通过另一种手段(暴力手段)的继续。"这是克劳塞维茨

---

① 《马克思恩格斯选集》第 1 卷,人民出版社 1995 年版,第 115 页。
② 《马克思恩格斯选集》第 4 卷,人民出版社 1995 年版,第 164 页。

的一句名言。马克思主义者把这一论点看做考察任何一场战争意义的理论基础。马克思和恩格斯指出战争是一个历史范畴,是实现政治目的的工具。列宁和斯大林对帝国主义时代战争的根源进行了阐释,认为帝国主义就是战争,而且整个帝国主义时代将是充满各种战争的时代,帝国主义战争根源于资本主义私有制,根源于垄断资本主义在全世界为争夺势力范围所推行的霸权主义政治。

任何战争都是同产生它的政治制度分不开的。列宁在《战争与革命》一文中分析了第一次世界大战的帝国主义性质。他认为,要了解这场战争,首先必须对欧洲列强的全部政治进行观察,才能了解这个体系是怎样不可避免地造成这场战争的。"而现在我们看到的,首先是两个资本主义强国集团联盟,……;它们几十年来的全部政治就是不断地进行经济竞争,以求统治全世界,扼杀弱小民族,保证势力范围……。这就是英国和德国实际的政治。"①资本主义世界的发展是不平衡的,后起的资本主义强国必然要求重新划分势力范围,战争不可避免地会爆发。斯大林在《在莫斯科市斯大林选区选举前的选民大会上的演说》中,论述了第二次世界大战的政治实质。他认为:"如果以为第二次世界大战是偶然发生的,或者是由于某些国务活动家犯了错误而发生的,那就不正确了"②,"其实,这次战争是世界各种经济和政治势力在现代垄断资本主义基础上发展的必然产物。……问题在于,各资本主义国家发展的不平衡,……通常就要用武力来改变这种状况"③。所以,资本主义世界经济体系危机引起了世界大战,世界大战不是不可避免的,但只要帝国主义存在,战争就是不可避免的。

③战争性质取决于对社会发展的历史作用。

马克思主义认为,要确定战争的性质,首先必须从历史作用上看这一

① 《列宁全集》第30卷,人民出版社1985年版,第81页。
② 《斯大林文集》,人民出版社1985年版,第472页。
③ 《斯大林文集》,人民出版社1985年版,第472页。

战争是促进社会进步,还是阻碍社会进步。根据战争的历史作用,马克思把战争区分为两大类,即进步的、革命的、解放的、防御性的战争和反动的、掠夺性的、侵略性的、进攻性的战争(这里的"防御性"和"进攻性"都是从政治意义上说的)。对进步战争要支持;对反动战争要反对。他指出战争的性质不是一成不变的,有时同一次战争,在不同阶段会因政治目的变化其性质也随之改变。战争在一定条件下还会引起革命或社会变革。不同性质的战争对社会发展带来的影响是多种多样的。进步战争将会促进社会的发展。反动战争一般对社会进步起阻滞作用,但从其后果看,有时在一定条件下也有可能对社会发展起到积极推动作用。"历史上多次发生过这样的战争,它们虽然像任何战争一样不可避免地带来种种惨祸、暴行、灾难和痛苦,但是它们却是进步的战争,也就是说,它们由于帮助破坏了特别有害的和反动的制度(如专制制度或农奴制),破坏了欧洲最野蛮的专制政体(土耳其和俄国)而有利于人类的发展。"①不能笼统反对一切战争,而应反对帝国主义的、反革命的战争,拥护解放的、反帝国主义的、革命的战争。第二次世界大战是由于德、日、意法西斯国家要夺取世界霸权,在全世界推行法西斯制度,并侵略一切爱好自由的国家而爆发的。因此,反轴心国的第二次世界大战一开始就带有反法西斯战争、解放战争的性质。"……这场战争不仅是两国军队之间的战争,它同时是全体苏联人民反对德国法西斯军队的伟大战争…"②,更是国家之间、世界上正义与非正义之间的较量。

④人是战争胜负的决定性因素。

人和武器是构成军队战斗力的两个不可分割的部分,是战争的物质基础。战争的胜负是人和武器共同作用的结果。马克思主义者认为,人是战争胜负的决定性因素,武器是战争胜负的重要因素。

马克思和恩格斯关于人民群众创造历史的唯物主义原理,也适合于

---

① 《列宁全集》第 26 卷,人民出版社 1988 年版,第 322 页。
② 《斯大林文集》,人民出版社 1985 年版,第 293 页。

用来说明人民群众在战争中的作用。恩格斯在《步枪史》中论述了再先
进的武器也不能取消人对战争胜负的决定作用的重要观点,他以后装针
发枪的发明和使用为例,说明新式武器是提高部队战斗力的重要因素,但
并不是决定性因素,人才是战争胜负的决定性因素。因此,战争的胜利归
根到底是由那些在战场上流血的群众的精神状态决定的,特别是人在战
争中的主观能动性和勇敢精神。

现代步枪的火力对于勇猛冲锋的营来说并不是非常可怕

　　恩格斯的《步枪史》是运用历史唯物主义研究步枪发展史的著
作,该著作虽然是研究步枪发展史的专著,但也阐明了武器是决定战
争胜负的重要因素,人是战争胜负的决定因素的重要观点。

　　步枪是德国人远在 15 世纪末发明的,这种步枪比起以前使用的
滑膛枪,射击精度大大超过了,但是在射程方面却远不了多少,而且
装弹比较困难,步枪的这些缺点使它不适于在军队中广泛使用。直
到 1835 年普鲁士泽默达的一位非军人德雷泽先生发明了针发枪,这
种枪的射击精度、射程可与以前武器相媲美,但射速比以前大为提
高。当时普鲁士政府立即收买了这项发明,一直保守秘密,直到
1848 年这项发明才被大家知道。在这期间,普鲁士政府决定一旦爆
发战争就用这种武器来装备本国全体步兵,并且开始大批生产针发
枪。当时常备军的全体步兵都装备了这种武器,而全体轻骑兵也在
装备针发枪。普鲁士大部分军界人士对这种武器的作用都估计过
高,认为,对于使用针发枪进行快速连续齐射的营进行任何冲锋都是
不可能的。然而,战争实践证明,现代步枪的火力对于勇猛冲锋的营
来说并不是那样非常可怕的;消极的防御,即使有良好的武器,也必
败无疑。赢得战斗胜利的是人而不是枪。①

_____

① 　参见《马克思恩格斯全集》第 16 卷,人民出版社 2007 年版,第 226—269 页。

（2）马克思主义军队理论。

①军队是国家有组织的武装集团。

"军队是国家为进攻或防御而维持的有组织的武装集团"①,是国家机器的重要组成部分,是执行统治阶级意志的。不同性质的军队社会职能不同。恩格斯说,反动军队"是对内实现专制制度的目的,对外进行寡头统治集团的战争的驯服工具"②。革命军队是被压迫人民反对压迫者的工具,是进行军事斗争和对人民群众实行军事领导以对付专制制度军事力量的残余所必需的,革命军队之所以必要,是因为只有强力才能解决伟大的历史问题,而在现代斗争中,强力的组织就是军事组织,③它代表的是被压迫劳动人民的利益。无产阶级军队是一种全新的革命军队,是为劳动者的利益而斗争的工具,是无产阶级专政的首要条件,它在政治素质、作战指挥能力和组织纪律性等方面均优于其他军队。

②军队的发展与社会生产方式相联系。

一方面,社会生产力的增长和社会政治制度的变革推动着军队组织结构、作战方式的变革。军队组织形式和战略战术是由军事技术水平决定的,而军事技术水平取决于经济条件,军队兵员的数量和质量也取决于生产力水平和生产关系的性质。另一方面,军队在经济发展中起重要作用。军队由于对敌斗争的需要常常要变革经济关系,从而成为整个社会关系变革的先行者。某些经济关系在战争和军队中发展得早,军队的某些做法对整个社会经济发展具有带动作用。

③革命军队要进行现代化正规化建设。

没有一支真正的工农正规军,就不能取得和巩固无产阶级的统治地位。马克思和恩格斯多次着重指出,任何取得胜利的革命的第一个信条就是打碎旧军队,用新军队代替它。"一个要向统治地位上升的新的社

---

① 《马克思恩格斯军事文集》第5卷,战士出版社1982年版,第197页。

② 参见《列宁全集》第10卷,人民出版社1987年版,第316—324页。

③ 参见中国人民解放军军事科学院:《马克思主义军事理论著作选读》,军事科学出版社2008年版,第131—138页。

会阶级,如果不使旧军队完全解体,……不在艰苦的内战中逐渐建立起新阶级的新军队、新纪律、新军事组织,它无论过去和现在都不能取得也不能巩固这种统治地位。"①

没有科学就无法建设现代化的军队。首先,建设现代化的军队必须进行文化教育和军事知识的普及。恩格斯在《欧洲军队》中分析到,只有多动脑筋,在军事领域和国家资源的利用方面不断地改进和发明创造,以及发展本民族特有的军事素质,才能使自己的军队在竞争者中跃居首位。因此,我们看到,"文化水平比较高的国家对不够发达的邻国在军事上具有怎样的优越条件"②。"在今天,任何军队没有军事知识就无法作战,就无法守住任何城市。"③列宁强调,无论在和平时期或是在战争时期,都不能忘记新兵训练、射击教练和在群众中广泛而深入地普及军事常识。其次,现代化军队必须拥有高度技术装备。列宁说:"战争使人得到了许多教益,它不仅使人知道人们要遭受痛苦,而且使人懂得,占上风的总是拥有高度的技术装备、组织性、纪律性和精良的机器的人,……应该懂得,没有机器,缺乏纪律性,在现代社会中是不能生存的。"④再次,必须把军队交给军事专家。列宁说,熟悉军事科学的只有军官,必须军官充任指挥人员,以便工人和农民向他们学习,必须把军队交给军事专家。

军队要掌握一切兵种,使它们日臻完善。"一支军队不准备掌握敌人已经拥有或可能拥有的一切斗争武器、一切斗争手段和方法,谁都会认为这种行为是愚蠢的甚至是犯罪的。"⑤

④必须加强军队的思想政治工作。

必须加强党对军队的思想政治工作。斯大林说:"共产党是无产阶级的指挥员和司令部,它领导无产阶级在一切斗争部门中进行一切形式

---

① 《军事文集》,战士出版社 1981 年版,第 503—504 页。
② 《军事文集》,战士出版社 1981 年版,第 223—226 页。
③ 《马克思恩格斯军事文集》第 4 卷,战士出版社 1981 年版,第 171 页。
④ 《列宁全集》第 34 卷,人民出版社 1985 年版,第 108 页。
⑤ 《军事文集》,人民出版社 1984 年版,第 647 页。

的斗争,并把各种不同斗争形式联成了一个整体。"①"军队是工人和农民的学校,军队是工人和农民集合点,从这个观点来看,党在军队中的力量和影响具有极大的意义"②,必须建立和健全军队的政治工作机关;必须进行耐心的说服教育和实行严格的组织纪律,发扬革命英雄主义,使军队成为革命思想的模范体现者。

(3)马克思主义国防建设理论。

①必须严肃地对待国防。

无产阶级获得胜利的国家,为了保护工农政权不受侵犯,不仅不能解除军队的武装,还要随时戒备。列宁说:"谁要是对无产阶级已经获得胜利的国家的国防采取轻率的态度,他就是在破坏同国际社会主义的联系。……当我们已成为开始组织社会主义的统治阶级的代表时,我们就要求一切人严肃地对待国防。"③尤其是处于资本主义国家包围之中的落后的社会主义国家要想不挨别人打,就必须从多方面增强国防。斯大林说:"在开展和平的社会主义建设时期,我们一分钟也不应忘记国际反动派的阴谋诡计。他们在策划新战争。"④应利用帝国主义阵营中的矛盾保持和平关系,赢得经济建设和增强国防力量的时间。

②建立雄厚的国防经济基础。

军队组织与作战方式及与之有关的胜负取决于经济条件。在现代战争中,经济组织是有决定意义的。"战争是铁面无情的,它严酷地尖锐地提出问题:要么是灭亡,要么是在经济方面也赶上并且超过先进国家。"⑤经济既是革命暴力的物质基础,又是国家防御能力的重要保障。为了进行革命战争,首先必须发展经济,提高整个国家的经济组织水平;面对帝国主义的战争威胁,社会主义国家必须迅速发展国民经济,建立雄厚的国

---

① 《斯大林全集》第5卷,人民出版社1985年版,第58页。
② 《斯大林全集》第5卷,人民出版社1985年版,第58页。
③ 《列宁军事文集》,人民出版社1984年版,第454页。
④ 《斯大林军事文集》,人民出版社1984年版,第404页。
⑤ 《列宁全集》第32卷,人民出版社1985年版,第224页。

防经济基础,创造一切技术上和经济上的必要前提来最大限度地提高国防力量。

③建立巩固的有组织的后方。

"要认真地进行战争,就必须有巩固的有组织的后方。如果没有充分的装备、给养和训练,最好的军队,最忠于革命事业的人,也会很快被敌人消灭。"①现代战争中的后方包括整个国家,包括它作为后盾以支援前线作战的综合实力。后方是为军队进行武装斗争提供物质力量与精神力量的支撑,后方的支援会增强军队的实力,提高士气,加强进攻能力。后方的巩固性是决定战争命运的经常起作用的因素之一。世界上任何一支军队没有稳固的后方就不能获得胜利,因为后方不仅以各种给养支援前线,还以人力(战士)、以情绪和思想来支援前线。没有巩固的后方,就不可能有国防。

④加强常备军建设和全民国防教育。

要使全党和全国人民像爱护眼珠一样爱护武装力量和国防力量,加强常备军建设;要使全党认识到巩固国防的事业是全体劳动人民的事业;要使全体人民在帝国主义武装进攻的危险面前做好动员准备;要坚决克服在常备军建设问题上的消极主义情绪,坚定不移地满足军事部门的要求,改进军队供给,改进武器装备,加强军队训练,提高军队战斗力,以保卫社会主义成果免受外来侵犯。

2. 马克思主义国防和军事基本原理中国化成果

马克思主义关于国防和军事的基本原理在中国先后形成了毛泽东军事思想、邓小平新时期军队建设思想、江泽民国防和军队建设思想、胡锦涛关于新形势下国防和军队建设重要论述等理论成果。它们既一脉相承,又集中体现了马克思主义关于国防和军事的基本原理在中国不同发展阶段的创新成果。

(1)毛泽东军事思想。

---

① 《列宁全集》第33卷,人民出版社1985年版,第424页。

毛泽东军事思想是马克思主义基本原理与中国革命战争和国防建设具体实际相结合的产物,是中国革命战争、人民军队建设、国防建设长期实践经验的科学总结和集体智慧结晶。

①人民战争思想。

中国革命的胜利,从一定意义上说就是人民战争思想的胜利。中国革命的中心任务是武装夺取政权,是战争解决问题。革命战争是群众的战争,动员了广大军民,就造成了陷敌于灭顶之灾的汪洋大海,造成了弥补武器等缺陷的补救条件,造成了克服一切战争困难的前提。革命战争要实行代表绝大多数人民利益的奋斗纲领和基本政策,以调动和保持人民支持战争的积极性。必须团结一切可以团结的力量,结成最广泛的统一战线,最大限度地孤立和打击最主要的敌人。在政治、经济发展不平衡的中国社会条件下进行人民战争,要首先在反动统治力量薄弱的广大农村建立革命根据地,使之成为发动群众、扩大武装、发展生产、准备干部的战略基地,成为人民军队的巩固后方和作战的良好战场,同时也不可忽视城市工作和非根据地的农村工作。要以人民军队作为进行人民战争的骨干力量,实行主力兵团和地方兵团相结合,正规军和游击队、民兵相结合,武装群众和非武装群众相结合的力量体制。要把武装斗争同其他各种非武装斗争形式有机结合,实行与人民战争相适应的战略战术,逐步改变敌我力量对比,最后达到战胜敌人的目的。

②人民军队思想。

毛泽东把建立一支革命军队作为开展武装斗争的首要问题,提出了"枪杆子里面出政权"和"没有一个人民的军队,便没有人民的一切"的著名论断,从中国革命战争的实际出发,系统地创立了人民军队的建军原则。党领导的军队是为广大人民利益而战斗的新型军队。紧紧地与人民站在一起,全心全意为人民服务,是这支军队的唯一宗旨。人民解放军永远是一支战斗队,同时也执行工作队、生产队等革命政治所要求的其他任务。坚持党指挥枪的根本原则,政治工作是人民军队的生命线。人民军队要实行政治、经济、军事三大民主。坚持军民一致、官兵一致和瓦解敌军的原则,严格执行三大纪律八项注意。要时刻保持坚定正确的政治方向,艰苦朴素的工作作风,灵活机动的战略战术。要加强正规化、现代化建设。要加强教育训练,办好各类院校,提高官兵科学文化知识水平和军政素质。

③人民战争的战略战术思想。

毛泽东创立的人民战争战略战术,成为人民军队以弱胜强的法宝。敌强我弱的基本特点,决定了人民军队必然长期处于战略积极防御地位。要把战略上的内线的持久的防御战和战役战斗上的外线的速决的进攻战结合起来,通过战役战斗上的歼灭战不断消耗敌人,逐渐改变敌我力量的总体对比,最终把战略防御推向战略进攻。要贯彻战略上"以一当十"、战术上"以十当一"的原则,集中优势兵力、各个歼灭敌人,以歼灭敌人有生力量为主要作战目标。要力争主动,执行有利决战,尤其应慎重初战。每战须预有准备,力求有胜利把握,不打无准备之仗。要发扬勇敢战斗、不怕牺牲、不怕疲劳、连续作战、勇于近战夜战的优良战斗作风,立足现有装备战胜敌人。要把军事打击与政治瓦解结合起来。要根据战争实际情况灵活运用运动战、阵地战、游击战等作战形式,并适时实行以转换主要作战形式为主要内容的军事战略转变。

④国防建设思想。

毛泽东对加强国防建设提出了一系列重要的指导方针和原则。必须建立强大的国防,保卫国家不受侵犯,保卫人民民主专政,维护世界和平与地区和平,为国内社会主义建设提供安全保障。对帝国主义和敌对势力的战争保持高度警惕,并认真准备。要实行积极防御的战略方针,决不侵犯别人,也决不允许别人侵犯中国。要正确处理国防建设与经济建设的关系,首先加强经济建设,同时重视国防建设。要建立一支诸军种、兵种合成的强大的现代化国防。要建立完整的国防科研和国防工业体系,实行平战结合、军民结合的方针,发展现代国防科学技术和武器装备,尤其要重视发展导弹、核武器等现代尖端武器和技术装备。要加强国防后备力量建设,普遍实行民兵制度,完善国防动员体制。要加强战略后方建设,为未来反侵略战争提供巩固的战略依托。对付外敌入侵,坚持人民战争的路线,坚持立足现有装备战胜优势装备之敌的优良传统,在人民群众中广泛开展国防教育,动员人民积极支援和参加保卫国防的斗争。

(2)邓小平新时期军队建设思想。

邓小平新时期军队建设思想的主要内容是关于相对和平时期人民军队建设的理论,同时也包括现代战争、国防建设和军事战略思想,是在新的历史条件下对毛泽东军事思想的继承和发展。

①军队和国防建设指导思想实行战略性转变。

这是邓小平根据当代中国实际和时代特征对新时期军队和国防建设提出的重要思想。20世纪70年代中期以后,邓小平从战略全局上考察和把握国际格局中的基本关系,指出和平与发展是当代世界的两大主题;发展需要和平,和平离不开发展,霸权主义和强权政治是和平与发展的主要障碍;中国反对霸权主义、强权政治,永不称霸。基于对战争与和平问题的新判断,适应党和国家工作重点的转移,军队和国防建设的指导思想实行战略性转变,从准备"早打、大打、打核战争"的临战状态,真正转到和平时期的建设轨道上来。在服从国家经济建设大局的前提下,要有计划、有步骤地加强军队现代化建设。

②军队要服从整个国家建设大局。

这是邓小平根据党和国家的建设大局对新时期军队和国防建设提出的重要思想。中国仍然处在社会主义初级阶段,解决中国现在面临的所有问题,包括军队和国防现代化问题,关键是要把经济发展起来,军队要服从整个国家建设大局;相对和平时期,军队要服从大局,积极参加和支援国家经济建设;国防和军队现代化是社会主义现代化的一个重要方面,也涉及国家大局问题,必须在服从和服务于经济建设大局的前提下谋求尽可能快的发展。一定要在国民经济不断发展的基础上,改善武器装备,加速国防现代化,不断增强军队的防卫和应急作战能力。

③军队要担当起维护国家主权和安全的历史责任。

这是新时期我军的神圣职责和历史使命。中国要实现发展目标,必不可少的条件是安定的国内环境与和平的国际环境。争取用和平方式解决台湾问题,实现祖国完全统一,是中国政府既定的方针,但是"不能排除使用武力,我们要记住这一点,我们的下一代要记住这一点。这是一种战略考虑"①。人民解放军要担当起维护国家主权和安全的历史责任,做好反侵略战争的准备,保卫世界和平,争取台湾早日回归祖国。

④实行积极防御的军事战略方针。

这是新时期军队和国防建设必须遵循的军事战略思想。在新的历史条件下,中国的战略方针仍然是积极防御。对战争问题,中国一向坚持"人不犯我,我不犯人,人若犯我,我必犯人"的自卫原则。积极防御的好处就是灵活,坚持自卫,后发制人,防御和进攻相结合,持久和速决相结合,军事和政治相结合,和平时期遏制战争和战争时期打赢战争相结合。

⑤建设一支强大的现代化正规化的革命军队。

这是新时期军队建设的总的奋斗目标和总任务。第一,是革命化的问题。要求军队坚持党的绝对领导,坚持全心全意为人民服务的根本宗旨,坚持老红军的优良传统和作风,坚持党的基本理论、基本路线、基本方针和政策,始终不渝地保持人民军队的革命性质。第二,是现代化的问题。要求军队适应未来战争需要,全面提高官兵素质,逐步改进武器装备,正确解决整个部队的科学编制问题,不断提高军队建设的科学技术含量,提高现代条件下的总体作战能力和水平。第三,是正规化的问题。要求军队坚持依法治军、从严治军的根本方针,提高科学管理水平,推动部队建设逐步走上制度化、法制化的发展道路。其中,革命化是灵魂和方向;现代化是中心;正规化是重要保证。

⑥始终不渝地坚持人民军队的性质。

这是邓小平关于新时期军队革命化建设的重要思想。建设强大的现代化正规化革命化军队,必须把革命化建设放在第一位,始终不渝地坚持人民军队的革命性质。这个性质就是党的军队、人民的军队、社会主义国

---

① 《邓小平军事文集》第三卷,中央文献出版社 2004 年版,第 252 页。

家的军队。军队要永远忠于党,忠于国家,忠于人民,忠于社会主义。军队始终是党领导下的,是党的基本路线的忠实执行者和坚定捍卫者。确保军队永远置于党的绝对领导之下,关键在于培养和选拔干部,认真选好接班人,让枪杆子牢牢掌握在忠于党、忠于人民的人手里。

⑦中心是解决现代化问题。

这是邓小平关于新时期军队现代化建设的重要思想。新时期军队建设面临的主要矛盾,是现代化水平与现代战争需要不相适应的问题。解决这个矛盾,是时代发展的要求,是维护国家安全的要求,是提高军队战斗力的关键所在。军队建设必须转到以现代化为中心的发展道路上来。培养现代化的军事人才,是军队现代化的基础工程和关键所在;武器装备的现代化是整个军队现代化的物质基础;编制体制是军队现代化的一个重要方面;要逐步实现指挥系统的现代化。

⑧提高军队建设的正规化水平。

这是邓小平关于新时期军队正规化建设的重要思想。正规化是革命化和现代化的重要保证。一方面,要为革命化建设和现代化建设提供良好的秩序与环境;另一方面,又要依靠规范化的组织形式和科学的运行机制,把革命化、现代化建设产生的思想基础、物质基础和军事技术基础有机结合起来。没有正规化,部队就不可能适应现代战争,形成一个整体,聚合成现代作战条件下的强大军事力量。坚持依法治军,重视军事立法和执法工作,推动军队建设逐步走上法制化、制度化的轨道。

⑨要把教育训练提高到战略地位。

这是新时期军队建设的重要方针。在战争环境中,培养干部主要从战争中学习战争。在相对和平时期,提高军队素质是靠教育训练,要把教育训练提高到事关军队建设和战争全局的战略位置上来。教育训练和作战,是军事实践的两种基本形式,是赢得未来反侵略战争胜利的两个主要环节,训练是作战的基础,教育训练问题,实际就是军事斗争的准备问题。搞好教育训练,一方面是部队本身要提倡勤学苦练,另一方面要通过办学校来解决干部问题,把更多的干部放到学校去训练。

⑩坚定不移地走有中国特色的精兵之路。

这是新时期军队建设的总方针。提高军队战斗力是军队改革与建设的出发点和落脚点,是检验军队的根本标准。战斗力的生成与发展,包括数量和质量两个方面,在现代战争条件下,质量因素越来越有决定性的作用。注重军队质量建设,要坚持精兵、利器、合成、高效的原则,中心仍然是军队现代化的问题,要实行科技强军战略,逐步解决由数量规模型向质量效能型、由人力密集型向科技密集型的转变问题。科技强军不仅要求改进武器装备,而且还包括科学的编制,科学的训练,科学的指挥和科学的管理。新时期军队建设必须贯彻改革精神,要从中国国情和军情出发,正确处理需要与可能、重点与一般、当前与长远的关系,把借鉴外军经验同发挥自己的优势统一起来。

⑪军队和国防建设是全党和全国人民的事业。

这是邓小平关于新时期国防建设的重要思想。军队和国防建设,关系国家安危,关系社会主义现代化的成败,关系国家的最高利益和广大人民群众的根本利益,是全党的事业,全国各族人民的事业。在新的历史条件下,国防建设要坚持全民办国防的指导思想,要深入持久地开展全民国防教育,要建立有效的国防动员体制,要实行精干的常备军同强大的后备力量相结合,坚持军民一致、军政一致、要恢复和发扬军政、军民之间紧密团结的优良传统。

(3)江泽民国防和军队建设思想。

江泽民科学分析和系统回答了新的历史条件下建设什么样的军队、怎样建设军队和未来打什么样的仗、怎样打仗的问题,提出了加强国防和军队建设的一系列新思想、新观点、新论断,创立了富有时代特色的江泽民国防和军队建设思想。

①从国际战略全局和国家发展大局谋划国防和军队建设。

对世界局势正确把握,是党谋划国防和军队建设的前提。江泽民深刻把握冷战结束后世界局势的发展变化,认为国际形势缓和的趋势不会改变,霸权主义和强权政治仍然存在,地区局部战争和武装冲突不可避免。根据这一判断,党中央和中央军委对国防和军队建设作出了战略性部署,强调必须站在战略全局高度,把军队建设谋划好,努力提高打赢战争、遏制战争的能力。国防建设必须服从国家经济建设大局,同时在国家经济实力不断增强的基础上要加大国防投入,大力促进国防经济和社会经济、军用技术和民用技术的互相兼容,使国防建设更好地同经济建设紧密结合。

②解决好打得赢、不变质两个历史性课题。

打赢未来高技术战争,保持人民军队的性质、本色和作风,是党中央、中央军委对新形势下军队建设最为关注的两个重大课题。新时期军事斗争准备的基本立足点是打赢未来高技术战争。新形势下我国安全环境发生了显著变化,由此引发的不测事件可能会诱发局部战争和武装冲突。为了应付突发事件,军队要在未来可能爆发的、针对我国的高技术战争中打得赢,确保国家利益不受侵犯。复杂的国际环境会对治军产生重大影响,敌对势力会把军队作为思想政治渗透的重点目标,对我军实施西化和分化的战略图谋。同时市场经济条件下的腐朽的思想、文化和生活方式也会对部队产生负面影响。因此,要加强军队思想政治建设,不断解决好新形势下保持人民军队性质、本色和作风这个根本问题。

③党对军队的绝对领导是我军永远不变的军魂。

党对军队的绝对领导,是人民军队建军的根本原则,是我军特有的政治优势和永远不变的军魂。保证党对军队的绝对领导,关系我军的性质和宗旨,关系社会主义的前途命运,关系国家的长治久安,因此始终是人民军队建设和发展的首要问题。东欧剧变、苏联解体的事实告诉我们,如果放弃了党对军队的绝对领导,军队就会迷失方向,就会蜕化变质,就会分崩离析,打赢高技术战争和保证国家长治久安就无从谈起。坚持和落实党领导军队的一系列基本制度,切实加强军队党的建设,保证党在思想上政治上组织上牢牢掌握军队。

④积极推进中国特色的军事变革。

积极推进中国特色军事变革,是我军迎接世界新军事变革挑战的必然选择。要从中国国情和军情出发,走以信息化带动机械化、以机械化促进信息化的跨越式发展道路。通过深化改革,实现军队建设的整体转型,建设一支能够打赢未来信息化战争的强大的现代化正规化革命军队。要按照50年"三步走"的战略构想,逐步实现以信息化为核心的国防和军队现代化建设目标。

⑤用新时期军事战略方针统揽军队建设全局。

根据世界战略格局走向多极化和世界军事领域发生革命性变革的新形势,党中央、中央军委制定了我国新时期军事战略方针。用新时期军事战略方针统揽军队建设全局,要正确理解新时期战略方针的基本内涵:一是要把国家利益作为处理军事战略问题的最高准则;二是要把遏制战争和打赢战争统一起来;三是要从政治上考虑和处理军事战略问题。根据国际战略格局的新变化、国家安全形势的新特点和对高技术战争本质的科学判断,党中央、中央军委明确提出,把军事斗争准备的基点调整为打赢信息化条件下的局部战争。用新时期军事战略方针统揽军队建设全局,要把军事斗争准备作为最重要、最紧迫的战略任务和军队现代化建设的龙头。面对新军事革命的挑战,做好军事斗争准备,要从我军实际出发,努力发展军事理论,加强武器装备研制,改革军队编制体制,把教育训练放在战略地位。

⑥按照"五句话"总要求,全面加强军队建设。

在新的历史条件下,江泽民从增强军队战斗力和军队根本职能出发,提出"政治合格、军事过硬、作风优良、纪律严明、保障有力"的"五句话"总要求。"五句话"总要求,是实现我军建设总目标的总要求,反映了新时期军队建设的发展规律,涵盖了新时期军队建设的基本内容,概括了战斗力的基本因素,是实现新时期我军建设总目标所必须遵循的行动准则和纲领。政治合格,是"五句话"之首,是军队建设的根本要求。军事过硬,是履行军队职能的根本保证,是赢得未来战争胜利的必然要求。作风优良,就是要在新的历史条件下继承和发扬我军的优良传统和作风。纪律严明,是军队履行职能、克敌制胜的重要保证。保障有力,是对我军后勤现代化建设提出的要求。

⑦始终把思想政治建设摆在军队各项建设的首位。

注重从思想上、政治上建设部队,是党领导人民军队的重要原则和显著特色。在新的历史条件下,我军面临着和平环境的考验、"和平演变"的考验、改革开放和发展社会主义市场经济的严峻考验和经受高技术条件下局部战争的考验,思想政治建设的地位作用显得更加重要。要把新形势下加强思想政治建设的任务落到实处,要把保证党对军队的绝对领导、落实"三个代表"思想的要求,作为思想政治建设的根本任务;把用马列主义、毛泽东思想特别是邓小平理论武装全军,作为新形势下思想政治建设的中心环节;把深入搞好"四个教育",作为新形势下思想政治建设的基础工程;把搞好军营文化建设,作为新形势下思想政治建设的重要内容;把抓好各级干部特别是高中级领导干部的思想政治教育管理,作为新形势下思想政治建设的关键。

⑧实施科技强军战略,加强军队质量建设。

科学技术是第一生产力,也是非常重要的战斗力,全军要贯彻科技强军战略,把军队战斗力的增长转变到依靠科技进步上来。要立足现实,着眼未来,使科技强军战略贯穿于军队建设的全过程,以人才培养为先导,以武器装备发展为重点,以战斗力生成为目的,不断强化科技意识,增强科技强军的针对性;要认真探索人与武器结合的最佳方式、方法;要充分利用国家经济发展的有利因素,加快科技强军的进程,尽快缩短与军事强国之间在作战能力上的差距。

⑨培养和造就大批高素质的新型军事人才。

江泽民指出:"迎接新的军事发展的挑战关键在人才。没有一大批高素质的人才,就无法掌握新的武器装备,无法创造和运用新的战法,也不可能赢得未来战争的胜利。"①这一思想深刻揭示了人才与建军治军之间的本质联系,反映了现代军队的客观要求和未来高技术战争发展必然

---

① 《江泽民文选》第一卷,人民出版社2006年版,第612页。

趋势。新军事变革增强了政治对军事斗争的制约作用，要求新型军事人才必须具有敏锐的战略眼光和政治头脑；高技术的迅猛发展及其在军事领域里的广泛运用，要求新型军事人才必须具有厚实的科学文化基础、较宽的知识面、较高的军事素质和组织指挥才能以及良好的心理素质。

⑩加快我军武器装备现代化建设的步伐。

武器装备的建设水平，是国家国防实力的直接反映。在现代战争中，拥有高科技武器装备优势的一方比较容易掌握主动权，而落后的一方则可能陷入被动挨打的境地。江泽民指出："这些年来，我军的武器装备虽然有了很大改进，但从总体上看，与世界发达国家军队的武器装备水平还有很大差距。"因此，须着眼战争需要，立足我军实际，紧紧抓住武器装备发展关键问题，坚持攻防结合，尽快拥有先进、顶用的制敌手段；立足现有武器装备，提高装备的配套水平与作战效能；理顺装备管理体制，努力提高管理效益。

⑪走出一条投入少、效益较高的军队现代化建设路子。

随着国家经济实力的增强，国防费也将相应增长，但国防费供需矛盾突出的问题在短期内不可能根本解决。要发扬艰苦奋斗精神，坚持勤俭建军方针；要逐步减轻军队办社会的负担；要依靠国家经济科技发展，推动军队的基础设施建设和科技创新；要建立和完善三军一体、军民兼容、平战结合的联勤保障体制；运用科学管理的技术和手段，努力探索具有我军特色的管理理论和管理方法，不断提高军事经济效益。

⑫坚持依法治军、从严治军。

加强法治建设，坚持依法治军是新时期我军建设的重要方面。军队要自觉地贯彻依法治军的方针，把国防和军队建设纳入法治化的轨道。依法治军，就是从制度上和法律上保证党对军队的绝对领导，把党的军事主张和长期建军治军的成功经验通过法律程序上升为国家意志，使党的领导同依法办事统一起来。要逐步建立和完善军事法规体系，使军队各项建设都有明确的规范。要严格按条令条例管理部队，做到依法从严治军。

⑬军队现代化建设动力在改革。

在新的历史条件下,我军建设的任务和面临的环境发生了深刻变化,我们必须在坚持优良传统的基础上大胆改革创新,使我军建设始终保持蓬勃的生机与旺盛的活力。推进军队现代化建设向前发展,动力在改革,出路也在改革。要把创新发展军事理论作为改革的先导。要调整改革体制编制,调整完善政策制度,充分调动全军官兵的积极性和创造精神。要正确处理继承优良传统与发展创新、借鉴外军经验与保持我军特色、军队改革与国家改革、深化改革与保持部队稳定等方面的关系,积极稳妥地进行改革。

⑭依靠人民建设军队、建设国防。

依靠人民建设军队、建设国防,是坚持人民战争思想的必然要求。国防和军队建设是全党和全国人民的共同事业,必须依靠人民建设军队、建设国防,要按照人民战争的战略思想,实行精干的常备军与强大的国防后备力量相结合,高度重视民兵、预备役部队等国防后备力量的建设;要按照平战结合、军民结合、寓兵于民的方针,进一步调整和完善国防动员体制,提高国防动员能力;要深入持久地开展国防教育,增强全民国防观念;各级党委、政府和人民群众要关心和支持国防和军队建设,军队要发扬拥政爱民的光荣传统,积极支持和参加国家经济建设。

(4)胡锦涛国防和军队建设重要论述。

胡锦涛关于国防和军队建设的重要论述,集中体现了十六届四中全会以来党的军事指导理论创新发展的最新成果。

①坚持在国防和军队建设中贯彻落实科学发展观。

在国防和军队建设中贯彻落实科学发展观总体要求是:坚持党绝对领导下的人民军队的根本性质和宗旨,着眼有效履行新世纪新阶段我军历史使命,以提高信息化条件下的威慑和实战能力为根本出发点和落脚点,全面加强革命化现代化正规化建设,全面落实"五句话"总要求,统筹中国特色军事变革与军事斗争准备,统筹当前建设与长远发展,统筹主要战略方向建设与其他战略方向建设,进一步实施科技强军战略,着力推动军事理论创新、军事技术创新、军事组织体制创新和军事管理创新,加快转变战斗力生成模式,充分发挥广大官兵的主体作用,坚持军民结合、寓军于民,实现国防和军队建设全面协调可持续发展。

②有效履行新世纪新阶段我军历史使命。

新世纪新阶段我军应肩负的历史使命,是努力为党巩固执政地位提供重要的力量保证,为维护国家发展的重要战略机遇期提供坚强的安全保障,为国家利益的拓展提供有力的战略支撑,为维护世界和平与促进共同发展发挥重要作用。人民解放军的全部工作,都要围绕有效履行这一历史使命来展开,各项建设都要围绕提高履行历史使命的能力来进行。

③把思想政治建设作为根本性基础性建设。

思想政治建设是军队的根本性、基础性建设。当前我军建设进入一个新的重要发展时期,呈现出一系列阶段性特点。我军已经从革命战争时期为夺取政权进行斗争的重要力量转变为建设时期巩固人民民主专政、保卫和建设祖国、党巩固执政地位的重要力量;肩负的历史使命由维护国家生存利益延伸到发展利益,由应对传统安全威胁延伸到非传统安全威胁,由保卫我国和平发展延伸到维护世界和平促进共同发展;军队建设内外部环境出现了深刻变化;建设阶段性目标为确保打赢信息化条件下的局部战争等。面对这些新特点,必须加强思想政治建设,确保军队在新的历史方位中坚持正确方向,确保军队有效履行新使命,确保军队能经受住严峻挑战和考验,确保军队能够实现这一阶段性目标。胡主席指出,加强部队思想政治建设,要坚持"高举旗帜、听从指挥;围绕中心;服务大局;面向基层、创新发展;以身作则、做好表率"①,要求"深入开展我军历史使命教育、理想信念教育、战斗精神教育和社会主义荣辱观教育"。

④始终坚持我军听党指挥服务人民英勇善战的优良传统。

_____

① 《牢固确立和全面贯彻科学以展观重要指导方针推进国防和国队建设又快又好地发展——全军树立和落实科学发展观高级干部理论研讨班发言摘登》,《解放军报》2006年5月20日。

"听党指挥、服务人民、英勇善战"精辟概括了我军性质、宗旨和职能使命的要求,指明了人民军队建设和发展的方向。听党指挥是我军建设的根本原则,服务人民是我军矢志不渝的根本宗旨,英勇善战是我军履行职能使命的根本要求。新世纪新阶段,我军肩负着"三个提供、一个发挥"的历史使命,这就要求我军在新的起点上把英勇善战内化为能力素质。始终坚持我军听党指挥、服务人民、英勇善战的优良传统,是胡主席从历史和时代高度提出的军队建设的重要要求,是对我们党关于军队建设思想的丰富发展。

⑤充分发挥军事斗争准备的龙头作用。

胡锦涛指出,以军事斗争准备为龙头,抓住发展重点,统筹发展全局,通过局部跃升促进整体提高,不仅适应了国家安全形势的需要,而且也适应了我军现代化建设的需要。要深刻认识军事斗争准备在我国安全和发展战略全局中的重要作用,做好军事斗争准备是军队职能使命的内在要求,是维护重要战略机遇期的要求,是维护国家主权和领土完整的要求。要统筹军事斗争准备与中国特色军事变革,推动军队建设整体发展。要以打赢信息化条件下的局部战争为军事斗争准备的基本目标和出发点,加强战备教育,增强做好军事斗争准备的使命意识、忧患意识,把强化战斗精神作为军事斗争准备的重要内容,牢固树立真打实备思想,扎实做好军事斗争准备。

⑥按"三化"相统一原则加强军队全面建设。

按"三化"相统一原则加强全面建设,是军队贯彻落实科学发展观的基本要求。加强军队"三化"建设,要始终把革命化建设放在第一位,保持军队建设的正确方向,努力实现我军现代化建设的跨越式发展,不断提高军队信息化建设的水平,大力加强正规化建设,为革命化现代化建设提供基础和保证。推动军队建设全面协调发展,要贯彻落实科学发展观,搞好军队建设的"五个统筹",即统筹中国特色军事变革与军事斗争准备,统筹机械化建设与信息化建设,统筹诸军兵种作战力量建设,统筹当前建设与长远发展,统筹主要战略方向建设与其他战略方向建设,要着眼履行新世纪新阶段我军历史使命,以提高信息化条件下的威慑和实战能力为根本出发点和落脚点。

⑦依靠科技进步转变战斗力生成模式。

提升战斗力,是军队建设首要和核心的任务。而科学技术从一开始就影响着战斗力生成模式的形成和变革。战斗力生成模式,主要体现在战斗力构成要素的特征、结构和功能发挥上,其中,影响战斗力生成的诸要素的构成方式和相互作用机理是研究战斗力生成模式的主要内容。面对当前新军事变革的影响和冲击,我们要依靠科技进步,努力实现战斗力生成模式的转变,推进国防和军队建设又好又快发展。这是军队贯彻落实科学发展观、推进中国特色军事变革的价值目标所在,也是建设信息化军队、打赢信息化战争的内在要求。

⑧推进军事训练向信息化条件下训练转变。

胡锦涛根据世界新军事变革的发展趋势,结合我军机械化信息化复合发展的实际,作出了"积极推进机械化条件下军事训练向信息化条件下军事训练转变"的重大战略决策,为我军军事训练的发展指明了方向。我军军事训练转变是历史发展的必然,是打赢信息化战争的迫切需要,是信息化武器装备广泛应用的客观要求,是加强部队全面建设的必然选择。推进军事训练转变主要任务是依托先进的信息技术,围绕提高信息化条件下的威慑和实战能力,逐步建立起与信息化战争相适应的军事训练理论、内容、方法、保障和管理体系。

⑨大力弘扬求真务实的科学精神。

坚持求真务实,是贯彻落实科学发展观的题中应有之义。要做到求真务实,关键要抓住两条:一条是要端正工作指导思想,树立正确政绩观,切实解决为谁服务、为什么当干部的问题;另一条是要转变工作指导方式,大力改进学风、会风、文风,要特别强调依法治军、从严治军,克服工作上的主观随意性。

⑩统筹经济建设和国防建设,实现富国与强军的统一。

胡锦涛强调,要在经济发展的基础上努力建设一支同我国地位相称、同我国安全和发展利益相适应的军事力量,进一步形成国防建设和经济建设相互促进、协调发展的良好局面,实现富国和强军的统一。要从国家发展的总体战略出发,把国防和军队现代化建设融入国家现代化建设的战略全局之中,使国防和军队现代化建设进程与国家现代化进程相一致;要走出一条中国特色军民融合式发展路子;要把国防战略布局的完善与国家经济结构和地区经济布局调整结合起来;要把国防科学技术研究纳入国家科学技术中长期发展规划;要增强全民国防观念,积极开展军民共建。

二、相关学科的理论借鉴

高校国防教育还必须借鉴相关学科如军事教育学、军事心理学等学科的理论与思想,丰富国防教育的内涵。

1. 对军事教育学理论的借鉴

军事教育学是教育学的一个分支学科,它是以普通教育学的基本原理与方法为指导,同时它又具有不同于普通教育学的一些特点,如普通教育学强调促进个体素质的全面发展,而军事教育学在强调促进军人个体素质的全面发展的同时,特别重视促进军人集体战斗力的形成和作风纪律的培养等等。普通高校开展国防教育主要就是借鉴军事教育学科领域特有的教育内容与方法,以加强大学生全面素质的培养。

(1)军人集体教育思想。

军事活动从来都是集体的行为,战争是军人集体和军人整体力量的较量。"一定战争的客观需要决定军事教育不能只是促进军人个体素质的全面发展,而且必须促进军人集体作战能力的提高,这是军事教育外部诸方面对军事教育内部关系的客观要求。"①正是为了教育军人个体,才必须首先教育军人集体,因为军人个体总是存在于一定的军人集体之中,并在集体中接受教育和接受集体教育的。军事教育要促进军人集体的形

---

① 朱如珂:《军事教育学》,解放军出版社 1988 年版,第 40 页。

成和巩固。通过军事教育训练,使军人形成共同的理想和奋斗目标,明确军人肩负的光荣责任以及强烈的集体意识和荣誉感;才能达成军人集体的协同动作和步调一致;才能形成军人集体明确的集体目标、坚强的领导核心、和谐的人际关系、健康的集体舆论和自觉的严格纪律;才能把一个来自四面八方的机械聚合的军人群体,变成一个坚强的军人集体。

高校国防教育通过吸收军事教育学当中军人集体教育思想,着重培养大学生的团队精神和协作能力。因为个体总是存在一定的集体之中,并在集体中才能获得更好的发展。正如马克思、恩格斯在《德意志意识形态》中强调的那样:"只有在共同体中,个人才能获得全面发展其才能的手段,也就是说,只有在共同体中才可能有个人自由。"①

(2)军人作风纪律养成思想。

作风纪律是"军队及其每个成员在作战、教育训练工作、日常生活和处理军内外关系中表现出来的精神和行动上的素养"②。良好的作风纪律是全体军人在共同的目标指引下,在认识一致的基础上,经过长期磨炼,逐渐形成的一种我军所特有的素质。它是形成良好风尚和精神面貌的基础,是一种无形的力量,是构成我军战斗力的重要因素。军队作风纪律内容主要包括英勇顽强、吃苦耐劳、军容严整、遵纪守法、雷厉风行、紧密团结等。作风纪律养成教育好,个体军人就能自觉地用条令、条例和规章制度规范自己的言行,这样就可促使良好风气逐步形成。良好风气一经形成,便成为一种巨大的教育力量,给人以共鸣感染、熏陶和影响,促使每个军人的身心得到健康的发展进而奋发向上,积极进取。

高校国防教育可借鉴军人作风纪律的养成教育,培养吃苦耐劳、遵纪守法、意志顽强等品格,自觉地用校规校纪规范自己的言行,以形成良好的学习生活风气,进而形成一种教育影响,催人奋发向上。

---

① 《马克思恩格斯选集》第 1 卷,人民出版社 1995 年版,第 119 页。
② 朱如珂:《军事教育学》,解放军出版社 1988 年版,第 346 页。

2. 对军事心理学理论的借鉴

拿破仑曾经说过,世界上只有两种力量,就是利剑和精神。从长远说,精神总能征服利剑。可以说,军队战斗力是由两种要素组成的:第一是物质,第二是精神,而精神要素处于关键位置。打赢一场战争是如此,成就一番事业亦是如此。高等教育在培养人的活动过程当中,不仅要传授学生知识、技能和本领等,还要培育学生那种高昂的士气、乐观的精神、勇于冒险的胆识和坚毅刚强的品质,这可借鉴军人战斗精神培育的心理机制原理。

关于战斗精神,专家学者们普遍认为,战斗精神是战争领域的精神现象,属于意识领域的范畴。从心理学的角度分析,战斗精神是支配和影响军队或军人作战行为的一种心理状态,它由认知、情感和意志三要素构成。其中,认知因素是战斗精神生成的基础,情感因素是战斗精神发动的直接动因,意志因素是使战斗精神得以充分表现的核心因素。具体表现为坚定的理想信念、强烈的爱国主义情感、过硬的综合素质、顽强的战斗作风等内容,作为战斗力中强大的精神力量,是克敌致胜的决定性因素之一。从心理学角度,战斗精神的培育过程是社会心理机制与个体心理机制交互作用的过程。① 一方面,战斗精神作为一种社会意识现象,来源于社会心理,其中民族精神是战斗精神的基本渊源,对民族精神的传扬,是战斗精神价值认同的依据,是战斗精神培育的必要条件。另一方面,战斗精神培育过程又是个体认知、情感、意志等相互作用的过程。军人是战斗的主体,其对战争的正确的认知如"为谁当兵"、"为谁而战"是战斗精神形成的基础,有了认知结果的"真",就有了对战争发生的历史必然性和自身社会责任的认识,在内心就会产生责任感和使命感,其中,爱国主义情感是战斗精神形成的动力。一个军人具备了对祖国强烈的爱,就具备了承受巨大的生与死的压力的心理准备,就会产生坚强的战斗意志。因此,运用战斗精神形成心理机制原理,要采取强化政治信仰、弘扬民族精

---

① 参见龚玮:《战斗精神培育中的心理机制及其运用》,《军队政工理论研究》2005 年第 5 期。

神、提高认知能力、加大心理素质训练等措施来培育军人的战斗精神。

高校在开展国防教育过程当中,可运用军人战斗精神培育的心理机制原理,采取相应措施,培养大学生高昂的士气、乐观的精神、勇于冒险的胆识和坚毅刚强等等精神品质。约翰·柯林斯说:心理上的攻势可以为武力铺平道路,但反之却不行。精神往往起决定性作用的。

第二节　高校素质教育理论

高校素质教育理论应以马克思关于人的全面发展学说为基础,借鉴教育学、心理学、社会学等学科的相关理论成果,结合高等教育和社会发展的需要,逐渐形成并进一步发展和丰富。

一、高校素质教育指导理论

高校素质教育是在马克思关于人的全面发展学说的指导下开展的。马克思人的全面发展理论的主要思想内核体现在"全面"上,包括内容上的全面性和对象上的全面性。

1. 人的全面发展的内涵

(1)本质内容:人的能力的全面发展。

能力是人类在生存和发展过程中表现出来的调控人与自然、人与社会的关系及人自我认识、自我调整的实际本领和心理状态。人的能力的全面发展是马克思人的全面发展理论的本质内容。马克思认为人的发展是人的本质力量的发展,而个人能力是人的本质力量的公开和展示,人的能力是人类表现和确证自己社会本质的内在力量。他指出:"任何人的职责、使命、任务就是全面地发展自己的一切能力"[①],而劳动是人获得发

---

① 《马克思恩格斯全集》第42卷,人民出版社1979年版,第125页。

展的根本途径,个人能力的全面发展是在劳动过程中围绕着人的劳动能力全面展开的。针对旧式分工所造成的人的片面发展,马克思将人的全面发展首先看做是人的体力和智力相结合的全面发展。他在《资本论》中指出:"我们把劳动力或劳动能力,理解为人的身体即活的人体中存在的、每当人生产某种使用价值时就运用的体力和智力的总和。"①而体力和智力的分离就导致了分工的出现,分工则直接造成了劳动者的片面发展,只有消灭旧式分工,劳动者将体力劳动与脑力劳动结合于自身,能够适应不同的劳动要求,把不同的社会职能作为相互交替的活动方式,人才能获得全面的发展。

（2）客观基础:人的社会关系的全面发展。

马克思指出:"人的本质不是单个人所固有的抽象物,在其现实性上,它是一切社会关系的总和。"②人总是在一定社会关系中生存和发展的,人始终是社会的人,人的存在无不历史地受到他在具体的社会关系中的地位的制约,人的发展无不现实地表现在具体的社会关系变革中,不管个人在主观上怎样超脱各种关系,他在社会意义上总是这些关系的产物,"社会关系实际上决定着一个人能够发展到什么程度"③。人要获得全面的发展,就必须从事"全面的活动",必须与外部世界建立丰富的对象性关系。社会关系的全面发展,一方面是指社会关系的内容越来越丰富,随着社会的发展,个人越来越多地参与各个领域、各个层次的社会交往,逐渐摆脱了个体的、地域的和民族的狭隘性,全面地塑造着自己;另一方面表现在人对社会关系自由度的提高。随着私有制被废除,社会关系处在被人全面占有和共同控制之下,每个人都在自身所处的社会关系中,充分而协调地发展自己的全部特性,人成为自由发展的人。那时,"地域性的个人为世界历史性的、经验上普遍的个人所代替"④,个人的全面性不是

①　《马克思恩格斯全集》第 23 卷,人民出版社 1972 年版,第 190 页。
②　《马克思恩格斯选集》第 1 卷,人民出版社 1995 年版,第 60 页。
③　《马克思恩格斯全集》第 3 卷,人民出版社 1979 年版,第 295 页。
④　《马克思恩格斯全集》第 1 卷,人民出版社 1972 年版,第 40 页。

想象的或设想的全面性,而是他的现实关系和观念关系的全面性。

（3）内在动力:人的需要的全面发展。

需要是人为了维持生存和发展而与外部世界进行物质、能量、信息交换而产生的一种摄取状态,人的需要是人的生命活动的内在规定性和存在方式,"他们的需要即他们的本性"①。需要是人类一切活动的源泉和动力,人正是为了满足自己的生存、享受和发展需要,才进行物质生产和社会活动。需要的满足和满足需要的社会实践活动,既推动了社会的发展,也推动了人自身的发展。这也就决定了人的需要的全面发展是马克思主义人的全面发展理论的重要组成部分。

人的需要是一个不断反复的、永无止境的发展过程,这必然导致人的需要的日益丰富和全面。随着社会历史的发展,人的需要呈现出一种上升的趋势。马克思对人的需要的全面发展是针对资本主义生产方式对人的真正需要的压抑和扭曲而言的。而社会主义作为一种全新的社会形式,消除了私有制,从而使人们之间的社会关系有了全新的内容,实现了人们之间的真正的平等。同时,由于生产力的巨大发展,从而为社会创造了巨大的物质财富,这就为人的需要的多方面发展奠定了良好的社会物质基础,为人们物质需要的发展、精神需要的发展、社会关系方面各种需要的发展、人的自我实现和发展的需要的发展等等准备了最为优越的现实条件。因此,人的发展是伴随人的需要的发展而发展的,人的需要的多样化发展是人的全面发展的内在动力。

（4）最终目标:人的个性的全面发展。

人的个性是指作为具有社会性的个人的具体的、独特的主体性。个别性、独特性是个性的外在特征,而构成主体性的能动性、自主性、为我性等则是个性的内涵核心和本质特征。马克思认为,人的个性的全面发展是人的全面发展的综合体现和最高标准,"自由个性"是人类社会发展的最终目标和最高成果。马克思曾把人分为"有个性的个人"和"偶然的个

---

① 《马克思恩格斯全集》第 3 卷,人民出版社 1960 年版,第 514 页。

人"。"偶然的个人"是指出社会关系、交往条件不相适应,对社会关系没有自主性,处于被奴役地位的个人。"有个性的个人"是指与社会关系、交往条件相适应,对社会关系有自主性的个人。在资本主义社会中,物化的社会关系作为一种异己的力量统治着人、支配着人,人无法占有自己所创造的社会关系,个人只能是"偶然的个人"。只有到共产主义社会,"外部世界对个人的才能的实际发展所起的推动作用为个人本身所驾驭"①的时候,"人终于成为自己的社会结合的主人,成为自己本身的主人——自由的人"②,人的自由个性才能得以实现和全面的发展。

总之,马克思所讲的人的能力、社会关系、需要以及个性等方面的全面发展是一个相互联系、相互依赖、相互促进的统一体。人在一定的社会关系中通过生产劳动历史地实现其需要、发挥其能力和表现其个性的人的"全面的本质"的全面发展并为人"以一种全面的方式"所占有构成了马克思关于人的全面发展的丰富内涵。

2. 人的全面发展的实现条件

(1)物质前提:高度发展的生产力。

生产力是人们征服自然、改造自然的物质力量。生产力的发展,为人类创造了丰富的物质财富,也为人的全面发展的实现提供了物质前提。马克思指出:"当人们还不能使自己的吃、喝、住、穿在质和量方面得到充分供应的时候,人们就根本不能获得解放。"③生产力的高度发展也为人的全面发展提供充足的自由时间,"整个人类的发展就其超出人的自然存在所直接需要的发展来说,无非是对这种自由时间的运用,并且整个人类发展的前提就是把这种自由时间作为必要的基础"④,"由于给所有的人腾出了时间和创造了手段,个人会在艺术、科学等等方面得到发展"⑤。

---

① 《马克思恩格斯全集》第3卷,人民出版社1960年版,第330页。
② 《马克思恩格斯全集》第20卷,人民出版社1971年版,第710页。
③ 《马克思恩格斯全集》第42卷,人民出版社1979年版,第368页。
④ 《马克思恩格斯全集》第32卷,人民出版社1998年版,第215页。
⑤ 《马克思恩格斯全集》第46卷(下),人民出版社1980年版,第219页。

　　因此,生产力高度发展及其带来的大量自由时间就为人的全面发展开辟了广阔的前景。马克思恩格斯在强调要大力发展生产力的同时,还强调了它必须为人共同占有和充分利用,即"联合起来的个人对全部生产力的占有"①和由社会全体成员组成的共同联合体来共同地和有计划地利用生产力。只有当高度发展的生产力为人共同占有和充分利用时,它才能为人的全面发展提供真实的物质基础。

　　(2)根本条件:消灭私有制和旧式分工。

　　马克思恩格斯通过对社会历史的考察,指出私有制是阻碍人的全面发展,造成人的片面、畸形发展的社会根源。因为在资本主义私有制下,资本家占有生产资料,工人除了劳动力之外一无所有,工人被迫出卖劳动,造成人的发展的片面性和被动性。因此,要消除人的片面、畸形发展,使社会所有成员都能获得充分全面的发展,就必须对社会进行改造,消灭私有制。

　　私有制条件下,分工的片面性、强迫性,造成人的发展的片面性、被动性,造成人的体力和智力的片面畸形发展,正如恩格斯指出:"大工业在它的资本主义形式上再生产出旧的分工及其固定化的专业。"②这种分工"把一个人变成农民,把另一个人变成鞋匠,把第三个人变成工厂工人,把第四人变成交易所投机者"③。只要他不想失去生活资料,他就始终是这样的人。因此,只有消灭私有制和旧式分工,才能消灭城乡差别、工农差别、脑力劳动与体力劳动的差别,使劳动成为真正自由的活动,实现劳动者全面而自由的发展。

　　3. 人的全面发展的实现途径

　　大力发展教育事业,坚持教育与生产劳动相结合,是实现人的全面发展的根本途径。教育是专门培养人的一种社会活动,它通过德、智、体、

---

　　①　《马克思恩格斯选集》第 1 卷,人民出版社 1995 年版,第 150 页。

　　②　《马克思恩格斯全集》第 23 卷,人民出版社 1972 年版,第 534 页。

　　③　《马克思恩格斯选集》第 1 卷,人民出版社 1995 年版,第 243 页。

美、劳等部分全面协调地发展来培养和造就全面发展的人,是实现人的全面发展的根本途径。马克思说:"为改变一般人的本性,使它获得一定劳动部门的技能和技巧,成为发达的和专门的劳动力,就要有一定的教育或训练。"①恩格斯也指出:"教育将使年轻人很快熟悉整个生产系统,将可使他们根据社会的需要或他们自己的爱好,轮流从一个生产部门转到另一个生产部门。因此,教育将使他们摆脱现在这种分工给每个人造成的片面性。"②由此可见,要实现人的全面发展,必须进行全面发展的教育。那么,如何实行全面发展的教育呢? 马克思在考察机器大工业生产的基础上,断定教育与生产劳动相结合是一种进步的趋势。马克思主义认为,人类历史是通过劳动自我生成、自我创造的历史。人类通过劳动探索自然界的奥妙,探索与自己相联系的物质世界和精神世界的规律,同时产生、发展着人的需要、情感和能力以及自我意识。因此,他指出,教育与生产劳动相结合,"不仅是提高社会生产的一种方法,而且是造就全面发展的人的唯一方法"③。

总之,马克思人的全面发展理论其主要思想内核体现在"全面"上,包括内容上的全面性和对象上的全面性。根据马克思主义关于人的全面发展学说,当代人应在自然(劳动能力:体力和脑力的总和)、社会(交往能力:协调社会关系的能力)、精神(审美、理想、信念、自主意识、个性品质等)这三个方面全面拓展与提高自身素质。由此,素质教育应着重发展人的三方面素质:一是人与自然协调共存所应具备的素质,或称自然素质,包括:身心素质,体力与智力,能力;二是人在社会交往中所必备的素质,即人在处理社会关系、消解人际矛盾的能力,称为社会素质,包括:道德—法律素质,社会活动素质;三是人对自身观照形成的具有内省文化特质的素质,即精神素质,包括:自主意识,审美素质,自我调控水平。

---

① 《马克思恩格斯全集》第 23 卷,人民出版社 1972 年版,第 195 页。
② 《马克思恩格斯选集》第 1 卷,人民出版社 1995 年版,第 243 页。
③ 《马克思恩格斯全集》第 20 卷,人民出版社 1972 年版,第 348 页。

二、相关学科的理论借鉴

马克思主义人的全面发展理论关注人的"智力"和"体力"的全面、自由、和谐发展,就是强调人的发展的基础性素质。这一理论作为素质教育的理论基础,支撑和论证着素质教育所倡导的价值目标。素质教育还从教育学、社会学、心理学等学科的相关理论中获得思想滋养,丰富着素质教育的理论内涵。

1. 对教育学理论的借鉴

教育学理论基于社会学和心理学的理论成果,一方面发现人的发展的可能性,一方面又揭示教育和培养人的合理性与可行性,为素质教育提供了最直接的理论支持与滋养。教育本质与功能的研究对素质教育的推进提供了有力的理论依据。

(1)教育本质。

什么是教育? 这是教育学首先要解决的问题。现代教育学把教育区分为广义与狭义两种。凡是一切增进人们知识、技能、身体健康以及形成和改变人们思想意识的过程,统称为广义的教育。狭义的教育是人类社会发展到一定历史阶段教育活动从其他社会活动中分离出来,作为一种独立的过程。这里主要探讨狭义教育。狭义教育可以定义为:"教育者按照一定的社会要求,向受教育者的身心施加有目的、有计划、有组织的影响,以使受教育者发生预期变化的活动。"①这个定义反映了构成教育这一事物的三要素即教育者、受教育者和教育影响及其内在的联系以及由它们所构成的特殊矛盾运动。对教育本质的探讨就是对教育组成要素及其内在联系和矛盾的认识。

历史上对教育本质的探讨有两个角度。从意识形态角度有三种观点:教育是生产力;教育是上层建筑;教育有部分属于上层建筑,部分属于生产力。我国教育界对教育本质的争论主要集中在意识形态领域。西方教育思想家从教育活动的价值角度探讨教育的本质,有三大流派即个人

---

① 　南京师范大学教育系:《教育学》,人民教育出版社 2003 年版,第 19 页。

本位论、社会本位论和文化本位论。"个人本位论"强调:教育就是对人的培养,人是教育的第一要素,也是教育的核心所在;个人的发展是高于一切的,教育的职能就是使人生来就有的健全机能能够不受影响地得到发展,教育必须根据个人的发展需要来实施。主要代表人物的观点有卢梭的"自然教育"理论、斯宾塞的"完美生活预备"理论和罗素"上升为精神道德教育层次"理论。"社会本位论"强调:教育是社会结构和社会秩序再生产的手段,教育的功能在于使年轻的一代"社会化",使年轻一代既具有他们所属社会每个成员必备的同质性,也具有各自的某些异质性;主张教育科学的唯一作用在于认识教育事实。"国家本位"是民族矛盾激化时期的产物,是社会本位论的一种特殊的、极端的表现。主要代表人物是涂尔干,他最早使用"结构功能主义"方法进行教育社会学的研究。"文化本位论"强调:文化是个人"外化的"经验,是社会形成和发展的基础,教育最根本的作用就是促进和推动文化的传播和发展,无论对个人还是对社会,教育的全部内容都是文化,离开了文化,教育就无从谈起;教育的根本问题是文化问题,教育的目的就是文化的目的,教育的价值取向就是文化的价值取向。主要代表人物观点如施普兰格的"文化哲学"。其实西方三大流派之争只是各派根据当时社会现实特别关注教育活动某一要素而已。个人本位论强调受教育者的自然发展;社会本位论强调教育者的作用,教育者要使个体通过教育能够"社会化";文化本位论强调教育影响因素即文化的作用,认为教育的全部内容都是文化。我们认为,从教育活动存在的价值来看,教育本质其实是以上三流派观点的辩证统一,教育不但要促进人的全面发展,也要通过文化的传递和内化,使个体社会化。其实,"教育就是造就人的社会活动"①。

（2）教育功能。

对"教育功能"的认识存在三种分歧,"有论者认为,教育的功能就是教育的社会职能,即教育在人类社会发展中的作用;另有论者认为,教育

---

① 黄济:《对教育本质的再认识》,《中国教育学刊》2008 年第 9 期。

的功能应理解为教育对人的直接作用和影响；在多数论者看来，教育功能是多维的，应兼顾对个体和社会发展的作用"①。

　　教育的本体功能是促进个体发展。所谓个体的发展，通常指的是个体从出生到成人期身心有规律的变化过程。个体是如何实现发展的？影响个体发展有哪些基本因素？现代教育学将影响个体发展的因素归结为遗传、环境与教育三个方面，其中遗传是个体发展的物质前提，为个体的身心发展提供可能性；环境（自然与社会环境）对个体发展起一定的促进或制约作用；教育虽然也是一种环境，但它有特别的意义，教育对个体的发展起主导作用。教育的主导作用既表现为对个体发展方向的引导作用，也表现为对种族遗传、对环境形成的重要影响作用。教育促进个体发展的育人功能表现在四个方面："发挥人的潜能，发现人的价值，通过文化的传递、内化、融合和创新使个体社会化，引导完备人性的建构与发展。"②

　　人与动物不同之处在于人具有创造性、自发性、爱的能力、向往真理等潜能，这些潜能在人体身上仅仅是种可能性，教育的主导作用就在于把这种可能性转化为现实性，所以说教育就是发挥人的潜能。人为个体生命与社会生命的统一，人本主义者认为个体生命的终极价值是自我实现，强调人的内在价值；马克思主义者从人的社会生命出发，认为人类的最高境界是实现共产主义，进入自由王国，强调人的外在价值。教育能使人类获得知识，能使人类超越给定性，发挥人的主体性，去发现自己应有的外在和内在价值，所以说教育就是发现人的价值。一个自然人来到世上具有成为人的一切可能性，这种可能性向什么方向发展，需要借助于教育。教育是教育者有计划地根据社会的需求对受教育者身心施加一定的影响使其符合教育者的意图。而社会需求是人的发展方向，施加的影响就是文化的传递、内化、融合和创新，因此说教育就是通过文化的传递、内化、

---

　　①　瞿葆奎：《教育基本理论之研究》，福建教育出版社1998年版，第286—287页。
　　②　柯闻秀、胡弼成：《人性的规定性与教育的本性》，《云梦学刊》2001年第5期。

融合和创新使个体社会化。人的本性总是存在于实然与应然的肯定与否定的动态过程之中，能动地、创造地打破既定实然而向应然腾飞。教育要使受教育者能够在已有的各种现实规定性中奋起，超越给定。因此，教育的本质属性在于引导完备人性建构与发展。教育促进个体发展功能受到社会经济、政治、文化等因素制约，这些因素制约着教育培养人的方向、性质。

教育的工具功能为促进社会的发展即教育具有经济、政治和文化等等功能。尽管如此，教育活动并非等同于经济活动、政治活动、文化活动。教育的社会功能表现在：社会经济的、政治的、文化的活动主体是人，教育必须通过培养作为这些主体活动的人来实现，即按一定社会要求，造就具有一定思想、道德、知识、能力的社会成员，参加社会经济、政治、文化活动，由此而发挥教育的社会功能。

综合以上分析，人的发展受遗传、环境和教育三因素的影响，其中教育对个体的发展起主导作用。教育不仅有促进个体发展的功能，还具有培养既定社会成员的社会功能。有关教育本质与功能的这些研究成果无疑是素质教育推进合理性和可行性的直接理论依据。

2. 对社会学理论的借鉴

有关素质教育的概念，目前教育界基本上已达成共识，"然而素质教育的下一步的走向却仍是人们关注的焦点问题，终身教育一经提出，素质教育的发展趋势仿佛初见端倪"①。如何准确地把握素质教育的发展走向呢？马克思关于人的全面发展思想中的"全面"有丰富的内涵，体现在内容上向德、智、体等多维发展，在广度上向全民教育发展，而在深度上是向终身教育发展，这为素质教育的发展指明了方向。

（1）终身教育思想。

"终身教育"这一术语自 1965 年在联合国教科文组织主持召开的成

---

① 陈哲：《马克思"人的全面发展"与素质教育发展趋势》，《武汉教育学院学报》2001年第 2 期。

人教育促进国际会议期间,由联合国教科文组织成人教育局局长、法国的保罗·朗格朗(Paul Lengrand)正式提出以来,短短数年,已经在世界各国广泛传播。终身教育是指人们在一生各阶段当中所受各种教育的总和,是人所受不同类型教育的统一综合,包括教育体系的各个阶段和各种方式,既有学校教育,又有社会教育;既有正规教育,也有非正规教育。终身教育理念主张在每一个人需要的时刻以最好的方式提供必要的知识和技能。终身教育现已经作为一个极其重要的教育概念而在全世界广泛传播。目前许多国家的政府把终身教育作为本国的教育改革的总目标,努力把终身教育纳入规范化渠道,并以终身教育的原则来改组、设计自己的国民教育体系,试图建立一个从幼儿园到老年大学、从家庭教育到企业教育的全面实施终身教育的终身教育大系统。

终身教育的提出和实施,对于当代世界教育改革和发展具有十分重要的意义。它使教育获得全新的诠释,主张教育应该贯穿于人的一生,彻底改变了过去将人的一生截然划分为学习期和工作期两个阶段的观念;促进了教育社会化和学习型社会的建立,改变将学校视为唯一教育机构的陈旧思想,使教育超越了学校教育的局限,从而扩展到人类社会生活的整个空间。

(2)学习型社会理论。

学习型社会是美国学者罗伯特·哈钦斯于1968年首次提出的。联合国教科文组织国际教育发展委员会编著、被誉为当代教育思想发展中里程碑的著名报告《学会生存》,特别强调终身教育和学习型社会两个概念,把学习型社会作为未来社会形态的构想和追求目标。学习型社会背景是对现代社会发展特征的一种理论描述,是指在信息社会中,随着科学技术的迅速发展,信息与知识的急剧增长,知识更新的周期缩短,创新的频率加快,对人的素质的要求提高,人力资源的重要性增加,学习就成为个人、组织以及社会的迫切需要。学习型社会要求学习行为的社会化和普遍化,要求学习行为的持续性和长久性。

从我国基本国情和现实需要出发,提出学习型社会这个具有时代特征的重大课题,是实现社会主义现代化建设三步走的宏伟目标和战略步骤的重大举措。中共十六大报告强调,把学习型社会作为全面建设小康社会的一个重要目标,作为未来的一种社会形态和社会境界。当然,学习型社会始终仍然是教育(乃至社会)改革发展的理想境界和目标追求。那么,我们致力于追求的学习型社会究竟有何特征,我们又从何入手来构建学习型社会呢?首先,以全民终身学习理念为指导,推进全民终身学习实践,促进人的终身发展与完善,这是学习型社会的本质特征和基本内涵。其次,以制度创新为关键,构建终身教育体系及创建各类学习型组织,这是推进学习型社会形成的组织基础和社会依托。最后,学习型社会既是未来社会发展的一种社会形态和相对水平,又是一个持续创建和逐步完善的过程,创建各类学习型组织,是构建学习型社会的重要举措。

总之,社会学理论的终身学习理念和学习型社会理论,改变了人类社会的学习理念和学习模式,为素质教育在深度上的发展指明了方向。

3. 对心理学理论的借鉴

素质教育还从当代心理学理论如人本主义学习理论、多元智能理论、建构主义学习理论等中吸取营养。

(1)人本主义学习理论。

人本主义心理学家从人的个体生命出发研究人之所以为人,重视人的潜能、人的创造性、人的好奇心与健康人格,强调个体自我实现的内在价值。人本主义者的"潜能"说认为创造性、自发性、个性、真诚、关心别人、爱的能力、向往真理等,全都是胚胎形式的潜能,属于人类全体成员的。人本主义心理学家认为,教师的任务不是教学生知识,也不是教学生如何学习知识,而是要为学生提供学习的手段,至于应当如何学习则应当由学生自己决定。教师的角色应当是学生学习的"促进者"。教育的目标、学习的结果应该是使学生成为具有高度适应性和内在自由性的人。人本主义者的"潜能"说是非常有价值的,它为当代素质教育强调教育对象的能动性、主动性、个性化和创造性找到一种可能性或一种萌芽。怎样才能使可能性转化为现实性、使萌芽不会夭折,就要因材施教,在教育中不断引导、发展、完善和巩固它们。

（2）多元智能理论。

在20世纪80年代，美国哈佛大学霍华德·加德纳提出了多元智能理论，霍华德·加德纳是当今最具影响力的发展心理学家和教育学家，被誉为"推动美国教育改革的首席科学家"。最初，人们把多元智能理论理解为一种测量工具，随着研究的深入，人们认识到它是一种对教育的哲学思考，可以让我们换一种角度看教育。多元智能理论认为，人的智能是多元的，包括音乐智能、身体—动觉智能、逻辑—数学智能、语言智能、空间智能、人际智能和自我认知智能等。每个人都有可资发展的潜力，只是表现的领域不同而已。换句话说，每个学生都有自己的发展潜能，推进素质教育，恰恰能最大限度地挖掘每一个学生的潜能，这也让我们能更深刻地理解素质教育的意义。今天，多元智能理论给全世界的基于传统教育的观念带来了巨大的冲击，并深刻地影响着中国的素质教育改革。

（3）建构主义学习理论。

建构主义的思想来源于认知加工学说以及维果斯基、皮亚杰和布鲁纳等人的思想。当代建构主义学习理论的发展主要表现在它的知识观、学习观和教学观。建构主义的知识观认为，知识不是对现实的纯粹客观的反映，它只不过是人们对客观世界的一种解释，不是问题的最终答案，它必将随着人们认识程度的深入而不断地改写，出现新的解释和假设。显然，这种知识观是对传统课程和教学理论的巨大挑战。所以，教学不能把知识作为预先决定了的东西教给学生，学生对知识的接收，只能以他们自己的经验为背景，由他自己来建构完成。建构主义的学习观认为，我们是以自己的经验为基础来建构现实，每个人的经验世界是用我们自己的头脑创建的，由于我们的经验以及对经验的信念不同，于是我们对外部世界的理解便也迥异。所以，学习不是由教师把知识简单地传递给学生，而是由学生自己建构知识的过程。建构主义教学观强调学习的主动性、社会性和情境性。学习者的知识是在一定的情境下，借助他人的帮助，如人与人之间的协作、交流、利用必要的信息等等，通过意义的建构而获得的。

建构主义理论内容很丰富,其核心思想是:以学生为中心,强调学生对知识的主动探索、主动发现和对所学知识意义的主动建构。以学生为中心,强调的是"学";以教师为中心,强调的是"教"。这正是两种教育思想、教学观念最根本的分歧点。素质教育吸取了建构主义学习理论的营养,强调学生学习的主体地位。

总之,心理学理论从多角度、多层面揭示了人的潜能和素质构成以及素质表现与实现的主体条件。

另外,有些相关理论对素质教育来说具有拓展思想、开启新视角的作用。例如,人力资本理论把人作为人力资本来看,凸显了人的素质因素在经济增长中的作用;生活教育理论关注和引导学生的日常生活问题,引领学生过有意义的生活,为促进人与人交往关系的形成提供了新的认识视角。

第三节　高校国防教育与素质教育逻辑体系

高校国防教育与素质教育有着不同的本质内涵和理论基础,但两者又密切地关联着。素质教育是一种教育价值观和教育理想,而国防教育正是为了实现素质教育目的而开展的一项教育实践活动。作为目的的素质教育和作为手段的国防教育是素质教育与国防教育的内在逻辑关系表述。

一、素质教育:一种教育理想

在当代中国,对于"素质教育是什么",不同的主体作出了不同的回答,主要有政府决策层的"宗旨论"、教育理论研究者的"本质论"和教育实践工作者的"目标论"。

1. 政府决策层的"宗旨论"

对于"素质教育是什么",在政府决策层面上,是由政府决策系统承担,以文件、决定、计划、法律等方式作出回答。素质教育在中国的推行主要是沿着由上而下的路线行进,政府是素质教育的"原创者"和"推进者"。因此,理解素质教育的内涵,对政府下发的相关决策性文件进行梳理是必要的。

通过阅读相关文件,发现政府决策层对"素质教育是什么"的一贯表达是以提高民族素质为宗旨。① 如1985年发表的《中共中央关于教育体制改革的决定》(以下简称"85决定")是改革开放以来第一个有关教育改革的文件,文件明确指出,"教育体制改革的根本目的是提高民族素质"。1993年中共中央、国务院颁布的《中国教育改革和发展纲要》(以下简称"93纲要")第一次以中央文件的方式提出"中小学要由'应试教育'转向全面提高国民素质的轨道"。1997年原国家教委下达《关于目前积极推进中小学实施素质教育的若干意见》(以下简称"97意见")第一次对素质教育作了规范性的表达,指出"素质教育是以提高全民族素质为宗旨的教育"。此后有关素质教育"宗旨论"的提法一直沿用至今。如1999年中共中央、国务院下发的《关于深化教育改革,全面推进素质教育的决定》(以下简称"99决定")指出:"实施素质教育,就是全面贯彻党的教育方针,以提高国民素质为根本宗旨,以培养学生的创新精神和实践能力为重点。""99决定"的精神表明,素质教育要从基础教育推行到高等教育中。另外,《2003—2007年教育振兴行动计划》中,对素质教育的表述是"要以培养德智体美等全面发展的一代新人为根本宗旨,以培养学生的创新精神和实践能力为重点,继续全面实施素质教育。"

以上文件虽然对实施素质教育的范围、重点、要求有所不同,但其共同表述是"素质教育是以提高民族素质为宗旨",这是政府对其基本内涵

---

① 参见叶澜:《清思 反思 再思——关于"素质教育是什么"的再认识》,《校长阅刊》2007年第7—8期。

的规定。"宗旨论"意味着素质教育处于一切教育活动之魂的地位,它摒弃了我国长期以"工具主义"和"功利主义"为代表的其他教育宗旨,体现了教育作为以影响人的发展为直接目标的内在规定性。

2. 教育理论研究者的"本质论"

对于"素质教育是什么",在理论研究层面上,需要的不是一个精准定义和一个标准模式,而是把握素质教育的本质。①

对素质教育的理论研究可分为三个阶段。② 第一个阶段为素质教育的提出阶段(20世纪80年代初至90年代初)。为了适应党的工作重心的转移,"85决定"指出教育体制改革的根本目的是提高民族素质,多出人才、出好人才。同时,理论界也开展了教育思想讨论,如《教育研究》于1986年第4期至1987年第4期开设"端正教育思想,明确培养目标"专栏,重点讨论了树立正确的人才观和提高民族素质等问题。"素质"概念开始受到关注。"素质教育"一词是由原国家教委主任柳斌于1987年在《努力提高基础教育的质量》一文中首次提出的。此后,有学者开始从学理上探讨了素质教育问题。这一阶段教育理论界主要从社会和人的发展需要出发讨论素质教育的意义,从马克思主义全面发展的理论层面探讨素质的理论基础,从对素质的认识确定素质教育的内容,从与"应试教育"的关系角度分析素质教育的概念和内涵。第二阶段是素质教育研究的发展阶段(1993—1999年)。这一阶段,由于国家从政策上加强了对素质教育的引导,因此理论界对素质教育进行了多角度、全方位和深入的研究。③ 在理论基础方面,认为素质教育应从相关的理论学科中吸纳营养,如应借鉴终身学习理论、建构主义学习理论、人本主义学习理论等中的成果,来丰富素质教育的内涵,认识到素质教育要面向全体学生,促进全面素质的发展,着眼学生的终身教育等。从实践认识方面,主要是对素质教

---

① 参见石欧:《素质教育研究取向的思考》,《中国教育学刊》1999年第3期。
② 参见朱小蔓:《素质教育的概念、内涵及相关理论》,《教育研究》2006年第2期。
③ 参见朱小蔓:《素质教育的概念、内涵及相关理论》,《教育研究》2006年第2期。

育与"应试教育"的关系、素质教育与个性发展、特长培养、考试、升学等的关系进行了深入的探讨。第三阶段是素质教育研究的深化阶段(1999年至今)。针对知识经济对人才创新素质的要求,素质教育被赋予新的时代使命。江泽民在 1999 年第三次教育工作会议中指出,教育是知识创新、传播和应用的主要基地,也是培育创新精神和创新人才的重要摇篮。"99 决定"指出,"实施素质教育,以培养学生的创新精神和实践能力为重点"。这一阶段素质教育的内涵更加丰富且具有时代特征,强调创新精神和实践能力的培养;素质教育研究还涉及考试评价、课程教材、师资队伍、教育结构、教育体制等问题。

"素质教育是提高全体学生全面且主动发展的教育"①,是教育理论研究者对素质教育本质内涵的回答。"本质论"意味着素质教育在本质上是教育本体功能的回归,也是新世纪教育精髓的体现。

3. 教育实践层面的"目标论"

对于素质教育内涵,在教育实践层面上,是由广大教育工作者承担,以实践和经验总结等方式作出的回答。用明确和具体的目标表达素质教育的具体内涵不仅是教育活动开展的要求,也是开展素质教育之必须。当前素质教育实践未取得实质性进展的根本原因在于素质教育目标的不明确。根据评价理论,只有明确的可测的目标才能在教育活动中起到导向、激励、监督和评价的作用。素质教育如果不能把素质目标转化为可以测量的明确的教育目标,它的真正实现是难以想象的。

当前高校素质教育目标体系有以下几种观点:一是从人的素质结构推衍出素质教育目标体系。目前比较一致的认识是素质有先天和后天素质,包括人的思想、知识、身体、心理等品质结构。基于素质结构的素质教育目标有三分法、四分法、五分法,主要是是基于德、智、体、美、劳"五育"的选择。二是从教育目标分类学角度描述素质教育目标体系。布鲁姆将教育目标划分为认知、情感和动作技能三大领域,素质教育目标体系以此

---

① 金顺明:《素质教育的理论性和实践性分析》,《湖州师范学院学报》2001 年第 8 期。

来构建,①分为知识领域:学科知识、意会知识、能力知识和信息知识;情感领域:心理、品德和思想;动作技能与健康领域。三是从高等教育培养目标角度描述素质教育目标体系。高校素质教育以培养基础素质为基本目标、专业素质为重要目标、创新素质为核心目标。②

素质教育的目标体现素质教育的终极指向,是素质教育的外在表现形态;素质教育的宗旨与任务隐含在素质教育的目标之中,是素质教育的内在要求,其完成与否通过素质教育目标的实现来衡量。

"宗旨论"、"本质论"和"目标论"虽然对素质教育内涵作出不同的回答,但其共同点在于肯定了素质教育是我国教育努力的方向、奋斗的目标和未实现的教育理想。我国教育理想:在内容上,向德、智、体等多维发展;在广度上,向全民教育发展;在深度上,向终身教育发展。

二、国防教育:一项教育实践活动

高校国防教育是全民国防教育的重要组成部分,是高校根据一定的国防目的,对大学生有组织、有计划地施加教育影响,以增强他们国防观念和意识、学习国防知识和提高国防技能的教育实践活动。

高校国防教育的内容包括以爱国主义、集体主义和革命英雄主义为核心的国防观念和意识的教育;关于军事科学、国防科技、国防法规、国防历史等方面的知识教育;以轻武器射击、战术、三防、地形学为主的军事技能教育;以《内务条令》、《队列条令》、《纪律条令》为主的行为养成教育。

高校国防教育的主要形式是集中军事训练、军事理论教学和国防日常教育。

第一,集中军事训练。主要是对大学生进行军事技能训练,着重对他们的身体进行锻炼、对他们的意志进行磨炼,旨在培育大学生的尚武精

---

① 参见戚业国:《论素质教育目标体系框架的构建》,《教育研究》2000 年第 1 期。

② 参见高晓红:《高校素质教育实施的研究》,三峡大学硕士学位论文,2005 年,中国知网。

神。集中军事训练有着十分重要的功能和意义,恩格斯就十分重视军事训练,他说:"在布拉底会战时,斯巴达是希腊最尚武的城邦,如果说雅典人的普遍体育训练是既增强体力,又锻炼技巧,那么斯巴达人则着重增强军人的体力、培育坚忍不拔和刻苦耐劳的精神。他们把行伍中的坚毅精神和军人荣誉看得比机警灵巧更为宝贵。"①第二,国防理论教育。加强国防理论教育提升大学国防意识,是国防教育的奠基环节。国防理论,是对国防系统化的理论性认识,是国防问题的本质、规律性的反映,是关于国防的科学理论知识。高校开展国防理论教育,旨在通过国防理论知识的灌输,培养大学生优良的国防思维和正确的国防观念。高校国防教育应当达到以下目的:一是以爱国主义为主要基调,帮助大学生树立起国家利益观;二是培养大学生关注国际战略的意识;三是以革命英雄主义和光荣传统教育大学生,激发他们爱国习武,拥军爱民的精神;四是学习军事常识和军事高科技知识。第三,国防日常教育。强化高校国防日常教育是国防养成教育的关键环节。大学生国防思维的养成不是一朝一夕之功,而是通过日积月累的经常性、反复性教育,逐渐培养形成的。国防教育不仅要传授给大学生以军事技能,更主要的是要增强大学生的国防思维。

高校国防教育根本目的是,强化大学生的国防观念、国防忧患意识和国家安全意识,增强大学生的组织纪律观念,培养艰苦奋斗的作风,弘扬以爱国主义、集体主义和革命英雄主义为核心的国防精神与民族精神,激发爱国热情,自觉履行国防义务;使其掌握基本的军事理论、军事知识和军事技能,全面提高大学生的综合素质;为中国人民解放军培养和输送高素质的后备兵员和预备役军官、为国家培养和输送高素质的社会主义事业的建设者和接班人打好基础。

三、作为目的的素质教育和作为手段的国防教育

素质教育是我国的教育理想,它以提高民族素质为宗旨,面向全体学

---

① 《马克思恩格斯全集》第16卷,人民出版社2007年版,第233页。

生,促进学生全面而主动地发展。高校作为高等教育的实施者,必须把提高民族素质目的细化为可操作的素质教育目标。本书根据高等教育的特殊性构建了高校素质教育目标体系:以提升思想政治素质为核心、以提高科学文化素质为基础、以增强身体心理素质为保障、以加强实践创新素质为重点。

　　为了达到素质教育目标,高校必须按照一定的教育原则,开展一系列的教育实践活动,如思想政治品德教育、基础知识教育、专业知识教育、体育教育、艺术教育、心理健康教育、国防教育、创新创业教育,等等。因此,国防教育是一项教育实践活动。正是基于这种认识,我们常说,国防教育是素质教育的重要内容,也是素质教育的重要途径和方法作为目的的素质教育和作为手段的国防教育是素质教育与国防教育的内在逻辑关系的表述,见下图。

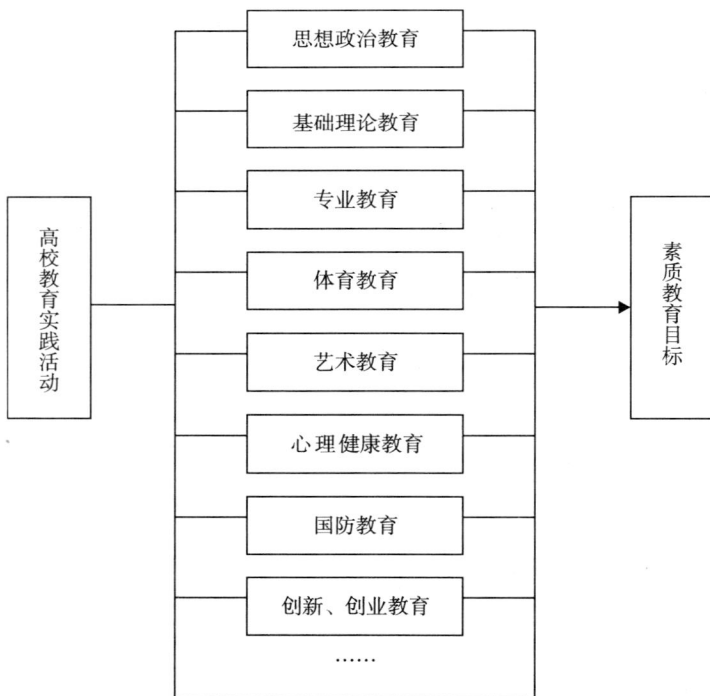

本着目的与手段的逻辑,开展国防教育以促进大学生综合素质提高,其内在机理是怎样呢?

首先,开展国防教育能提升大学生的思想政治素质。高校国防教育与大学生思想政治素质教育,二者在本质内涵、教育内容、主体客体和教育成效等方面均有不可分割的内在联系。以国防教育促进大学生思想政治素质培养,关键在于:一是加强三种教育,强化国防教育目的。即加强民族精神教育,增强大学生热爱祖国的自豪感;加强忧患意识教育,增强大学生心系祖国的紧迫感;加强责任意识教育,增强大学生报效祖国的使命感。二是抓好三个环节,优化国防教育过程。国防教育课程设置要突出理论的前沿性、注重目标的层次性、把握渗透的关联性。要完善国防教育的机制,加强师资队伍建设。国防教育开展的组织形式和机制决定了国防教育的地位和手段,师资力量的强弱直接制约了国防教育课程质量的高低。规范教学组织形式,实现国防教育教学手段的现代化、教学资源的网络化和教学模式的多样化。三是利用三类载体,巩固国防教育效果。以校园文化活动为载体,倡导自发性国防教育;以社会实践活动为载体,支持体验性国防教育;以大众传播媒介为载体,推进熏陶性国防教育。

其次,开展国防教育能提高大学生的科学文化素质。国防教育和科学文化素质教育的内在联系,表现在两者目标一致、内容交叉和成效共享上。广泛开展国防教育,对于促进大学生的科学文化知识的学习,特别是大学生智育发展起着越来越重要的作用。国防教育对科学文化素质教育的促进功能表现在:国防教育内容丰富,拓展了大学生的思维空间;国防教育的纪律性训练培养了大学生良好的行为习惯,培育了他们严谨的学风和求实的态度;国防教育促使大学生历史责任感和使命感的增强;军事科学技术的前沿性有利于大学生创新精神的培养。

再次,开展国防教育能增强大学生的身体心理素质。高校国防教育在身心素质培养方面的作用体现在两个方面,一是具有增强大学生机能和体能的重要功能;另一方面是对于大学生非智力因素的培育具有其他教育形式所无法替代的作用。高校国防教育的身心素质培养具体内容主要表现在:身体素质的增强、成就动机的激发、意志品质的磨砺、团队意识的培养和战斗精神的培育。高校国防教育有独特的身心健康素质培养方法即靠环境磨炼、集体影响和自我养成;有独特的培养途径即三个有机"结合",身体素质与心理素质训练的有机结合、训练、管理与思想政治教育的有机结合、学习的自觉性与教育的强制性的有机结合。

最后,开展国防教育能加强大学生的实践创新素质。国防教育与实践创新素质教育都属于素质教育大系统中的一个子系统,它们之间相互渗透,在国防教育中包含了实践创新素质教育内容,并在其实践创新意识、实践创新思维、实践创新潜能等方面存在交互性和相关性。国防教育始终贯穿着一种实践创新意识教育,有效地促进人才的实践创新思维,有助于当代大学生实践创新潜能的挖掘。实践创新素质的提高是一个复杂的思维活动过程,需要主体付出艰苦努力。国防教育对于推进这一工作具有重要作用,有助于大学生克服畏惧思想障碍、突破传统观念和思维定势的羁绊、摆脱懒惰思想影响并树立自信心。

"国考"笔试结束　小小军事考题难倒众多考生

2010 年国家公务员笔试刚刚结束。此次考试,首次出现了军事类考题。虽然只是一道选择题,所占分值也不高,但它释放出一个信息:军事常识和国防意识已列入国家对公务员的素质要求。这不由让人为之叫好! 与此同时,我们也看到听到来自网络和社会的不同声音:有的人认为此次出题偏、难、怪,在公务员考试中根本就不该出现军事类考题! 个别报刊杂志也加入论战,推波助澜。一道小小的军事考题,竟掀起如此波澜,从一定程度上折射出个别人群国防意识的淡薄,加强国防教育已显得异常重要而紧迫,需要多渠道努力。

国防素质是公务员素质应有之义

《国防法》和《国防教育法》明确规定,公民有接受国防教育的义务和权利。国家公务员作为行使国家行政权力、执行国家公务的人员,是国家机器的维护者和操作者,其基本素质的高低直接影响着国家战略能力的实现。国家机器在日常工作中会大量涉及政治、经济、外交、国防、军事的有关内容。因此,有关国防、军事的知识,应该是国家公务员最基础的知识储备。在国家公务员考试当中,出现有关国防军事的内容也是理所应当的。事实上,近年来,对公务员队伍集中进行国防教育和训练已成为不少地方政府的常态行为,更有一些地区规定,公务员上岗提拔必须先过国防知识考核关。这些措施的施行,不仅有效提升了公务员的国防观念、忧患意识,还进一步锻炼了他们良好的工作作风,增强了集体荣誉感。随着国家富国强军融合式发展战略的推进,更需要复合型人才队伍。国家公务员考试作为选拔合格公务员的重要方式,其内容设置在一定程度上可以说是一种“风向标”。其中出现国防和军事内容,正是我们国家公务员选拔方式不断改进、对国家公务员综合素质要求不断提高的标志。

部分社会成员国防意识淡薄

网络跟帖中,相当一部分人认为军事类考题对公务员的选拔没有任何意义,因为它与公务员的职位没有任何直接或间接的关系。果真如此吗？ 其实,看一下这道考题的具体内容可以发现,它并不“高、尖、专”,但凡关注时事的人,在看完国庆 60 周年大阅兵后都不会对歼十是国产战机这一事实产生怀疑。而关注时事,也是公务员应当具备的素质。应该说质疑本身凸显部分民众国防观念的淡薄。兵者,国之大事,死生之地,存亡之道,不可不察也。两千多年前的古人尚有如此之境界和认识,更何况身处在 21 世纪信息化战争时代的知识青年。军事考题本身不是目的,通过考试促进青年国防观念和国防意识的培养才是关键。

加强国防教育刻不容缓

国家公务员考试军事考题引发的争议虽然是个案,但当前部分社会成员国防观念的淡薄在某些群体和领域客观存在。如何重新认识当前国防教育的重要性,反思国防教育方式、方法和手段,加强国防观念的确立、促进国防知识的传播就显得异常重要而紧迫。①

附考题:130. 下列关于武器装备的说法不正确的是:

A. 核潜艇装备的主要是核武器

B. "歼十"战斗机是国产飞机

C. 弩是中国最早发明的

D. AK-47 是苏联研制的一种自动步枪

---

① http://www. hnedu. cn/web/0/public/200912/11154525672. shtml.

第三章　国防教育与素质教育
关系的纵向考察

国防教育的实践与理论,在中国历史上可谓源远流长,它随着国家和国防的产生而产生,只要国家没有消亡,国防就不能取消,国防教育也必将长期存在下去。素质教育作为提高民族成员素质的奠基工程,在中国历史发展的长河中素质教育和国防教育长期相伴发展,没有国防教育的素质教育是不完全的教育,中国国防教育的发展史,也是一部中国素质教育发展史。唐太宗曾说过:以铜为鉴,可正衣冠;以人为鉴,可明得失;以古为鉴,可知兴替。因此要研究中国国防教育与素质教育的关系问题,就必须先对其历史关系进行纵向考察。

第一节　古代国防教育与素质教育的关系

在我国古代,虽然没有明确提出国防教育与素质教育的概念,但是自从在中华大地上建立国家开始,国防教育的思想就开始逐步出现。综观中国古代国防教育发生发展的历史,以国防观念和意识、爱国主义精神、民族英雄主义、传统武德为基本内容的国防教育,①无不体现着重视对人进行教育和提高人素质的教育思想。但在我国古代,国防教育和素质教育都还处于萌芽状态,二者还没有明确的划分和清晰的关系界定。

一、古代国防教育思想

古代国防教育思想主要包含在古代军事思想中,而由于受中国古代农耕大国的影响,在文化上也表现出浓厚的农耕文化特点,使得古代国防教育思想主要体现出农耕民族的防御性特点:(一)重农抑商的国防经济指导思想;(二)险以守、恩威并施的边防思想;(三)攻守结合、以骑制骑的机动防御思想;(四)以夷制夷、怀柔德化的策略思想。② 这些国防教育思想的特点对整个中国国防教育思想都产生了深远的影响。

中国思想文化是诸家蜂起、多元并行发展的,呈现出思想多样、纷繁复杂、众说纷纭的思想局面。中国历史上出现了许多伟大的军事家、军事理论家和论兵者,再加上许多哲学家、思想家、教育家、文学家乃至于隐逸之士,亦在论兵法、著兵书,中国古代国防教育思想堪称博大精深,源远流长。公元前562年,晋国大夫魏绛(即魏庄子)辅佐晋悼公"八年之中,九合诸侯",并进谏"书曰'居安思危'。思则有备,有备无患。敢以此规"③。魏绛在前人"居安思危"的基础上提出了"有备无患"的观点,这就是中国古代关于国防教育最早的记载。后来孟轲提出了:"入则无法家拂士,出则无敌国外患者,国恒亡。"④三国时的诸葛亮说:"国之大务,莫先于戒备。"⑤唐代的李延寿说:"外弛藩篱之固,内绝防闲之心,不备不虞,难以为国。"⑥宋朝的苏轼在《教战守》一文中提出:"夫当今生民之

---

① 参见奚纪荣:《中国国防教育史概论》,《军事历史研究》2002年第3期。
② 参见徐焰:《中国国防导论》,国防大学出版社2006年版,第31—33页。
③ 《左传·襄公十一年》,岳麓书社1988年版,第199页。
④ 《孟子·告子下》,岳麓书社2000年版,第223页。
⑤ 《诸葛亮集校注》,天津古籍出版社2008年版,第293页。
⑥ 《南史》第六册,中华书局1975年版,第2023页。

患，果安在哉？在于知安而不知危，能逸而不能劳。此其患不见于今，而将见于他日。今不为之计，其后将有不可救者。"①宋朝积弱成弊，败军亡国之事，也验证了苏轼的说法。孔子常常自称"军旅之事，未之学也"但他也说到："善人教民七年，亦可以即戎矣。"②他认为对民众进行军事训练可以提高他们的军事技能。孟子说"善教得民心"，强调教育能够激发人民的爱国精神，有助于统一人们的思想。这是古人在不同时期阐述了自己对"安与危"、"教与战"的思想，教育人们要从思想上重视军事，在一定程度上体现了他们对国防教育的看法。

在关于国防教育的实施上，中国自从夏王朝建立起第一个奴隶制国家机器后，即创建了中国历史上第一支国家军队，"以射造士"开始对军队的训练和教育。夏、商、周时代就已出现了专门从事军事教育的机构，即"序"。"序者，射也"，在这里对本族子弟进行军事、政治和文化教育。到周朝时，又有了进一步发展。国家设立学校，并通过学校教学的形式，从小灌输尚武思想，对民众进行国防教育。学校教育中十分重视军事训练，以"礼、乐、射、御、书、数"六艺为教育的基本内容。其中，"礼、乐"包括很多军事的内容，这是当时国防教育的一种形式。在对国民与军队的教育训练上，国家组织国人在农作之余练武，同时以狩猎形式进行会操，检阅技艺、演练阵法、交流经验、进行实战演习。从而使得以射、御为内容的军事训练在社会生活中占有极为重要的社会地位，以武为业、以武为荣成为当时普遍的社会风气。

春秋战国时期的各国为了生存对军事训练和军事教育大为重视。齐国的管仲改革军事加强兵力，他提出了"寓兵于民，兵民合一，寓民于政，军政合一"的思想。这种全民皆兵的兵役制度是对全民进行国防教育非常有效的形式，使得齐桓公得以称霸诸国。这一时期的军事体育教育日益发达，如射、御、拳术、剑道、奔跳、游泳等提高了士兵的战斗技能，对于

---

① 《古代十大散文流派》第三卷，湖南文艺出版社 1997 年版，第 2071 页。
② 孙钦善：《论语本解》，三联书店 2009 年版，第 179 页。

富国强兵起到了积极作用。

隋唐时期,随着军事教育的发展,逐步产生了"武举志",即通过科举考试的形式选拔将帅。武举在隋朝时只是初创,唐朝时便正式确立,并日渐完备。到宋朝时期,在民间军事教育的基础上,进一步成立了官府的武学,由国家选派一些熟谙兵法的文武官员进行教授。教学内容主要是历代兵法、名将事略、用兵得失以及骑射武艺等各项军事技能。从武举制度的设置到武学制度的形成,说明中国的军事教育已有长足的进步。在武举和武学制度的不断发展和完备的同时,还逐步形成了一套系统而较为完整的军事教科书,《武经七书》(包括《孙子》、《吴子》、《六韬》、《司马法》、《三略》、《尉缭子》、《李卫公问对》)便是当时各武学普遍采用的军事教科书。在以后的明清时代,基本上承袭了唐、宋时期的这一套军事教育制度,只是发展得更为缜密,更加完备而已。

二、古代素质教育的雏形

中国自古就有重视教育的传统,在古代,中国的教育主要是伦理道德教育,里面包含了丰富的育人知识,教育初始,就非常重视"智"、"德"、"仁"、"义"、"勇"、"艺"等,可以看做是古代素质教育的雏形,纵观古代教育史,我们可以把这个阶段的素质教育理解为综合教育、终身教育和爱国教育。

1. 综合教育

中国古代教育具有伦理教育的特点,道德至上的观念有碍于人的全面发展。但从教育内容、社会需要和教育实践来看,中国古代教育又是一种综合性教育,有利于人在几个方面得到发展,具体表现为"六艺"教育和"经学"教育。西周的教育内容为六艺:礼、乐、射、御、书、数。六艺当然是以伦理教育为主的教育,具有"文武并重,诸育兼备,相成相济"的特点;"经学"从汉代起就成为教育的主要内容,这种情况一直持续到清末。汉代起就把《五经》、《易》、《书》、《诗》、《礼》、《春秋》作为教育的标准教科书,后世对"经"不断增添,成为《十三经》,宋代又从中抽出一部分,构成所谓《四书五经》(《五经》见前,《四书》为《大学》、《中庸》、《论语》、《孟子》),作为各类教育的标准教科书一直延用到清末。

2. 终身教育

终身教育是"从母腹到坟墓"的教育,它的目的是培养"完人"。[①] 在我国古代就已产生了终身教育的思想,古代教育家们一方面强调要做好孩子的早期教育,如颜之推积极推崇利用少年时期进行教育,早施教可以收到良好的效果,他认为:"人生小幼,精神专利,长成以后,思虑散逸,故需早教,勿失机也。"[②]"吾七岁时,诵《鲁灵光殿赋》,至于今日,十年一理,犹不遗忘。"[③]在我国历史上涌现出了像韩愈、李贺、元稹等一批幼年成才的文学伟人和著名思想家。另一方面,古代教育家们还强调教育要贯穿人的一生,鼓励生命不息,勤学不止,孔子有云:"五十以学《易》,可以无大过矣。"[④]颜之推认为:"幼儿学者,如日出之光,老儿学者,如秉烛夜行,犹贤乎瞑目而无见者也。"[⑤]曾子 70 岁时才开始学习,最终名扬天下;荀子在 50 岁时还到齐国游学,虚心向孟轲求教。古代教育者的智言嘉行是对古代推行终身教育思想的最好佐证。

3. 爱国教育

中华民族是一个崇尚和谐、团结,具有高度民族责任感和强烈爱国热情的民族。在古代中国,就有着重视爱国主义教育的传统,封建统治者为了巩固其统治地位,积极推行爱国教育,涌现出了一批满怀爱国激情和报国大志的仁人志士。孟子向统治者进谏道:"善政,民畏之,善教,民爱之。善政得民财,善教得民心。"[⑥]作为力主法治的儒家代表荀子强调教育在政治中的作用,提出了"政教习俗,相顺而后行"[⑦]的观点。《礼记·

①　参见甘安顺:《中国近代教育的创新探索》,《桂海论丛》2000 年第 3 期。
②　颜之推:《颜氏家训》,北京燕山出版社 1995 年版,第 87 页。
③　颜之推:《颜氏家训》,中国社会科学出版社,2003 年版,第 87 页。
④　徐志刚:《论语通译》,人民文学出版社 1997 年版,第 91 页。
⑤　颜之推:《颜氏家训》,北京燕山出版社 1995 年版,第 88 页。
⑥　《孟子·尽心上》,岳麓书社 2000 年版,第 229 页。
⑦　《荀子·大略》。中华书局 1979 年版,第 453 页。

学记》强调教育在治国安邦中的作用,通过教育培养善德,是建立国家政权,实施国家管理的重要手段。汉代教育家董仲舒,详尽论述"教,政之本"的道理,建议统治者应以教化为大务。南宋后期杰出的军事家、爱国诗人、政治家、民族英雄文天祥在《过零丁洋》中写到"人生自古谁无死,留取丹心照汗青",教育人们要有坚贞的民族气节和顽强的战斗精神,等等。在古代教育家们的这些古典名著的字里行间中无不流露出他们浓浓的爱国热情。

三、古代两者关系的产生

正如管仲所说:"仓廪实则知礼节,衣食足则知荣辱。"①人类从一产生就要为自身的生存而首先要与自然界作斗争,其次才会有所谓的伦理道德,首先要满足基本的物质生活需要,其次才会有精神生活方面的需要,对于教育也是一样,首先要有生产教育,其次才会有伦理道德教育。诚然在古代,伦理道德教育是教育体系的主体,但并不能否认古代素质教育的存在。经济基础决定上层建筑,按照历史分析的方法,我们必须要用古代当时社会的历史条件来对古代的教育进行分析。

在古代生产方式比较低,存在阶级压迫和剥削的情况下,统治阶级推行的三纲五常教育是为了维护统治阶级的利益,但这其中的伦理道德教育的许多内容却成为了中华民族的光荣传统,这正是我们现在所推行的素质教育的重要组成部分。国家作为阶级斗争的产物,是在人类产生以后,出现剩余产品的情况下出现的,因此,国防教育的产生也就晚于古代素质教育。但作为统治阶级维护自身统治地位的一种手段,国防教育从其一产生就纳入到了古代素质教育体系中,如在古代六艺中,"射"、"御"基本上是军事体育教育,射御得以与礼乐书数并列教育系统,而"射御"等就属于国防教育的范畴,可以看出国防教育随着以伦理道德为核心的素质教育的产生而逐渐发展起来。

---

① 《管子注译》,广西人民出版社 1982 年版,第 1 页。

但同时我们也应看到,在中国古代,人们对国防教育的重视程度远不如素质教育,一方面是因为中华民族自国家产生起就非常重视军事教育,建立了强大的军事体系,其实力的强大远非周边国家可比,使古代统治者轻视了国防教育的重要性,古代国防教育在一定程度上受到了冷落。另一方面,是因为中国古代所谓的朝代更替的历史周期律,不论是奴隶社会,还是封建王朝,每一个朝代的覆灭基本上都是国内的政权的更替,而非抵御外国的侵略,政治的中心是对内,而非对外,这也是古代国防教育受冷落的另一原因。

第二节　新中国成立前国防教育与
素质教育的关系

1840 年鸦片战争爆发后,随着外国殖民主义的入侵,中国历史由长期的封闭状态到被强行纳入资本主义社会体系之中而进入了近代社会,中国由此开始了半殖民地半封建社会,以反对列强侵略、抵御外侮、救国救民为内容的国防教育和素质教育油然产生,中国国防教育和素质教育的关系也进入了一个新的发展阶段。

一、近代国防教育的发展

在中国近代,一些统治者注重加强对民众进行国防观念的教育,如清朝的"盛世"时期康熙、雍正、乾隆三朝,社会安定,很少有战争发生,但强调兵可百年不用,但不可一日无备,即便是在天下太平之时,国家的武备也不可一日松懈。随着清政府衰落和腐败无能,中国国门终于被资本主义列强打开,中华民族传统的国防意识受到冲击。由于近代意义上的高校直到维新变法时期才出现,尽管中华民族面临亡国的危机,但中国当时的国防教育也只能主要通过一些封建士大夫关于国防教育的思想体现出来。

第一次鸦片战争时期,以林则徐等为代表的地主阶级改革派,当看到三元里人民抗击英国侵略者的斗争场面时,发出了"民心可用"的感慨,反映了他主张把人民武装起来与侵略者作斗争的思想。1842 年魏源在《海国图志》一书提出了"师夷长技以制夷"的思想,标志着近代中国国防教育观的萌芽。梁启超提出了要"新国"必先"新民"的思想,强调人们必须具有资产阶级的爱国思想和独立自由的奋斗精神,主张人们"爱国"、"利群"、"尚武"、"自尊"、"冒险"等等。① 著名的资产阶级军事家蔡锷、蒋百里等也主张全民国防教育,蔡锷强调全民国防教育"必先陶铸国魂"②,树立爱国主义思想,认为尚武不仅需要刀剑,而且更需要精神,御侮不仅需要枪炮,更需要国魂。

19 世纪末 20 世纪初,以孙中山为代表的资产阶级革命家忧国忧民,1921 年孙中山在他所著的《建国方略》的续篇《国家建设》中首次提出了"国防教育"这一概念,并且从国防经济、国防教育、国防精神、国防军建设等方面,提出了宏观设想,不仅从总体上强调国防教育,而且还具体地关注国防人才的培养和训练,将国防人才区分为国防基本人才和国防物质工程技术人才,但其"国防计划"和"发展国防教育"的宏愿因为多种原因未能实现。孙中山第一次提出"国防教育"概念并将其纳入国防计划,这是对国家和民族的一个重要贡献。

蒋介石当权后,他认为现代国防亦是总体性国防,故国防思想绝不是指单独的军事国防而言。总体国防是要以政治、经济、教育、文化以及人民生活等凝结而成为国家之武力,并注重国际形势、敌我消长的对比,进而建立完整有机的国防体系。国防教育中特别要加强爱国主义教育,1928 年 5 月 7 日大学院(当时的教育部)电令全国教育机关在国耻纪念日(5 月 7 日至 5 月 9 日)讲授特种课程(民族主义、日本研究、中日交涉

---

① 参见奚纪荣:《中国国教育史概论》,《军事历史研究》2002 年第 3 期。
② 曾业英:《蔡松坡集》,上海人民出版社 1984 年版,第 32 页。

史等），使青年明白纪念国耻的真谛。蒋介石认为训练重于作战，建立一支精实壮大的武装力量要"以教育与训练为主要手段"，①强调要对在校学生加强教育与训练。1932年1月，在《关于高中以上学校加紧军事教育的通令》的基础上又颁布了《高中以上学校加紧军事训练方案的通令》，从1929年到1936年军训学生达到了284467名，这些高中以上学校的学生受训后大都直接为国家服务，对当时的军事国防建设发挥了重要作用。随着抗日战争的爆发，他提出了没有国防，就没有国家，没有国防建设，就没有国家建设。要求政治、经济、教育、军事等，都必须以国防为中心，他认为一切政策，一切设施，都要以国防为中心；一切利害，一切是非，要根据国防来判断。主张实行国防政治、国防经济、国防教育和国防军事。蒋介石这些观点的提出，主要是由于当时民族危机日趋严重所致，对于凝聚力量解决民族危机起到了积极的推动作用。同时，我们也应看到，由于受蒋氏反共立场的影响，在国民党统治区，国防教育在具体的实施过程中没有得到认真的执行，有的仅仅停留在纸上，没有付诸行动，有的只是由于受当时的抗日形势、社会舆论所迫才做的表面文章。

　　同时，毛泽东及其领导的中国共产党，则进一步丰富和发展了国防教育的理论，推动和促进了国防教育的发展，并把国防教育提到空前的高度。1937年5月3日，毛泽东在《中国共产党在抗日时期的任务》一文中提出，政治上、军事上、经济上、教育上的国防准备，都是救亡抗战的必须条件，都是不可一刻延缓的。1938年5月26日至6月3日，毛泽东在延安抗日战争研究会上发表了题为《论持久战》的著名演说，着重强调"厉行国防教育"和改革军队制度、改革政治制度、发展民众运动等重大问题。1938年11月6日通过的《中共中央扩大的六届六中全会政治决议案》明确规定："实行国防教育政策，使教育为民族自卫战争服务。"抗日战争时期，在中国共产党领导下，国防教育得到蓬勃发展。国防教育在共

---

①　《蒋委员长言论类编·建军思想论集》，正中书局1941版，第114页。

产党创办的学校如陕北公学被提到了重要位置,学校不仅设置了国防教育系,而且成立了国防教育研究会,对当时国防教育的开展、作用及意义进行研究,认真总结共产党所创造和积累的丰富的国防教育经验,并加以提炼和升华,指导中国共产党领导开展的抗日战争。

二、近代素质教育的内容

19 世纪 40 年代起,帝国主义国家采取军事、政治、经济和文化侵略手段,使中国人民饱受西方列强蹂躏,中华民族处于深深的危机中。为摆脱这种危机,人心思变,想在变革中寻找出路。在素质教育方面先后提出了"经世致用"、"中体西用"、"不中不西"、培养革命"国民"等教育思想,其中洋务派和资产阶级革命派所主张的变革思想最具影响,他们希望通过改革能够为内忧外患的中国培养更多的国家建设人才。

1. 洋务派的"中体西用"教育思想

自第二次鸦片战争爆发以来,清朝的统治摇摇欲坠,民族危机进一步加深,强烈的忧患意识使一批有识之士产生了变革的思想,寻找国家和民族走出危机和谋求发展的出路,提出了"中学为体,西学为用"的教育思想。所谓"中学",即指中国的孔孟圣道、纲常礼教等;"西学"主要指西方的科学技术以及西方各国交往中所需要的外国政治、法律知识等。① "中体西用"是在不触动封建根本制度和意识形态的前提下,吸取西方科学技术和具体文化措施。

作为一种教育思想,"中体西用"主要从两个方面充实丰富了封建的教育体系。一方面,"中体西用"提出了一种中西文化融合并用的教育理念。以奕䜣、冯桂芬、郑观应、沈寿康、张之洞、孙家鼐等为代表的洋务派们清醒地认识到,在当前形势下,国家要发展就必须建立一种以民族文化为基础,同时包容、改造、融合外来文化,使中华民族文化不断得到充实和更新,建立一种让民族文化生机勃勃的教育机制。1861 年,冯桂芬在《采

---

① 参见甘安顺:《中国近代教育的创新探索》,《桂海论丛》2000 年第 3 期。

西学议》中写道:"如议中国之伦常名教为原本,辅以诸国富强之术,不更善哉?"①郑观应则对中学与西学的关系作了进一步论述,1892 年他在《西学》篇中提到:"中学其本也,西学其末也,主以中学,辅以西学。"②1896 年 4 月,沈寿康在《救时策》中明确了"中学为体,西学为用"的概念。1896 年 8 月,孙家鼐在《议复开办京师大学堂折》中说:"今中国京师创立大学堂,自应以中学为主,西学为辅;中学为体,西学为用、中学有未备者,以西学补之。"③另一方面,"中体西用"教育理念在教育实践上也得到较好的运用。洋务派们把"中体西用"付诸教育实践,从而迈开了学习西方先进科技的第一步,使得中国近代自然科学和社会科学得以启蒙和建立。冯桂芬在《校邠庐抗议》中说:"至西人搜长者,历算之学,格物之理,制器尚象之法,皆有成书"、"以今论之,约有数端:人无弃材不如夷,地无遗利不如夷,君民不隔不如夷,名实必符不如夷。"④据此,"中体西用"的理念在自然科学和社会科学中已开始应用。随着"中体西用"理念的深入展开,为了满足中外交涉和开展洋务运动的需要,在洋务派的推动下,开办洋务学校、培养洋务人才已摆上清政府的议事日程。自 1862 年起,清政府相继在北京和广州设立了同文馆,在上海设立广方言馆,培养外语人才,自 1865 年起各地也陆续开设一批工艺、军事和其他新式学校,如江南制造局附设机械学校、天津电报学堂、上海电报学堂、广东陆师学堂、天津军医学堂等,培养专业人才。同时,随着形势的发展,清政府中的洋务派还认为应加强与国外文化交流,派遣留学生赴欧美、日本学习,如詹天佑、唐宝锷、颜福庆、杨荫榆和王继昭等先后被官派到美国、日本、英国学习军事、铁路、医学、教育等西方先进的科学文化。这些措施有力地推动了我国近代科学技术和文化的发展。

---

① 舒新城编:《中国教育近代史资料》第一卷,人民教育出版社 1961 年版,第 69 页。
② 郑观应:《郑观应集》——《盛世危言卷》,上海人民出版社 1982 年版,第 182 页。
③ 中国史学会编:《戊戌变法》第二卷,上海人民出版社 1957 年版,第 72 页。
④ 冯桂芬:《校邠庐抗议》,中州古籍出版社 1998 年版,第 198 页。

2. 资产阶级革命派的培养革命"国民"教育思想

19 世纪末 20 世纪初,面对国难深重、民族危机,以孙中山、黄兴等为代表的爱国志士建立了资产阶级民主共和国的资产阶级党派,开展了推翻清朝封建专制统治的民主主义革命运动。在开展这场政治革命运动时资产阶级革命派充分发挥教育的作用,使教育为政治革命利益服务,批判国民的奴隶根性,主张通过革命和教育来改造和动员国民参加政治革命活动,培养国民富有民族精神和爱国主义思想,具备健全的民主意识、法律观念和民族新道德,掌握一定的科学文化知识和拥有健康的体魄等,[①]倡导培养有独立人格的革命"国民"。正是因为有这样一批革命国民和陈独秀、李大钊等中国先进分子的新觉醒,才催生了五四新文化运动。

资产阶级革命派倡导通过教育培养革命"国民"。他们认为革命"国民"应该具有以下道德品质和精神:第一是爱国精神。爱国心是革命派培养革命"国民"的重要内容之一。在民族危机日益紧迫的情势面前,国民有无爱国思想,对于国家和民族的生死存亡至关重要。第二是自由和平等精神。革命派倡导国民应积极争取自由和独立精神,将追求自由作为革命的最根本的出发点和最终目标。第三是科学知识与科学精神。革命派人士注重向民众进行科学知识的宣传,培养科学人才和赋予国民科学的思想。[②] 资产阶级革命派在培养革命"国民"的过程中,一方面采取创办报纸杂志、建立进步组织等方式培养革命"国民",另一方面,他们还要求教育者以实现"中国民族主义"为己任,努力推进"社会教育"和学校教育。资产阶级革命派高度重视教育这一传播革命的重要手段,把学校作为传播民主革命思想的重要阵地,不断凝聚国内外革命力量,推动民族革命浪潮的持续高涨。

---

① 参见刘仁坤、刘兴华:《论孙中山国民性改造问题》,《北方论丛》2006 年第 3 期。
② 参见许彬:《清末民初资产阶级革命派国民性改造思想研究》,硕士学位论文,2010 年,中国知网。

三、近代两者关系的演进

由于中国此阶段处于严重的民族危机和国家危机,抵御外辱成为国家和民族的重中之重,近代意义上的国防教育和素质教育也随着反对列强侵略、抵御外侮、救国救民的产生而产生,国防教育和素质教育的关系相对于中国古代也产生了较大的变化,具体表现在以下几个方面:

1. 国防教育的功能得到较为系统的开发,国防教育的作用表现得越来越广泛和重大

在古代,国防教育由于我国军事强大、国内政权更迭等原因没有得到重视,国防教育主要体现农耕民族的防御性特点。进入近代社会,由于封闭的国门被帝国主义坚船利炮打开,人们开始在亡国危机下逐步探索军事变革和国防教育,整个国家的生活开始逐渐从属于救亡图存这一运动,国防教育在整个国家生活中开始居于越来越重要的地位。民国建立后,国家由陷入混战与内战直到由内战转为全面抗日,随之提出了全面国防,国防教育首次以完整的概念展现在世人面前,并把国防教育作为一个科学的命题纳入国防计划中。人们关注的焦点更多的是国防教育,认识到国防教育时时关系着国家的安危和存亡,使得近代中国的国防教育超越伦理道德教育,占据了主体地位。

2. 素质教育地位得到提升,国防教育已成为素质教育的重要内容

在古代,伦理道德教育是教育体系的主体,素质教育常常蕴藏在伦理道德教育中,素质教育并未以完整的面貌出现在世人的面前。1840 年以后,随着西方列强的入侵,中国在历史上第一次真正意义上要面对外忧,洋务派和资产阶级革命派为了为培养更多的国家建设和国防建设人才,把提高国人的素质摆在了重要位置,素质教育成为关注的重点。但我们看到此阶段的素质教育被更多的烙上了国防教育的色彩,素质教育的重点开始从古代的伦理道德教育转移到国防教育,作为素质教育一个重要组成部分的国防教育也就理所当然地成为了近代素质教育中的重中之重,国防教育真正开始体现综合素质的功能。

3. 国防教育和素质教育的内涵更加丰富,素质教育重在为国防教育服务

在新式高校产生以前,国防教育和素质教育主要是通过一些封建士大夫关于国防教育和素质教育的思想体现出来,人们缺乏对国防教育和素质教育进行系统的认识。新式高校产生后,学校国防教育和素质教育的目的和内容更加明确,如学校国防教育的内容相当丰富,包括战争观和国防观教育,英雄主义和爱国主义教育,公民传统与民族精神教育,军事历史和军事知识、军事技能教育以及国防、军事法规教育等等。目的是以防备和抵抗侵略,制止武装颠覆,保卫国家的主权统一、领土完整和安全为根本目的和要求,通过对一定的国家观、战争观、国防观、国防知识的学习和一系列国防体育的开展,有计划、有组织地对学生的品德、智力和体质等施以相应影响的一种社会活动。① 近代素质教育相对国防教育而言,素质教育更多的是围绕国防教育而展开,为国防教育服务。

第三节　改革开放前高校国防教育
与素质教育的关系

新中国的成立,标志着中国跨入了一个新的历史征程,而国防教育和素质教育同样也进入到一个新的历史阶段,新中国的国防教育和素质教育,在继承我国历史上国防教育和素质教育传统和经验的基础上,面对新的情况,又有了新的发展,新中国的国防教育和素质教育的关系开始逐步走向交叉、互融、共享阶段。

---

① 参见王国新:《国防教育》,机械工业出版社2004年版,第1页。

一、现代高校的国防教育

新中国成立以后,我国高校的国防教育进入到一个新阶段,在这个阶段,党和政府对高校国防教育先后采取了一系列行之有效的措施,并取得了显著的成效。根据不同时期高校国防教育表现出的不同特点,我们可以把现代国防教育分为以下阶段:

1. 1949—1956 年——以朝鲜战争和第一部兵役法为主要契点的学校国防教育

这一时期,高校国防教育的主要任务是建立新民主主义性质的学校国防教育体系,主要围绕经常性爱国主义教育而展开,以宣传为主要教育手段,以爱国主义教育为主要内容,教育广大青年学生在志愿兵役制度下主动担任保卫国家的责任。朝鲜战争爆发后,高校把抗美援朝、保家卫国作为爱国主义教育的核心内容。1955 年出台第一部兵役法后,贯彻落实义务兵役制度则成为高校国防教育的主要任务。

1949 年 9 月 29 日,随着中国人民政治协商会议第一次全体会议的召开,新中国起临时宪法作用的《共同纲领》诞生,它规定:"国民均有保卫祖国和应征兵役的义务;国家实行民兵制度,保卫地方秩序,建立国家动员基础,并准备在适当时机实行义务兵役制。"①《共同纲领》中所确定的方针政策则成为新中国成立初期高校开展国防教育的主要依据,对新中国成立初期高校国防教育工作起到了规范和指导作用。它要求高校以培养新民主主义革命者为目标,把高校建设成为培育革命者的摇篮。在《共同纲领》颁布后的几年里,高校中新民主主义青年团、学生会如雨后春笋般地相继成立,它们承担起了开展国防教育的重要责任。

1950 年朝鲜战争爆发后,党和国家果断作出了"抗美援朝、保家卫国"的决策,并迅速成为高校国防教育的中心任务和核心内容。全国高校掀起了以"抗美援朝、保家卫国"为核心的全国性国防教育运动,以极大的热情投身其中,青年学生纷纷踊跃响应祖国召唤,报名参加军校,争

---

① 《建国以来重要文献选编》第一册,中央文献出版社 1992 年版,第 3 页。

相投笔从戎,奔赴朝鲜战场。朝鲜战争胜利结束后,1953 年 8 月 10 日,毛泽东为人民解放军公安部队首届功臣模范代表大会题词:"提高警惕,保卫祖国"①,题词经《人民日报》公开发表后,立刻在全国青年学生中产生了巨大的反响,极大地激发了高校青年学生建设和保卫祖国的热忱,同时,也为高校开展国防教育指明了根本方向。

　　1955 年 7 月 30 日,第一届全国人民代表大会第二次会议通过颁布了首部《中华人民共和国兵役法》。它规定了我国施行义务兵役制度,并将兵役分为现役和预备役两种,明确规定:"高等学校学生应服预备役,加强对在校学生进行军事训练。"中央军委提出在非军事院校中进行军事训练为部队培养预备役军官的报告,经人大批准于 1955 年冬在北京体育学院、北京钢铁学院首批非军事院校中进行了军训试点,至此,以培养预备役兵员为目的的学校军训试点拉开了序幕。1956 年 3 月,中央军委召开扩大会议,时任国防部长的彭德怀在《关于保卫祖国的战略方针和国防建设问题》的报告中明确指出:"根据中国的社会主义性质、任务和外交政策,人民解放军在战争爆发之前的战略方针只应当是防御的,但绝对不能采取消极防御,必须采取积极防御的方针。"②积极防御方针的提出,为开展国防教育提供了依据,高校开始了以培养预备役兵员为目的军事训练试点。

　　2. 1956—1966 年——以民兵集训为主要形式的学校国防教育

　　1956 年 9 月,中共八大胜利召开,标志着中国进入了独立探索社会主义建设时期,高校国防教育进入到一个新阶段。为了提高全国青年学生的国防意识和国防观念,中央于 1956 年 10 月扩大了高校和中学军训的实施范围,至 1957 年,先后增加了大连海运学院等 12 所高校和上海中学等 127 所高级中学进行军训试点,受训人数由千余人增加到 7 万余人。

---

　　① 转引自奚纪荣《中国国防教育概论》,军事科学出版社 2003 年版,第 130 页。

　　② http://www. 1921. org. cn/CN_2/library/bookNeirong. jsp? bookchid = 81ec0142365f 45d09b7376ca3c0e55f7&pages = 4

尽管学校军训试点取得了一定的经验和成绩,但由于受当时条件的限制,产生了如军训教员质量不高、训练科目过多导致学生负担过重、军训教学器材供应困难等无法解决的问题。

1957 年 6 月,中央军委发出了《关于改进兵役工作的指示》,将民兵与预备役合二为一,规定服预备役就要参加民兵,民兵就是预备役,民兵工作就是预备役工作。同年 10 月,张爱萍在全国兵役工作会议上说,中国的兵役制度就是义务兵役制,其预备役的组织形式就是现有的民兵组织。国防教育进入到在义务兵役制度下全民皆兵的阶段。高校也开始探索学生民兵的制度建设,先后经历了 1958 年的大办民兵师、1961 年开始建立武装部进行正规化建设两个阶段。

1958 年,为积极响应毛泽东和党中央提出全民皆兵、全国大办民兵师的号召,学校迅速掀起了"大办民兵师"的热潮。8 月,中共中央政治局在北戴河举行扩大会议,会议通过了《中共中央关于民兵问题的决定》,决定指出:"为了保卫中国领土主权的完整和社会主义建设,保卫世界和平,制止和打击帝国主义的侵略,……需要有一支强大的武装力量,除了必须建设强大的常备部队和特种技术部队之外,还必须在全国范围内把能拿武器的男女公民武装起来,以民兵组织形式实现全民皆兵。"[1]1958年 9 月上旬,全国各主要高校按照上级部署,分别召开了"反对美帝国主义干涉我国内政的誓师大会",随后亦相继成立了民兵师或团,进行军事课程的学习和军事训练。[2] 学校民兵师一般由党委负责,校长、书记任师长、政委,学生则按营、连、排编制,实行日常生活军事化,进行军事训练。学校国防教育初步完成了向民兵训练的转化。民兵师成立以后,各学校开始了对施训模式的探索。早在 1958 年 4 月中央军委成都会议决定在大中学校增设军事课程,但由于受条件的制约,教育部在 1959 年 5 月仅

---

① 《建国以来重要文献选编》第十一册,中央文献出版社 1995 年版,第 468 页。

② 参见杨邵愈:《高校国防教育与人才培养研究》,军事科学出版社 1999 年版,第53 页。

要求全日制大中学校利用课外时间组织学生进行一般的民兵训练,暂缓增设军事课程。随后发生的三年自然灾害导致了学生民兵训练事实上并没有完全展开。

1961 年 10 月,全国高等院校相继建立了人民武装部,并配备专职部长,切实加强了对高等院校民兵训练的领导。1961 年 12 月,国务院颁发了《民兵工作条例》,高校民兵工作得到规范。1962 年 6 月,毛泽东发出了"民兵工作要做到组织落实、政治落实、军事落实"的指示,高等院校普遍进行了民兵整组,学生民兵组织进一步得到健全。1963 年 8 月,国防部、教育部颁布了《高等学校民兵试点训练大纲(草案)》,选择部分院校,进行军事训练试点。从 1964 年 6 月起,学校民兵的训练形式开始拓展到军事野营活动。不仅如此,大中专院校经常派人到部队当兵,学校几乎每年都要定期组织在校学生赴军营学军,学校民兵建设不断得到强化,国防教育不断得到加强。

3. 1966—1976 年——文化大革命十年的曲折发展

1966 年 5 月 7 日,毛泽东又强调工人、农民、学生都要"学军"。1966 年 8 月 12 日,中共中央八届十中全会公报传达毛泽东关于"备战、备荒、为人民"的指示。随着文化大革命开始,学校国防教育工作开始偏离正常轨道。1969 年 10 月发布战备一号令后,大中专院校大多外迁,在一年多时间里,学校没有教学,军事野营与学军成为学习的主要内容。学生武斗双方高度军事化,校园生活也极度战场化。军事教员被打倒,军事训练处于无序状态,水平与效果都无法保障。1971 年春,恢复招收工农兵学生入学,实行"开门办学",过多地组织学生学工、学农、学军。

二、现代素质教育的萌芽

新中国成立后,高校素质教育也进入了新的历史发展时期,大体可分为以下几个发展阶段:第一阶段是从新中国成立到社会主义过渡时期结束的 7 年;第二阶段是从 1957 年的整风运动和反右派斗争到 1966 年文化大革命开始前;第三阶段是文化大革命的十年。

1. 1949—1956 年——社会主义过渡时期的探索期

从新中国成立到社会主义过渡时期结束,是新中国教育事业开基创业的重要时期,也是高校素质教育的摸索时期。新中国成立后,我国教育的性质发生了根本性的变化,广大人民群众有了受教育的权利和义务,各级各类学校有了很大的发展,社会教育得到了加强,培养了众多的新型劳动者、建设者和接班人。然而,这时期新中国继承了革命战争年代的习惯,没有专门提出现代"素质教育"的概念,也没有专门的实施方案,在教育发展中,我国仍保持着应试教育为主的态势。另外,在解放初期,在"向苏联学习"的口号下,教育体制、课程体系、知识结构、教育内容等多方面都受到苏联的影响,特别是高等教育,按照苏联的办学模式,在1952年进行院系调整后,专业按部门、行业设置,甚至还按企业的车间设置。国民经济得到恢复后,1953 年就开始了大规模的经济建设。社会主义建设急需各类人才,但由于历史的原因和苏联的影响,我国教育步入了重视专业知识教育和应试教育,忽视素质教育的轨道。当然,不能说没有专门提出现代"素质教育"概念就说此阶段没有素质教育的理论和实践,这时期的素质教育理论和实践是伴随着德育的贯彻实施在逐步探索。

新中国成立初颁布的《共同纲领》明确了当时的教育方针,指出:"中华人民共和国的文化教育为新民主主义的、民族的、科学、大众的文化教育,人民政府的文化教育工作,应该以提高人民文化水平,培养国家建设人才,肃清封建的、买办的、法西斯主义的思想,发展为人民服务的思想为主要任务,提倡爱祖国、爱人民、爱劳动、爱科学、爱护公共财物为中华人民共和国全体国民的公德。"①社会主义过渡时期,高校德育除继续向学生进行马克思列宁主义基础知识教育外,还对学生开展了社会主义过渡时期总路线的教育和学习《宪法》的宣传活动,学习《宪法》的宣传活动使学生有了初步的法律观念和权利意识。总之,在这一时期,各高校形成了在党委领导下,以学校行政为主实施,以政治理论课为主渠道,青年团、学

---

① 《建国以来主要文献选编》第一册,中央文献出版社 1992 年版,第 10—11 页。

生会积极参与、分工配合的高校德育工作体系,培养了大批具有坚定的社会主义信念、正确的马克思主义世界观、热爱祖国、具有无私奉献精神的优秀学生,这可以看成是我国对素质教育的一种探索。当然,这种探索也存在一些突出强调培养学生政治素质而忽略其他素质的问题,不注意培养学生独立性、权利意识等问题。

2. 1956—1966 年——素质教育的快速萌发期

中共八大召开以后,素质教育迎来一个快速萌芽的黄金期。随着《共同纲领》确定的新民主主义教育方针"民族的、科学的、大众的文化教育"已不能满足形势发展的需要,1957 年 2 月,毛泽东在最高国务会议上的讲话中提出了新的教育方针:"我们的教育方针,是使受教育者在德育、智育、体育几方面都得到发展,成为有社会主义觉悟的有文化的劳动者。"①1958 年《中共中央、国务院关于教育工作的指示》指出:"党的教育工作方针,是教育为无产阶级政治服务,教育与生产劳动相结合;为了实现这个方针,教育工作必须由党来领导。"②随后在三个层面展开了教育革命:一是政治挂帅,加强党对教育的领导,开展对资产阶级思想和学术权威的批判斗争;二是"全党办学"、"全民办学",加速普及和发展教育;三是改革学校教育和教学,核心是理论与实践相结合,教育与生产相结合。③ 毛泽东在视察天津大学时说:"高等教育应抓住三个东西,一是党委领导;二是群众路线;三是把教育和生产劳动结合起来。"④1961 年 9 月 15 日,中共中央批准试行庐山工作会议上通过的《教育部直属高等学校暂行工作条例(草案)》(简称《高教 60 条》),认真总结了 1958 年前后的"教育革命"经验与教训,对于使全国教育工作逐步走向正轨,稳定教学秩序,改进教学工作,提高教育质量,调动知识分子积极性,发展国家教育

---

① 《毛泽东文集》第七卷,人民出版社 1999 年版,第 226 页。
② 《中共中央、国务院关于教育工作的指示》,《人民日报》1958 年 9 月 20 日。
③ 参见杨东平:《艰难的日出》,文汇出版社 2003 年版,第 160、135、166 页。
④ 《中华人民共和国教育大事记》(1949—1982 年),教育科学出版社 1983 年版,第 190 页。

事业,起了积极作用。条例规定:高等学校必须以教学为主,努力提高教学质量;在教学中,必须发挥教师的主导作用。可以说,毛泽东的这些教育思想奠定了1949年以后中国教育的思想和制度基础,对素质教育的发展也产生了深远影响。20世纪60年代,政府多次公开指出学生课业负担过重及学校片面追求升学率等问题,并对这些问题采取了相应政策,引起人们开始反思应试教育的弊病,并引发了对素质教育的思考。

3. 1966—1976年——文化大革命十年的曲折发展期

在"左"的思想影响下,高校教育受到1957年的整风运动和反右派斗争、1958年的大跃进高潮和教育大革命、1959年的反右倾斗争等一系列社会政治运动的严重干扰和影响,尽管在贯彻执行《高校六十条》以后,情况有所好转,但1966年8月8日通过的《中共中央关于无产阶级文化大革命的决定》中关于"教学改革"的规定如:在这场文化大革命中,必须彻底改变资产阶级知识分子统治我们学校的现状;……学制要缩短,课程设置要精简,教材要彻底改革,有的要删繁就简,学生以学为主,兼学别样,也就是不但要学文,也要学工、学农、学军,也要随时参加批判资产阶级的文化革命的斗争等。① 这些思想对中国的教育产生了重要影响。随着文化大革命的全面爆发,中国教育陷入了深重的灾难之中,学校全面停课,学生无心学习,大批有为的教师学生受批判,所谓"知识越多越反动","读书越多越蠢","宁要没有文化的劳动者,也不要有文化的剥削者、精神贵族",成了时髦的口号。总之,这一时期,不仅把中国的教育事业推向几乎崩溃的边缘,耽误了几代人的健康成长,而且以其严重的后遗症殃及后代。文化大革命十年对中国教育产生了巨大冲击,素质教育偏离正常轨道,进入了曲折发展期。

三、现代两者关系的发展

在新中国成立初期,高校教育的一个核心思想就是革命教育。而新

---

① 参见《建国以来重要文献选编》第二十二册,中央文献出版社1997年版,第68页。

民主主义教育的方针则强调"民族的、科学的、大众的文化教育"。随后就逐步形成了强调德、智、体、美等方面全面发展的教育体系。纵观此阶段高校国防教育与素质教育的发展规律和教育内容,我们可以看出,这一时期国防教育和素质教育具有很大的一致性,同时也具有一定的背离性。

一方面,二者都主要以培养大学生的爱国主义热情为主要教育目的。不管是围绕第一部兵役法的国防教育和宣传还是高校军训试点,都主要以培养学生的爱国热情,培养学生的爱国主义、集体主义、社会主义价值观,可以说,国防教育既是素质教育的重要内容和重要组成部分,也是实施素质教育的重要途径。

另一方面,由于文化大革命的开始和不断发展,使得高校教育逐渐偏离正常轨道,特别是学生武斗军事化以后,二者就正式走向了背离。这时高校已经不存在正常的教学,以德、智、体、美等主要内容的素质教育无法实施,过分强调了军事教育,学生串联、军事野营和学军成为学生时常面对的教育内容,教育陷入了一片混乱。

第四节　改革开放后高校国防教育
与素质教育的关系

党的十一届三中全会之后,中国确立了以经济建设为中心的国家发展战略,这是新中国成立后国家战略的重大调整,这次调整逐步使得国家所有工作转变为围绕国家经济发展这个中心任务来筹划进行,服从和服务于国家经济建设。这一重大决策,标志着我国国防教育和素质教育进入了一个崭新的阶段。

一、当代高校国防教育的新发展

1976年,粉碎"四人帮"后,军事训练作为必修课程的地位得以确立。

1978 年,高等学校在制定专业教学计划时,将学生军事训练列入教学计划,在时间上作了统一的安排。高校学生军训逐步得到恢复,重新按照 1963 年高校民兵训练大纲要求恢复了民兵训练。① 1980 年中央军委开始对后备力量建设进行改革调整,1981 年 3 月,中央决定高校平时不建立民兵组织。之后,经酝酿调整,出台了《关于高等学校学生军事训练工作的几个问题的通知》,要求高校照此进行军训。1984 年 10 月施行的第二部《兵役法》指出:"高等院校的学生在就学期间,必须接受基本军事训练。"②规定高校学生履行兵役义务的基本形式是基本军事训练,高校学生的军事训练由教育部、国防部负责。

1. 试点阶段(1985—2000 年)

教育部、总参谋部、总政治部于 1985 年联合发出了《关于高等院校高级中学进行军事训练试点问题的通知》,决定从 1985 年 9 月开始,在全国 50 所左右高等院校、100 所左右高级中学和相当于高级中学的学校,进行学生军事训练试点。第一批有 52 所高校被列入试点,国家教委、军委三总部加强了对军训试点工作的规范和指导,1985 年至 1987 年,先后颁布了《高等学校学生军事训练大纲》和《高级中学和相当于高级中学军事课教学大纲》,同时不断扩大试点高校范围,1986 年为 69 所,1987 年为 102 所,1989 年增加 41 所,累计为 143 所。1993 年《中国教育改革和发展纲要》明确指出:"重视国防教育,增强国防观念。继续组织高等学校、中等专业学校和高级中学学生参加多种形式的军事训练。"③1994 年军训模式又进行了较大调整,到 1995 年学生军训试点高校达到了 157 所,每年仅试点高校的参训学生就达 15 万人。1997 年颁布的《中华人民共和国国防法》规定:"学校的国防教育是全民国防教育的基础。各级各类学校应当设置适当的国防教育课程,或者在有关课程中增加国防教育的内容。

---

① 参见吴温暖:《高等学校国防教育》,厦门大学出版社 2007 年版,第 39—43 页。
② 《中华人民共和国法律全释》第二册,中国检察出版社 2000 年版,第 619 页。
③ 《十四大以来重要文献选编》(上),人民出版社 1996 年版,第 80 页。

军事机关应当协助学校开展国防教育。"①1999 年,中共中央、国务院印发的《关于深化教育改革全面推进素质教育的决定》指出:"规范国防教育,提高学生的国家安全意识,继续搞好军训工作并使之制度化。"②随着开展军训的高校不断扩大增加,高校军训模式也日臻完善。

2. 提升阶段(2001 年至今)

2001 年 4 月《国防教育法》颁布实施,将学校国防教育上升到全民国防教育基础性地位和素质教育的高度。6 月 26 日,国务院办公厅、中央军委办公厅转发教育部、总参谋部、总政治部下发的《关于在普通高等学校和高级中学开展学生军事训练工作意见的通知》,明确规定了学生军训工作的指导思想和目的、规划和要求、组织领导、师资配备和基础保障等内容,并要求从 2001 年起,各地教育部门要将未开展军训工作的学校列入学生军训规划,强调:"学生军训是普通高等学校本、专科学生的必修课,学校要纳入教学计划","创造条件在 2005 年前按要求开展学生军训"③。这标志着学生军训结束了试点工作,国防教育在全国高校全面展开,步入规范化轨道。

教育部、总参谋部、总政治部于 2002 年 6 月联合下发了《普通高等学校军事课教学大纲》,对学生军训内容进行了精简和规范,明确了高校军事课程的性质、目标、要求、内容、建设和评价,为高校实施学生军事训练和军事理论课教学提供了基本依据。为适应新形势的要求,三部委 2006 年对大纲作了修订,强调军事理论教学以理论教育为主。随后,三部委于 2003 年制定了《2003 年—2005 年全国学生军训工作发展规划》,明确了学生军训的指导思想和目的,规定了学生军训的目标任务,强调要加强课程建设,利用现有相关专业招收国防教育方向的硕士研究生或举办在职攻读国防教育方向的硕士学位班,培养高层次军事教师。2003 年,教育

---

① 《十四大以来重要文献选编》下,人民出版社 1999 年版,第 2442 页。
② 《十五大以来重要文献选编》,人民出版社 2001 年版,第 860 页。
③ 《关于在普通高等学校和高级中学开展学生军训工作的意见》,国务院 2001 年印发。

部体育卫生与艺术教育司和国务院学位办商议,决定武汉大学、中南大学、西安交通大学等6所大学在高等教育学中招收国防教育方向的硕士研究生,专门制定了普通高等学校国防教育专业教师在职攻读硕士学位培养方案。2007年4月三部委颁布了《学生军事训练规定》,进一步明确了学生军训的指导思想和方针原则,详细规定了学生军训工作的组织领导、军事技能训练、军事理论课教学、军事教师与派遣军官队伍建设、军事训练保障、军训枪支管理、奖励与惩处等方面,促进了学生军训工作的规范化、制度化建设,使学生军训工作走上健康有序的发展轨道,同时也将高校国防教育提升到一个新阶段。

大连理工大学国防教育记实

开学了,新生入校了。此时的大连理工大学校园里也形成一道独特的风景线:刚刚踏进大学校园的年轻大学生们,身着戎装,在铿锵的步伐和嘹亮的口号声中开始了他们的大学生活。

国防教育与精神文明建设相结合、国防教育与大学生思想政治教育相结合、国防教育与学校中心工作相结合,是大连理工大学国防教育的鲜明特色。2001年,该校被教育部、解放军总参谋部、总政治部评为"全国学生军事训练工作先进单位"。2004年,该校成立了全国高校中的首家国防教育学院。

学校积极落实军事训练大纲的要求,1994年将学生军训纳入培养计划,作为学生的必修课,并积极探索学生军事训练行之有效的形式和方法,改变过去分时间段、分专业军训的模式,实现新生入学后集中军训的模式,按照军队正规化管理要求,科学合理地安排。军训时间为3周,记4学分。

从队列、军体拳、分列式训练,到单兵战术、旗语操、寝室内务卫生整理、参观坦克训练基地、国防知识讲座……军训的内容丰富多彩。在军训过程中,大学生们服从命令、听从指挥、严于律己、刻苦训练,系统地接受了国防教育以及优良作风和生活习惯养成教育。

在搭建平台的同时,学校不断深化制度建设,实现国防教育规范化和经常化。《高校国防教育(军训)文集》,《学生军训考核标准》、《军事理论课教学实施方案》等文件和规章制度,对军事理论课教学和军事技能训练中的思想工作、日常管理、教学保障等方面进行了系统规范。

大连理工大学通过扎实开展国防教育,全面促进了人才培养工作,一批批具有国防意识,立志成才报国的合格建设者和可靠接班人,正从这里走向社会主义现代化建设事业的第一线!①

二、当代高校素质教育的新征程

当代高校"素质教育"的真正提出是针对"应试教育"来说的。十一届三中全会以后,随着工作重心的转移,中国进入改革开放时期,高校教育也经历了一个从整顿恢复到全面发展的新阶段。这一时期,邓小平、江泽民、胡锦涛以伟大政治家的胆略气魄和远见卓识,多次提到要加强大学生素质教育,为国家培养合格的建设者和可靠的接班人,培育"四有"青年,加强大学生思想道德建设,树立社会主义荣辱观。根据高校素质教育发展的深度和广度,我国高校素质教育的发展可分为三个阶段:

1. 探索阶段

在 1985 年全国教育工作会议上,邓小平明确指出:"我们国家,国力的强弱,经济发展后劲的大小,越来越取决于劳动者的素质,取决于知识分子的数量和质量。"②他将劳动者的素质和知识分子的数量和质量看做是增强综合国力的决定性因素,为素质教育的提出打下了坚实的理论基础。同年,从社会主义现代化建设的需要出发,邓小平指出:"在建设具有中国特色的社会主义社会时,一定要坚持发展物质文明和精神文明,坚

---

① http://newspaper. lndaily. com. cn/lnrb/200609/18339620060916. html.
② 《十二大以来重要文献选编》中,人民出版社 1986 年版,第718页。

持五讲四美三热爱,教育学生做到有理想、有道德、有文化、有纪律。"①1985 年 5 月 27 日发布的《中共中央关于教育体制改革的决定》明确指出:"在整个教育体制改革的过程中,必须牢牢记住改革的根本目的是提高民族素质,多出人才、出好人才。"②1986 年党的十二届六中全会通过的《中共中央关于社会主义精神文明建设指导方针的决议》,正式明确提出了社会主义精神文明建设的根本任务:"适应社会主义现代化建设的需要,培育有理想、有道德、有文化、有纪律的社会主义公民。"③这同时也对高等教育提出了新的要求。1994 年原国家教委结合高校教育改革的实际,提出了"三注":"注重素质教育,注视创新能力培养,注意个性发展"④,强调没有个性的发展,就不可能有创造性,创新能力的培养与素质教育和个性发展密切相关,将素质教育的理念引入高等教育,使大学生素质教育在高校中受到了重视。高校开始探索对文科学生加强自然科学教育,文化素质教育渗透到专业教育之中,注重实践性,将传授知识、培养能力和提高素质融为一体。⑤ 这时期的素质教育探索由于属于高校大学生素质教育的探索阶段,大学生素质教育仅仅注重表面人文知识的传授,没有将外在知识内化为学生的素质。但本阶段的探索有力地促进了今后我国高校素质教育的全面实施。

2. 推动阶段

1995 年 9 月,全国高等学校大学生文化素质教育试点院校第一次工作会议在原华中理工大学召开,会上成立了全国高等学校加强文化素质教育试点工作协作组,决定有计划、有组织地在全国 52 所院校进行文化素质教育试点工作,有力地推动了全国大学生素质教育的实施。这一时

---

① 《邓小平文选》第三卷,人民出版社 1993 年版,第 110 页。

② 《十四大以来重要文献选编》上,人民出版社 1996 年版,第 77 页

③ 《十二大以来重要文献选编》下,人民出版社 1988 年版,第 1176 页。

④ 周远清:《纪念文化素质教育 10 周年大会发言》,2005 年 10 月 23—24 日,清华大学。

⑤ 参见 http://www.gmw.cn/content/2005-11/12/content_326341.html。

期的素质教育实施途径主要表现为：开设文化素质教育类公选课；举办学术讲座；进行人才培养模式改革试点，把素质教育思想贯彻在人才培养计划中；改革课程结构和教学内容，探索将显性课程、隐性课程、活动课程相结合，进一步加强人文教育，注重人文教育与科学教育相融合等。① 1996年党的十四届六中全会通过的《中共中央关于加强社会主义精神文明建设若干重要问题的决议》明确指出："今后十五年，我国社会主义精神文明建设的主要目标是：在全民族牢固树立建设有中国特色社会主义的共同理想，牢固树立坚持党的基本路线不动摇的坚定信念，实现以思想道德素质、科学教育水平、民主法治观念为主要内容的公民素质的显着提高。在改革开放和现代化建设的整个过程中，思想道德建设的主要任务是：坚持爱国主义、集体主义、社会主义教育，加强社会公德、职业道德、家庭美德建设，引导人们树立建设有中国特色社会主义的共同理想和正确的世界观、人生观、价值观。"②江泽民将素质教育主要确定为思想道德素质、科学教育水平和民主法治观念。1998 年，随着第一次全国普通高等学校教学工作会议的召开，印发了《关于加强大学生文化素质教育的若干意见》。1999 年 1 月，教育部批准在北京大学、清华大学、中南大学等院校中正式建立第一批 32 个国家大学生文化素质教育基地。基地的建立进一步增强了高校素质教育的活力和效果，推动了高校文化素质教育工作的深入开展。全国高校积极探索具有自身特色的文化素质教育模式，在专业教学中结合人文教育，开设文化素质教育课，使文化素质教育贯穿课堂、活动、实践三个教育环节。

　　3. 发展阶段

　　1999 年 4 月，第三次全国教育工作会议在北京召开，颁布了《中共中央、国务院关于深化教育改革全面推进素质教育的决定》，明确将全面推

---

　　① 　参见阮文奇：《社会主义荣辱观与当代大学生素质教育》，中国知网，硕士学位论文，2007 年。

　　② 　参见《十四大以来重要文献选编》下，人民出版社 1999 年版，第 2052–2054 页。

进素质教育、提高人才培养质量作为今后工作的重点,这标志着我国素质教育改革和发展进入了一个新阶段。江泽民在开幕式上发表了重要讲话,指出思想政治素质是人的最重要的素质。文件的颁布为构建 21 世纪充满生机活力的有中国特色的社会主义素质教育提供了指导思想和行动纲领。2006 年春,胡锦涛同志在两会期间提出要树立以"八荣八耻"为主要内容的社会主义荣辱观,这是在新的历史条件下对"荣"与"辱"的双重规定,也对当今大学生提出了基本要求。这一时期高校素质教育得到了深入的发展,各高校对素质教育的意义、内容、方法和宣传有了更深刻的认识,如:大学生素质教育对培育"四有新人"的意义;大学生全面素质包括政治思想素质、文化素质、业务素质、身心素质四方面内容;加强文化素质教育、科技教育和人文教育相融合的教育方法;利用网络等手段扩大素质教育的覆盖面,发挥基地辐射作用等。① 在党和国家的这些方针政策的指导下,我国高校的素质教育得到了快速、健康的发展。

三、当代两者关系的深化

随着教育的不断发展和深入,高校国防教育与素质教育的关系越来越紧密,国防教育成为素质教育一个密不可分的有效组成部分。素质教育是一种教育思想、教育观念,而不是一套具体的教育方案。② 它是一种全方位、全过程的全员教育,是一个潜移默化、循序渐进的过程。实施素质教育,重要的是在素质教育思想的引导下,探求最佳的方案、措施。③素质教育的实质是培养人的全面发展,在实施素质教育中要体现"全面发展"的理念,注意素质教育与国防教育功能优势的互补性,对相关课程进行设计和优化,力求把素质教育和国防教育最基本、最重要的知识内化

---

① 参见阮文奇:《社会主义荣辱观与当代大学生素质教育》,硕士学位论文,2007 年,中国知网。

② 参见徐萍:《潘懋元素质教育思想探析》,《江苏高教》2008 年第 4 期。

③ 参见潘懋元:《走向 21 世纪高等教育思想的转变》,《高等教育研究》1999 年第 1 期。

为学生的心理素质。如果我们把素质教育与国防教育联系起来思考时就不难发现,开展国防教育是实施素质教育的有效途径。国防教育在教育功能上有它的独特优势,它所包含的内容,传授的国防观念和意识,是大学生必须具备的重要素质。1999 年中共中央、国务院颁布了《关于深化教育改革,全面推进素质教育的决定》,明确提出了要全面推进素质教育,培养适应 21 世纪现代化建没需要的社会主义新人的目标,要"规范国防教育,提高学生的国家安全意识,继续搞好军训工作并使之制度化"①。目前,我国高校国防教育主要体现在学生军事技能训练和军事理论教学两个环节,目的就是增强学生的国防意识和综合素质。

首先,国防教育可以提高大学生的思想道德素质。高校国防教育始终将爱国主义、集体主义、社会主义核心价值观贯穿于以军事理论、军事技能为主要内容的教育活动中。特别注重培育以爱国主义为核心、以国家防卫为中心的国防意识,使广大青年学生在国家和民族遇到外来侵略时,能自觉地站出来维护民族利益,保卫国家安全。爱国主义精神是大学德育的最基本内容,也是我国高校国防教育的灵魂所在。因为这关系到国家的荣辱兴衰、生死存亡和人民的根本利益,最能在青年学生中引起强烈的思想共鸣,从而激发强烈的爱国热情,有助于培养大学生高度的献身精神和社会责任感,有助于树立正确的世界观、人生观、价值观。②《普通高等学校军事课教学大纲》规定:军事课包含军事理论教学和军事技能训练,使大学生掌握基本军事理论与军事技能;学习军事思想,接受马克思主义战争观;增强国防观念和国家安全意识,树立为国家、民族生存与发展的责任感和使命感;强化爱国主义、集体主义观念,加强组织纪律性,使他们在思想、品质、意志等方面得到全面锻炼。可见,在高校军事课教学中充分体现了大学生思想道德教育的内容,并且使大学生思想道德教

---

① 《关于深化教育改革,全面推进素质教育的决定》,国务院 1999 年印发。
② 参见黄卓:《国防教育对大学生素质缺陷的补益功能研究》,硕士学位论文,2008年,中国知网。

育内容在军事课教学得到强化和拓展,高校以军事课教学为主要形式的国防教育有力地促进了大学生思想道德素质的提升。

其次,国防教育可以增强大学生的集体主义观念。当代大学生的主流是思想积极、健康向上;普遍具有良好的思想素质,热心助人;具有较强的自强意识、创新意识和成才意识。但在大学生中也存在一些不容忽视的问题,如以自我为中心的现象普遍存在,集体观念不强,团结协作观念较差,心理素质欠佳。高校国防教育集知识性、思想性和实践性于一体,作为高校国防教育主要形式的军事课教学,其军事训练环节具有训练生活紧张、纪律要求严明、队列动作整齐、内务管理标准的特点,鼓励在训练中开展连与连、排与排、班与班之间的评比、竞赛,互帮互学。在军事训练中大学生看到了集体的力量,逐渐懂得个人必须服从集体,只有把个人努力与集体利益融为一体,互相协作,团结一致,事情才能获得成功;切实感受到集体的温暖和强大,体会到思想统一和行动协调的深刻含义,从而自觉地把集体荣辱与个人行为修养联系起来,这样使大学生的集体主义观念在训练中得到潜移默化的增强。

再次,国防教育可以促进大学生的智育发展。《关于深化教育改革,全面推进素质教育的决定》在阐述智育工作时指出:"智育工作要转变教育观念,改革人才培养模式,积极实行启发式和讨论式教学,激发学生独立思考和创新的意识,……高等教育要重视培养大学生的创新能力、实践能力和创业精神,普遍提高大学生的人文素养和科学素质。"[①]它明确将激发创新意识、培养创新能力作为智育的工作重点。"创新意识"与"创新能力"是大学生非常重要的素质,它能让大学生跟上时代的步伐,取得竞争上的优势。国防教育所依托的现代军事科学研究战争的本质和规律,是自然科学和社会科学交融的交叉学科,内容丰富、应用广博。新时代的军事高新技术,起着引领科技新潮流的作用。现代军事战争具有

———————

① 吴温暖:《高校国防教育是大学生素质教育的重要组成部分》,《有色金属高教研究》2000 年第 2 期。

"敌对性"、"残酷性"和"复杂性"的特点,要求人们必须用创造性的思维来应对,而创造性思维正是"创新意识"和"创新能力"的源泉和动力。因此,学习军事科学知识,接受国防教育,有利于大学生拓宽思维空间,提高创造能力和综合思维能力,促进智育发展。

最后,国防教育还可以提高大学生的身心素质。军训是一种以实际训练为主的教学方法,它通过一系列的实践活动,使大学生的认识向高层次发展,把技能变为技巧。现有大纲规定的教学内容充分体现了动作技能与心智技能训练的融合,不仅达到了增强学生组织纪律观念、培养良好的军事素质的目的,而且也是对学生进行集中强化素质训练的有效手段。在军训中对大学生进行纪律条令、队列条令、内务条令和革命传统教育,可以让每位大学生认识到人民解放军正因为有铁的纪律,才能战无不胜。军训中大学生每天"摸、爬、滚、打、练",有利于培养他们百折不挠的意志、坚忍不拔的毅力和不畏艰难的精神。通过军训,不但大多数大学生的体格健康水平有所提高,心理品质也有了不同程度的改善,增强了自律意识,完善了自身人格,缓解了紧张情绪,提高了适应能力。

开展国防教育提高学生综合素质

毕节学院依法坚持将国防教育纳入学校建设、管理、教学的内容,开拓进取,务求实效,凸显了鲜明的特色,有效提高了学生的综合素质。2009年,被评为全国"国防教育先进单位"。

该校在以教育体制改革为动力,以提高教学质量为核心的基础上,大胆探索出一条加强国防教育,培养德、智、体、美等方面全面发展的新一代大学生的新路子。学校严格按《高等学校军事训练大纲》要求组织实施学生军训,军训工作走上了一条制度化、规范化的轨道;充分利用人力、智力、装备和专业优势,建立了以化学系、生物系学生为主的"防毒防化民兵应急分队",以计算机科学技术系学生为主的"电子对抗技术应急分队"和以体育系学生为主的"抗洪抢险、消防救灾应急分队",坚持对这三支队伍进行军事技能训练的同时加强国防理论知识教育,使各分队在紧急情况下拉得出、用得上、起作用;学校在人流量大的通道上,因地制宜建设了富有特色的国防教育长廊,内容适时更新,使师生在不经意间就接受到熏陶和教育,起到了潜移默化的作用。学校在大学生中组建了"军事爱好者协会",该协会与学校影视传媒协会利用课余时间义务为师生员工免费播放爱国主义影片;学校严格按照《高等学校军事理论教学大纲》,开设了国防教育课程并不断加强国防教育的师资建设,不断提高了教学人员的理论水平和综合素养。

　　通过长期、规范的国防教育,广大学生强化了国防观念和爱国精神,强健了体魄,砥砺了意志,增强了组织纪律观念,培养了严谨的生活、工作作风,思想觉悟和综合素质都得到进一步提高。学校充分利用国防教育活动,引导学生克服畏难情绪,增强进取心和责任心,校正人生坐标,树立健康向上的世界观、人生观和价值观,使同学们思想稳定,健康发展。学校在为地方培养高质量建设人才的同时,也为部队储备了一大批高质量的后备兵员和预备役军官,目前,该校毕业生在部队担任营级以上职务的就有30余人。在地方建设中更是人才辈出,成绩斐然。总之,通过国防教育,促进了学校管理,优化了育人环境,提高了教学质量,促进了校风、学风建设,推动了学校全面发展。①

---

① 　http://www.gzgfjy.gov.cn/view.asp? id=1639.

第四章　国防教育与素质教育
关系的国外借鉴

　　纵观世界发达国家的国防教育和素质教育,立足于公民教育和价值观教育,注重道德教育的实用性和可行性是开展思想道德素质教育的有效途径,坚持学生为学习主体,强调通才教育,培养复合型创新人才是推进文化素质教育的必由之路,而营造良好的学习生活环境,注重心理健康和体育运动是促进身体心理素质教育不可缺少的因素。本章专题研究世界发达国家的国防教育与素质教育,从中吸取经验教训为我所用。

第一节　世界发达国家的国防教育概况

　　历史的经验教训唤起了世界各国强烈的忧患意识,各国普遍重视全民的国防教育。一些发达国家通过国防教育立法,将国防教育列为国防建设的重要内容,纳入军事发展战略乃至国家发展战略。

一、德国的国防教育——民防普及,创新国防

德国是第二次世界大战的战败国,为避免给曾经遭受过法西斯德国

侵略的邻国造成其可能重走军国主义老路的印象,战后德国在国防立法和建军期间,没有制定国防教育法。但由于德国过去位于东西方对峙的前沿,一旦发生战争,首当其冲,成为华约集团进攻的对象,因此,为了确保德军及驻德盟军战时有效地保卫德国本土,德国政府根据宪法关于维护国家主权和领土完整等条款的规定,相继制定颁发了《义务兵役法》、《民防法》、《灾害保护法》、《紧急状态法》等法律,并多次发表国防白皮书。这些法规、文件中都有国防教育的内容。德国政府制定这些法律,目的是让公民熟悉自己的责任与义务,不断提高个人的国防意识。

1. 国防白皮书中有关国防教育的内容

1985 年国防白皮书中,对实施国防教育的机构、任务等作了明确规定,在《社会和防御任务》一章中指出,部署在德国的德军及盟军向德国的公民提供了安全与和平,同时也要求公民承担因防御需要而应尽的个人义务;家长和学校有责任对青年一代进行教育,使他们了解历史、了解宪法、了解国家的和平与安全的职能。在《舆论工作》一章中,白皮书指出,政府应让公民充分了解政府政策与措施,其中也包括国家的安全及防务政策。政府新闻局负责协调各部门的安全政策宣传工作,国防部新闻信息处制定宣传原则和重点,对军队各单位的宣传工作进行指导。德国政府每年都要组织青年学生参观军队、国防部及北约机构,德军各部队还定期实行"开放日活动"。政府通过上述措施促使公民实地了解军队,了解国家的安全政策。

2.《民防法》中有关国防教育的规定

1957 年颁布的《民防法》规定了政府机构和公民在战时对公民生命财产、工业设施、文化遗产等实施保护时各自应尽的职责和义务,以防止战时出现混乱,导致民心不稳,从而影响保卫国家。

《民防法》共 38 条,规定了民防的主要任务:对公民的生活、健康、住地、工作岗位、满足生活所必需的重要机构、物资以及文化遗产等进行保护;规定了公民在发生战争时如何自救,以减少或避免损失;规定了各级政府部门在民防工作上的具体任务以及民防设施的建设、救护部门的设立、急救药品的储存等内容。颁布《民防法》的主要目的是教育公民平时就要重视国家安全问题,理解民防,支持民防。

3.《灾害保护法》中有关国防教育的内容

1968 年颁布的《灾害保护法》涉及的领域比《民防法》更广,是对《民防法》的补充。它不仅包括了在发生战争的情况下,而且还包括了发生特殊灾害的情况下,国家如何保护公民、公民如何抢险自救、减少损失等内容。

该法共 18 条,强调在战时,灾害保护部队和机构要不惜一切代价与志愿人员一起完成保护公民及重要设施的任务。法律明确了各级政府的任务、权限,规定了灾害保护部队编成、任务(承担防火、防核武器、防生物武器、防化学武器、卫勤、护理、通信、抢救与维修、支持自救等任务)、装备、训练和费用以及自救人员的培训、资助及组织管理等。《灾害保护法》主要针对的是普通公民,其目的是要求全体公民在战时能有组织地进行自救,以减轻国家的负担。

4.《紧急状态法》中有关国防教育的内容

1968 年颁布的《紧急状态法》是一部包含了多个法律的综合法,其中有"交通保障法"、"限制通信、通邮和通信法"、"供水保障法"、"食品供应保障法"等。该法指出,根据以往的经验,战争和严重的自然灾害不仅会给国家和公民的生命财产带来损失,还将破坏国家的经济生活,导致社会生活危机。为了保卫国家主权和领土完整不受侵犯,国家在危急时刻要求公民作出牺牲,放弃部分个人自由和权利。法律规定了国家各级行政部门战时的任务和责任,也规定了公民战时的义务和责任,旨在完成保卫国家的主要任务。

此外,德国的学校里没有专门开设有关国防教育课程,学生也不参加军训。一般在介绍国家概况课程里,会涉及一些军队的有关知识。如果学生想更多地了解有关国防的情况,可以请德军派人到学校介绍情况,与学生讨论有关问题。但由于德国的教育事业不属联邦政府管辖范畴,而是属于各州政府的事务,因此尽管国防白皮书中规定了学校有义务对学生实施国防教育,但在实际执行当中千差万别,难以统一,各州之间的完成质量参差不齐。

由于欧洲正逐步走向统一,因此,德国认为,今后国防教育应跳出"国家"的框架,立足于欧盟范畴,在国防教育内容和形式上都应相应的凸显适应性的调整变化。

二、英国的国防教育——国防宣传,无孔不入

英国虽然没有专门的国防教育法和国防教育领导机构,但它通过不同渠道组织各种形式的国防教育活动,目的是为了树立军队形象,让公众了解、支持军队,提高军人的社会地位,加强军人的荣誉感和责任感,增强民众的国防意识。其所采用的主要措施如下:

第一,军队各级设立公共关系部门和人员,专门负责与地方部门特别是新闻媒体的联系和宣传军队事宜。国防部设国防新闻部;军种设公共关系局;陆军师、团,海军基地、舰只,空军基地设公共关系军官。其主要任务是负责与公众、新闻媒体打交道,接受新闻采访,回答公众和新闻界对部队各种行动可能提出的问题。在驻军活动与驻地公众利益可能发生矛盾的地区,部队尤其注重宣传活动,让群众了解真相,争取群众的理解和支持。如空军在威尔士地区、湖区等地进行低空飞行训练时,公共关系军官特别注重向当地报纸、电台、电视台宣传其训练的意义和重要性,以取得当地居民的理解。

第二,组织大、中学生进行军训,增强学生的国防意识,吸引青年学生参军。国防部预备役局在全国10余所大学设立陆军军官训练团、海军训练中心和空军飞行中队。各组织分别负责所在地区几所大学学生的军事训练和宣传工作,解答对军事有兴趣的学生所提的问题。学生可自愿参加陆、海、空军组织的训练活动,训练时间安排每周一至两个晚上或者在周末和假期集中训练一两周。参训学生可领取参训费。其中部分参训学生已与国防部签订参军合同。根据合同,学生学习期间由国防部支付学费,并发给生活费,毕业后参军。如违约,学生将如数退还所有学费和生

活费。部分中学也组织学生进行少量的军训活动,假期组织夏令营参观部队,以引起中学生对部队的兴趣,引导他们日后选择参军的道路。各中学是否组织军训由校长根据本校具体情况自行决定,中学生是否参加军训也以个人自愿为原则。一些退役军人以志愿者的身份协助中学开展军训活动。以上学校的军训活动均得到国防部的资助。

第三,发表国防白皮书,发行军事报刊杂志,向公众介绍国防政策、军队建设和军事生活。国防部通常一年一度发表国防白皮书,阐述英政府对安全形势的看法、国防政策、军队面临的使命和任务,介绍军队装备、军事建设情况、军事需求、军队建设存在的问题,加强军队建设的措施等,在公众中有很大的透明度,增进了公众对国防政策和军事建设的了解和认识。此外,创办各种军事报刊杂志向公众发行,让公众了解军队建设和军人生活情况。

第四,组织各种面向公众的纪念活动和军事表演活动,扩大军队影响,激发爱国主义热情。例如,英政府一年一度(11 月)在伦敦市举行隆重的阵亡将士纪念活动,女王、王室成员、内阁成员均会参加,活动中将向阵亡将士献花圈,并由电视台进行实况转播。每年一次由国防部赞助、在伦敦和爱丁堡举行为期 10 天左右的大型综合军体艺术表演,海军每年一度的海军节(届时包括航母在内的军舰向公众开放供参观)、空军每年在一些地方举行飞行表演等,都吸引了大批公众特别是青年人前往观看,达到了宣传国防和军队的良好效果,也培养了一些青年人的从军意识。这些活动的经费开支部分通过出售参观券所得解决。此外,还在重要街道、广场为有功将领塑像,在各地较大城镇修建永久性烈士纪念碑,纪念"一战"、"二战"阵亡将士和有功将领,以此提高国民的国防意识。

第五,主张多领域、多学科地加强国防教育。英国政府认为,现代国防的含义,已超出了纯军事的范围,因而国防教育不仅仅是现代军事意识、战争意识的教育,还应包括现代竞争意识、科学意识、自强意识、面向未来意识的教育,并指出这种教育应该从精神、军事、民防、经济、科技、心理、外交诸方面综合进行，以提高综合国力，增强国防实力，应付世界上各种风浪的冲击。近年来，英国与西欧各国鉴于世界高科技竞争激烈、发展迅速的趋势，正加紧相互间的合作，无论是"阿丽亚娜"火箭的发射，还是"尤里卡"计划的实施，都能展示英国政府多领域、多学科加强国防教育的实绩。

三、美国的国防教育——全民国防，忧患意识

美国把保卫国家和民族利益作为"社会的第一勤务"、"政府的重要职责"，并采取各种手段向国民灌输"国家至上"、"民族自豪"、"不可战胜的民族的代表"等思想，激发国民的自豪感和自信心。美国认为，仅靠经济的发达、技术的先进来维护国家安全是不够的，必须努力强化国民的精神和意志。在一些体育比赛之类的公众场合，都由军乐队演奏国歌，齐唱国歌"星条旗永不落"，以振奋国民的国防精神。

美国作为工业发达的资本主义国家，国防和教育是两项最受重视且开支最为庞大的事业。历届美国政府，都十分重视利用教育来增进公民的国防意识，把与国家安全有关的知识融入教育内容之中。美国的国防教育由于政府重视、财政支持、组织有力，呈现出如下主要特点：

第一，重视国防教育的立法工作，用法律手段来保证国防教育的实施。1958年，美国颁行了《国防教育法》。根据《国防教育法》的规定，联邦政府拨出大批款项资助教育事业，学校课程的内容也作相应的调整，以适应培养国防人才和科学技术进步的要求。美国政府向来认为，人的素质是国防的第一要素，而人的素质的提高离不开教育，只有通过教育，培养大批科技人才，推动尖端科学技术的发展，并使其运用于军事领域，才能从根本上增强国防实力。因此，时任美国总统艾森豪威尔在批准《国防教育法》时明确指出："通过这个法律，大大地加强我们美国的教育制度，使之能够满足国家安全所提出来的要求。"

第二，主张寓国防教育于各种教育之中，通过教育的手段，达到加强国防的目的。美国的国防教育在内容上有一定的体系，它既注重道德、精

神方面的教育,也注重科学文化知识的学习、军事技术训练的普及和体育技能的提高。历届美国政府均认为,仅靠经济的发达、技术的先进来维护国家利益是不够的,必须努力地强化国民的精神,强调每个公民都要树立献身国家、服务国家的观念,不断克服优越的物质生活条件带来的精神颓靡,克服社会风气的堕落给国家利益造成的危害。有了道德、精神作保证,政府再把自然科学、教学和外语当做重点学科,要求学校认真抓好落实,并把与军事应用相关的体育项目纳入国防教育内容之列。至于那些与国防教育有着这样和那样联系的学科,例如历史、地理、纯自然科学,也尽可能发挥它们的优势,指出学习和研究这些学科对国家安全所具有的现实和潜在意义,希望得到预期的效果。

第三,重视国防教育的科学研究工作,强调把国防教育建立在科学的基础上。美国的国防教育研究,主要是围绕智力开发同经济和社会发展,特别是围绕智力开发与国家安全的关系展开的。美国在强调调整学校教育设计的同时,把国防教育研究的重点放在国防教育与新技术开发、经济发展、人才培养、公民素质和社会进步等问题上,组织一批专家学者进行系统而全面的基础性研究,将研究成果写成书面报告、专题论文和教科书,用以指导国防建设和促进国防教育。

第四,突出对国防人才的培养,重视青少年的国防教育,把组织青年学生的军事训练作为强化国防教育的重要手段。美国的学生军训,主要是由后备军官训练团(简称后训团)负责的,美军在地方大专院校中设有各类后训团 531 个,其中陆军有 315 个,空军有 153 个,海军有 63 个。其目的是使青年学生在完成规定的学业的同时,接受必要的军事训练,达到少尉军官的任职要求。美国后训团的训练时间通常为每周 3—4 小时,另加一次为期 6 周的集训。后训团学制分 4 年制和 2 年制,参加后训团训练的大学生,除由军队支付其参训时的学杂费外,还对参训的三、四年级学生实行奖学金和补贴制度,军方向军训成绩优秀,同意在毕业后至少服 4 年以上现役或 6 年以上后备役的学生提供奖学金。正由于美国政府对大学生的军事训练工作的重视,才为美军的年轻化、知识化、现代化作出较大贡献。后训团享有"大学中的军官学校"的美称,在实施国防教育、培养国防人才方面声誉甚高。与此同时,美国政府还在许多中、小学开设了"核战常识"课程,邀请核专家、物理教授和国防问题专家主持"核战争"讲座。在各州举办夏令营时,还要组织儿童过军事生活,学习航海、航空和航天知识,使青少年一代全面了解现代军事科学技术知识。1986年1月28日在发射中爆炸的美国"挑战者"号航天飞机,除了承担例行的卫星发射试验任务外,还根据里根总统的建议,精心安排女教师从太空中向中学生授课,可谓用心良苦。目的之一就是为了让青少年尽早接受与国防有关的现代科学教育,引发他们对现代国防的兴趣,以便造就一代年富力强、学有所专的国防建设人才。

第五,利用舆论工具,结合征兵、募兵宣传国防教育。每年征、募兵期间,美国军方都充分发动舆论工具,利用征兵简章和各种介绍材料,向青年们介绍美军现代化的装备、优越的物质待遇,以及参军可以周游世界、开阔眼界、增长知识等好处,吸引青年参军入伍。同时,美国还大力支持鼓励青年学生报考军事院校,宣传上军校不仅可以学到军事知识,而且也能学到科学文化知识,获得学位和文凭,借以引导青年"携笔从戎"。美国的一些著名军事学府,如"点军校",就是美国军方用来吸引青年学生的一张"王牌"。美国经济实力雄厚,每年都拨出巨款用于军队建设和提高军人待遇。这些因素借助舆论导向的渲染,就对青年产生了巨大的吸引力,而这种吸引力在那些面临就业困难的青年人身上表现得更为突出。

第六,美国政府在强调抓全民国防教育的同时,坚持军队唱主角的原则,普遍重视军队的国防教育。美国政府认为,对军队实施国防教育是提高士气和战斗力的基本途径,任何时候也不能松懈。美军除了正规的军事训练和理论学习外,还通过自办的近400种杂志、1000余种报纸、300多家广播电台和电视台,不间断地对官兵进行多种形式的思想灌输和精神激励,不断强化国防军事教育。

美国军事力量的壮大透视
——看美国如何进行国防教育

　　美国芝加哥的卡弗高中位于低收入街区,是出了名的差学校,学生经常卷入群殴、强奸、抢劫等犯罪行为,让家长伤透了脑筋。无奈之下,校方向美国军方求助,对学校实行军事化管理。

　　清晨 5 时半,芝加哥南部郊区的一幢简易房屋里,15 岁的威廉·皮尔逊起床,匆匆忙忙穿上前一天晚上仔细叠好的军服离开家,赶 6 时 20 分的校车。6 时 40 分,皮尔逊来到学校。在通过安检门的检测、查验出入证后,皮尔逊径直奔向体育馆,参加枪械训练。

　　8 时整,学校正式上课。不少教室的门上涂着美国陆军迷彩服的颜色。学校甚至还打算把每间教室都以一名美国将军的名字命名。除普通教师外,学校还有 9 名专门负责学生军事训练的退役军官教员,还有一位被学生们尊称为“司令官”的上校助理校长。从 9 年级到 11 年级的学生清一色穿着军装,只有毕业班的学生是平民打扮。学生们的课程基本上与普通高中无异。但课程表上有大量军事发展的历史课程,甚至体育课也“转型”成了军事操练。

　　卡弗高中已经改名叫卡弗军事学校,学校秩序有了很大改观,犯罪率直线下降,学生学习成绩大幅提高。1999 年,10 年级(15—16 岁)学生中只有 11% 达到或超过国家规定的学习水平,2002 年这一比率增加到 25%。在成为军事学校前,卡弗的逃学率高达 18%,现在降到 10% 以下。原来家长们总是万不得已时才把孩子送到这里来读书,现在他们却争先恐后地让孩子来上这个与众不同的军事学校。

　　卡弗的大变样与 JROTC 的蓬勃发展密不可分。JROTC 的全称为美国“少年后备役军官训练营”,是美国军方在公立高中学校里设置的军事培训机构。

　　贾尼丝·伊森和特雷莎·穆尔都慕名将自己的儿子送到卡弗军

事学校读书。她们异口同声地表示，军事化管理好处多。尽管伊森每天清晨 4 时就要起床，换三次公共汽车才能把 16 岁的儿子送到卡弗军事学校，但她认为完全值得。伊森说，这所军事学校占据了两大优势，即纪律和良机。"讲究纪律有什么错？谁不希望自己的孩子能彬彬有礼地说：'是的，妈妈'、'不是，妈妈'……有了接受军方训练的背景，孩子们将来可以参军，并能上大学。"

JROTC 也很受在校学生的欢迎。15 岁的阿德里安·罗德里格斯是芝加哥军事学校的学生。他非常喜欢校园里处处有纪律的氛围。"太棒了，一切都太棒了。纪律简直好极了。我的学习成绩提高了很多。"阿什利·詹宁斯说："这儿与其他学校并没有很多不同，但是纪律却要严明得多。老师们对我们要求非常严格，他们教给我们如何做一个有责任心的人。"

学校教职员工们对 JROTC 也大加称赞。军方的"介入"为学校带来的不仅仅是干净利落的军服，更主要的是一整套纪律制度。学生们变得规矩多了，往日乱糟糟的校园也变得秩序井然。同时，学生更加关注国防知识，无形中强化了国防教育。

在芝加哥，JROTC 在公立学校中大受欢迎。全市 93 所高中里有 44 所都开展了 JROTC 计划。在过去 10 年里，JROTC 在美国公立高中发展十分迅猛。全美各地实施 JROTC 计划的学校数目增长了整整一倍，从 1500 所上升到 3000 所左右。①

四、日本的国防教育——危机教育，暗伏危险

日本作为我国一衣带水的邻邦，是一个具有尚武传统的国家，历来十分重视对国民进行爱军习武的教育。纵观半个多世纪以来的日本国防教育，基本分为三个明显的历史阶段：一是第二次世界大战以前和第二次世界大战期间，日本政府和军阀为了对外侵略扩张的目的，大肆宣扬"武士

---

① http://www.tieba.baidu.com/f? kz = 726495475.

道"精神,宣扬勇猛顽强、视死如归是大和民族之"魂",宣扬天皇是日本国民和军队的精神支柱,鼓励人们不忘皇恩,无条件地效忠天皇,为天皇卖命打仗。二是第二次世界大战结束后,日本成为战败国,被解除了武装而将整个国家置于美国的保护之下,此时日本的国防教育,主要是强调日美军事同盟的重要性,把国家的安全寄托在美国的"核保护伞"之下。三是随着越南战争的爆发,尤其是 70 年代苏联军事力量的不断膨胀,美国不断要求日本政府增加国防开支,以分担保卫日本海上交通线的任务,这时日本政府认为,经济发展脱离强大的国防便十分脆弱,于是一方面反复宣传日美安全条约的重要意义,要求加快陆、海、空自卫队现代化建设的步伐,另一方面则在各学校的课程设置增加了有关国际形势和国家安全的内容,邀请退役军官给学生上军事常识课,组织学生参加某些军事项目的训练,再就是在电视上播出日美联合军事演习的录像,吸引国民对军事问题的关注和重视。

日本的国防教育有一个鲜明的特点,那就是始终用危机感来刺激国民对国家安全的关心,以增强国民的忧患意识。从这种危机意识出发,日本政府为了建立安全基础,不仅积极采取使社会安定、经济发展的各项措施,而且不断提高国民保卫国家生存和发展的意识。此外,日本的领导人还力图使国民相信,加强军费开支,加快扩充军事实力,对于国家的安全必不可少。近年来,日本的军费开支突破国民生产总值 1% 的限额,这实际上是在做了大量宣传、营造了大量舆论之后才采取的具体行动。

近几年,随着日本军国主义的抬头,日本的国防教育从形式到内容都增添了许多危险的因素。这可以从以下四个方面进行说明:

第一,在日本朝野有那么一部分军国主义分子,极力美化过去给亚洲一些国家和日本人民带来过巨大灾难的侵略战争,否认日本军国主义对亚洲各国人民犯下的罪行。如日本文部省在审定历史教科书时,一再把对中国、朝鲜的侵略说成是"进入",把对东南亚国家的侵略说成为"解放"西方列强奴役下的人民,这些都招致被侵略国家的强烈抗议。

第二,在日本政府中有那么一部分公职人员,包括前首相中曾根,不顾舆论谴责,公然参拜供有甲级战犯牌位的"靖国神社",一再酿成举世瞩目的事件,想必定有缘由。据有关方面报道,战后废止了 41 年的日本军事博物馆,已经重新修整复原,于 1986 年 7 月重新开放。日本军事博物馆建于 1879 年,馆内陈列着从明治维新到第二次世界大战期间战死的"勇士"或所谓"军神"的遗书、遗像、遗物等等,中央大厅及馆外广场展示了许多战车、古炮、特攻(敢死)队用的飞机和鱼雷等实物模型。国际评论认为,日本当局这样做的目的十分明确,就是要对国民进行军国主义精神教育,复兴尚武传统,为通向军事大国扫清思想障碍。

第三,"自卫队"成为社会上最热门的职业之一,申请到"自卫队"各种岗位供职的人数远远超出了需要的数量。20 世纪 70 年代进防卫大学的竞争率是:在自然科学和工程专业方面 17:1;在社会学和人文科学方面 60:1;申请士官候补生职位的比率,陆军为 24:1,海军为 19:1,空军为 23:1,女兵更是百里挑一。而进入 20 世纪 80 年代后,竞争更为激烈,军方的社会地位空前提高。

第四,自 20 世纪 70 年代以来,日本拍摄了不少歌颂旧军人和美化侵略战争的影片,如《日本海大海战》、《山本五十六》等,为东乡平八郎、山本五十六等战犯招魂。尤其是日本政府在海湾战争问题上所表现出来的跃跃欲试的态度和海湾战争后向波斯湾派遣自卫队扫雷艇的行为,都是与这个国家的身份格格不入的。

第二节　世界发达国家的素质教育纵览

全面推进素质教育是我国教育事业的一场深刻变革,也是全球性经济和社会发展的必然要求。欧、美、日等发达国家,都把提高本国教育质量、培养拔尖人才和公民综合素质作为跻身未来社会的入场券。由于社会制度、国情、文化传统的不同,国外发达国家与我国之间在教育观念、教育体制、教育结构、人才培养模式、教育内容和教学方法上都不尽相同。结合我国素质教育的现状,分析和研究发达国家素质教育的特色,汲取和借鉴其中有益的东西,对全面推进素质教育具有重要意义。

一、德国经验:提升关键能力导向

我国教育语境下的"素质教育",在德国教育界多被称为"关键能力"培养。德国大学生所应具备的、对未来职业发展至关重要的"关键能力"可分为专业能力、方法能力、社会能力、自我能力、应用能力和环保意识能力。

德国教育界人士研究高等院校促进学生关键能力培养的理念、模型和方法。其中有代表性的是"附加方式"和"一体化方式"。

"附加方式"是指在专业课程学习之外,通过额外的、附加的讲座、培训、项目等方式,培养和提高学生的关键能力。这些附加的活动大多由不直接从事专业教学的机构,如大学的学生咨询部门,或者指导学生的就业中心等进行。活动的内容非常丰富,但最多的还是与一般专业能力培养有关的内容,如关于经济知识、法律知识的讲座和培训,关于计算机技能的培训等。

"一体化方式"顾名思义,就是将关键能力的培养与专业课的学习相结合,融为一体,在专业学习过程中培养和提高关键能力。海尔布隆应用技术大学通过项目支持在机械制造专业进行尝试,在专业学习的同时,培养学生自主学习和终身学习能力、团队工作能力以及展示能力。该项目的主要做法是自主学习、合作学习和实践导向的学习。

自主学习是指在学习过程中让学生自己制定学习目标,决定学习内容和学习方法,学生自己对学习过程负责。这就要求学生制定学习计划,了解学习方法,合理安排时间,了解资料和信息来源,并能分析和运用资料达到学习目的。

合作学习的主要内涵是:在学习过程中。如果不仅自己学到了知识,而且还能把自己学到的知识与他人分享,传递给他人,那么,这种学习更具有可持续性。合作学习的做法就是学生结成若干学习小组,在小组中,学生要把自己学到的知识归纳概括,讲解介绍给小组其他成员,并接受小组其他成员的提问。

实践导向的学习就是把学习看做是一个积极的过程,一个用知识解决周围环境矛盾和问题的过程,并在该过程中进一步学习和巩固知识。一般做法是,给出一个复杂的、与实际密切相关的课题,要求学生运用所学知识,找出解决的办法。其特点就是,实践导向。要求学生有很强的动手能力、实践能力,能运用现有的理论知识解决实际问题。

二、英国经验:促进全面发展导向

英国的教育制度和教育传统在世界上都很有影响。但是,英国教育在发展过程中也遇到了不少问题。一方面,英国国内基础教育体制中有些东西已经不适应时代的要求,严重地影响了教育质量的提高;另一方面,世界性教育改革潮流,对英国教育形成了猛烈的冲击。英国的素质教育与其他国家相比,其优势已经不复存在。因此,自第二次世界大战以后,特别是 20 世纪七八十年代以来,英国在基础教育的教育目标、课程教材、教学方法、学校德育等方面进行了全方位的改革。这些改革,几乎全都偏重于追求"全面教育",旨在促进学生在精神、道德、文化、心智、身体等方面全面发展,并取得了令人瞩目的成就。在此选取几个角度作一些介绍。

1. 英国对基础教育目标进行改革,使其更加具体、明确而全面

早在 1944 年,英国为医治战争创伤,采取的重大措施之一就是坚定地进行教育改革.并制定了《1944 年教育法》,在当时确实发挥了不可低估的作用。但由于教育传统和教育体制上的原因,在以后的很长时期政府既没有通过官方文件,也没有经过立法对教育目标作出明确的阐述和规定。因而,不同学校甚至同一学校的不同教师对教育目标在认同上出现了差异性和随意性,导致基础教育目标混乱,教学工作杂乱无章,教育教学质量严重下降。这种情况一直持续到 20 世纪 70 年代中期才开始逐

渐引起人们的重视。

从 1976 年到 1986 年,英国经历了历史上罕见的所谓"教育辩论"时期。其中从 1977 年开始即有了对教育目标的明确阐述。英国工党政府领导的教育和科学部发表了题为"学校教育"的咨询文件,其中列举了英国中小学教育的八大目标。1980 年和 1981 年,保守党政府相继发表了"学校课程的框架"和"学校课程"两个重要文件,将前面的八大目标修改和简化为六大目标,即:帮助学生愉快发展,开启心智,获得探寻、理性争辩和专心工作的能力及体力方面的技能;帮助学生掌握成人生活和迅速变化的就业领域相关的知识和技能;帮助学生有效地使用语言;灌输对宗教及道德价值观的尊重,对别的种族、宗教和生活方式的认可;帮助学生了解他们所生活的这个世界以及个人、群体和国家的相互依存性;帮助学生珍惜人类的成就和期望。这些对教育目标的阐述虽然不具有法律效力,但对于学校却具有直接的指导意义。同时,英国皇家督学团对教育目标的阐述也具有重要影响。这个发表在 1977 年的关于课程的红皮书,具体提出了要围绕学生在八大领域经验(即美与创造、伦理、语言、数学、身体、科学、社会和政治、精神)的学习来实现教育目标。到了 1985 年,又增加了"技术"一项,成为"九大经验领域"。此外,社会团体和组织,如教师工会、家长教师协会等,也纷纷提出更为明确具体的基础教育目标。

在长达 10 年的教育大辩论和政府一系列改革报告的基础上,1987年,撒切尔首相第三任期一开始,政府就宣布教育系统的根本改革将是政府优先考虑的重大问题之一。同年,由教育和科学大臣贝克正式向议会提交了一份《教育改革议案》。1988 年 7 月,议会通过了《1988 年教育改革法》。涉及基础教育的内容主要有:改革教育管理体制,强化中央政府的教育管理权;建立统一的全国学校课程和全国成绩评定制度;赋予家长更多的权利等。这个教育改革法虽然不能解决人们对教育目标认识的差异问题,但由于有了全国统一的课程,因而能够具体体现基础教育的目标,可在很大程度上改变在实践中教育目标混乱的状况。

2. 实行国家课程改革,旨在促进学生全面发展

长期以来,英国的中小学没有全国统一的课程要求。除宗教是法律规定必须开设的课程以外,对所有学校来说,设置什么课程、课程的教学内容和教学方法以及教材的选取完全由学校的校长和教师决定。因此,中小学课程难以衔接,课程要求不高,教学内容陈旧,严重地阻碍了教育质量的提高。特别是 20 世纪 80 年代以来,随着新的科技革命对教育的冲击日益加剧和世界各国教育改革浪潮的日益高涨,提高教育质量,发展科学技术,培养科技人才,已成为世界各国教育改革的宗旨。因此,设置全国统一的、能适应时代要求的学校课程,已成为英国政府、教育工作者、家长及社会各界的普遍一致的要求。

1988 年通过的教育改革法,决定采用国家统一的课程。其主要目的有两点:一是"促进在校学生在精神、道德、文化、心理和身体方面的发展";二是"为学生在成人的机会、责任感和经验方面做准备"。据此,英国设立的国家课程由 10 门学科组成,它们是:英语、数学、科学、技术、地理、历史、现代外国语、音乐、美术、体育。其中,核心课程为英语、数学和科学三门,其他七门为基础课程。可见,英国的国家课程设置十分注重学生的"全面教育"。

3. 改革教学方法,实行"开放教学",让儿童在丰富多彩的活动中获得知识,增强能力

英国基础教育的目的在于发展儿童的基本才能并获得基本知识,培养他们的文明习惯、思想和情操。为此,他们进行的富有成效的教学改革就是"开放教学"。这种教学形式不分年级,也不搞分科教学,没有固定的教材,提倡儿童的自由活动和探索,让儿童在丰富多彩的活动中获得知识,培养能力。教师的任务主要就是为儿童布置环境,在教室的各活动区、"兴趣区"提供必要的活动材料,并且设计各种活动,给儿童解答、帮助或建议,对儿童的活动作观察和记录,收集儿童的作品和其他材料,为每一个学生建立一个档案,定期给家长和儿童本人看,说明他们在各种活动中的进展、成绩与问题。有一位叫吴松弟的教授去英国留学后,谈了他

的感受:英国的中学大多采用启发式教育。例如,对一些课程,教师上课时并不讲授太多的基础知识,而是教给学生学习的方法,然后让学生去自学并收集有关资料。他举了一个例子,历史教师给学生上一堂"城堡"课,整整用了两个月。教师在讲述了罗马帝国时期的有关问题后,就将一份材料发给学生,并要求学生在两个月内完成一篇关于城堡的图文并茂的论文。这篇论文怎么作,由学生自己决定。下发的材料,只是一份供学生参考的长长的书单,至于书单上的书在哪里借、怎么借到,教师一概不管。开放式教学在这里体现得很充分。这种教学方法,不仅充分调动了学生的积极性,而且能培养学生多方面的能力,如观察事物的能力、独立思考的能力、论文写作能力以及严谨的工作方式等。这应该是名副其实的素质教育。

在开放教学中,最有特色的是"小组活动"的教学方法。这种方法是把一个班分成几个小组,由教师提出问题,要求小组成员通过讨论,共同完成,共同解决。其基本做法是:第一,教师将预先规定好的任务或问题,提供给学生,让学生阅读思考;第二,教师要求每个学生在小组内提出自己的设想并与其他同学商讨;第三,教师鼓励学生口头阐述自己的设想,并提出证明自己设想的依据,其他学生则带着怀疑和批评的眼光来评论其设想;第四,教师发下全部材料后再让所有学生阅读、讨论和评价。这种教学方法的优点十分明显,它有利于提高教学效率,有利于深化学生认识,有利于发展学生的理解能力和表达能力,培养学生的合作精神。

4. 进行德育改革,培养理性的、自治的、合格的公民

前面已经谈到,英国是一个有着重视道德素质教育传统的国家。但在当今时代,英国赋予了道德素质富有时代特征的新内容,把培养理性的、自制的、合格的公民作为德育的目标。据此,确定了德育工作的主要内容:一是促进学生道德认识能力的发展,使学生对逻辑推理能够有一般的掌握,并懂得关于物质世界、社会机构等方面的知识。二是提供实行道德练习的机会。具体地说,让学生参与做决定的有关活动,设计一些活动让学生扮演各种生活角色,练习处理道德问题,发展他们的道德判断能

力。在德育的方式和途径上,英国强调社会各界通力合作,并使德育内容
具体化,共同加强学校道德素质教育。

三、美国经验:挖掘个人潜力导向

中美两国的教育有着极为不同的传统,中国的教育注重对知识的积
累和灌输,注重培养学生对知识和权威的尊重,注重对知识的掌握和继承
以及知识体系的构建。相比较,美国则更注重培养学生运用知识的实际
能力,注重培养学生对知识和权威的质疑、批判精神,注重对知识的拓展
和创造。这两种教育表达了对待知识的不同的态度,中国的教育表达的
是对知识的静态接受,美国的教育则表达的是对知识的动态改变。这一
"静"—"动"之间,反映了两国教育不同的特点。

1. 美国的中小学教育

(1)美国中小学教育的特点。

与我国的中小学教育相比,美国的中小学教育存在如下特点:第一,
美国初等教育知识传授水平低、时间迟。以算术为例:美国小学三年级教
授 100 以内的四则运算,只相当于我国小学一年级下学期水平,美国六年
级小学生作文长度及表达能力大体相当于我国小学四年级水准。第二,
课程、教材虽浅,但涉及的面宽。如"科学"课较我国"自然"课内容多,涉
及当代科技基础知识。另有介绍政府、政治等内容的课程。第三,日授课
课时比例小。美国小学生每日在校约 8 小时(包括午餐时间),课堂教学
仅占约一半时间。第四,校内活动丰富、生动。除算术、英语、科学等课程
外,其他课程均以活动形式进行,用孩子和家长的话说,就是"玩",如游
戏、绘画、手工制作、植物栽培、表演等。第五,教学管理气氛轻松。众多
教学科目教师只负责组织,具体的由孩子凭想象去干。例如手工制作,孩
子可利用各种工具、材料"为所欲为",教师不多干预,作品五花八门,别
出心裁。第六,课外作业量少,但有趣。作业形式大都符合孩子的心理,
使其乐于完成。如观察某一现象(像种子在水中如何发芽等)、制作一手
工制品、画一张画、编个故事等。孩子完成的作业虽然幼稚,有的不伦不

类甚至荒诞,但毫无思想制约,体现并开启了孩子们的想象力、创造力。第七,注重培养组织、演说、社交能力。不少活动教师布置后即由孩子自己独立完成。我国驻美机构时常收到美国小学生来信索要有关中国的材料,他们要用这些材料办"展览",作报告,既令人好笑,又发人深思,但从中不难体会到美国小学生的勇气和自信。第八,广泛接触自然和社会。针对孩子爱玩的天性,学校经常组织学生外出参观、旅游,使他们接触自然、认识自然、了解社会。美国的风景区、历史和文化设施均对学生参观优惠。第九,发展个性。美国是政治、文化多元化社会,注重人的个性,学校不以统一模式"铸造"学生,教师对学生"管"得不多,评语多是鼓励性的,以国内观点看,未免有些"放任自流"。第十,爱国主义教育潜移默化。美国小学不开设与我国对应的思想品德教育课程,他们的爱国主义教育通过组织学生参加各种社会活动,参观、访问、了解重大历史事件来进行,不讲很多道理,却直观、形象地从小培养孩子的民族自豪感。

（2）中美中小学教育的比较。

上述分析表明,美国初等教育就其传授的知识水平而言的确低于我国,但人才培养和人才构成要素包括多方面,除知识传授外,还包括能力培养与潜力开发。我国初等教育侧重于知识传授,形成教材深、课时多、作业量大,学生、教师负担重,课余时间有限,课外活动面窄,社会活动单一,学生主要在课堂上靠书本获取知识,共性培养重于个性培养,对孩子以管为主,学校几乎包揽一切。事实表明,这种格局在知识传授上有其可取之处,但在能力培养,尤其是潜力开发上则显得不足。美国的初等教育不过分侧重知识传授（实际上重视不够）,而注重能力培养和潜力开发。根据孩子心理发育特点,适应他们爱玩、好动、好奇的天性,寓教于乐,寓教于玩,使孩子们在玩耍中锻炼了观察、思考和动手能力,充分发展了想象力、创造力和个性。如此培养的学生知识量不及我国的小学生,但实际能力强,后劲足,潜力大,对今后发展、深造明显有利。

（3）对发展我国初等教育的建议。

总体而言,我国小学生知识水平高,美国小学生思维活跃,潜力大。

两者长处相结合,应成为培养人才的最佳途径。为此,建议我国初等教育:"还孩子以童年"。控制课程门数及课时量,削减书面作业,让孩子从沉重的书包下解放出来,有更多的时间、空间按其年龄、心理、兴趣、爱好,自然发展。因地制宜开设更多有益智力、能力、潜力开发的活动,列入教学计划,做到智力、能力、潜力并重,学习、娱乐结合,使以往单一枯燥的教学过程变得丰富多彩,充满情趣。鼓励教师创新教法,破除统一教学模式的传统观念,开创生动灵活、百花齐放的局面。缓解升学压力。我国普及九年义务教育,这个问题在初等教育中不很突出,但目前的重点、非重点学校划分及社会传统观念对教学过程仍有影响,教师、学生承受着很重的心理压力,不利于教学双方主动发展。思想教育不可偏废,但应从实际效果出发,形式多样,潜移默化。加速扩充、更新教学设备,特别是计算机教学。美国孩子计算机能力强,这与美国计算机普及,孩子从小接触有关。对此问题,我们应持培养人才的战略眼光予以重视。

2. 美国的高等教育

(1)美国大学的教学互动方式及其启示。

在美国,教师的任务不是教给学生什么,而是帮助学生构建知识体系。教学过程更重视学生思维的自主性,鼓励学生标新立异。在教学方法上强调"教无定法",教师把学生作为教学主体,鼓励学生参与教学过程,甚至鼓励学生向学术权威提出挑战。在这种自由宽松的环境中,学生会更积极主动地学习,并且把所学知识应用于实践。这种教学实践充分突出了学生的主体参与意识,强调的是唤醒和调动学生的主体意识,倡导和发挥学生的主动性和创造性。它既注重发挥教师在教书育人过程中的主导作用,又充分发挥学生在学习过程中的主体作用。

而在我国,不少教师在教学过程中唱"独角戏",仍然采取"填鸭式"的教学方法。教师讲得汗流浃背,学生听得昏昏欲睡,教师对此感到费解,学生也觉得索然乏味。这种"我怎么教,你怎么学"的教学方式,不仅违背了教与学的初衷,更使学生的综合素质和终身学习技能大打折扣。在此,我们可以借鉴美国大学的教学方式,针对不同的学生群体采取不同的教学方式、策略和技巧,广泛采用"自由讨论式""自主研究式"等科学的教学方法,让师生在思想交流的"碰撞"中产生"火花"。培养学生学习的主动性、创造性、求异性和挑战性。

(2)美国大学对学生的评价标准及其启示。

美国人性格中的一个普遍特点就是总是对自己充满信心,并喜欢表扬和鼓励他人,反映在高校中就是美国教师对学生的评价标准比较笼统,认为每一个学生经过自身努力都能够成为有发展潜力、并能在自己感兴趣的专业领域作出成绩的好学生。因此,美国高校在考核学生时更强调学生的创新能力和分析问题、解决问题的能力。同一考试题往往没有唯一的答案,而是要求学生尽可能发挥想像力和创造力,即使是"异想天开",只要能言之有理或自圆其说,就能得高分。

而在中国高校中,考试仍然是教师考查学生学习情况的主要"武器",分数仍然是学生的"命根儿"。考试更注重学生的记忆和描述能力,而且只有那些学习成绩好的学生才是教师心目中的好学生,而学习成绩一般、但在其他方面具有某种"小聪明"的学生则被归入另类。这种片面的评价标准不知抹杀了多少学生的创造性、积极性和上进心。

(3)美国大学的师生关系及其启示。

师生关系平等和谐,等级观念荡然无存,这就是美国大学师生关系的现状。在美国高校里,师生关系平等、和谐和融洽。学生称呼老师为先生、夫人、女士、小姐,亦可直呼其名。教师不以官员、长辈、专家自居,学生对老师也没有低下、从属和服从的观念。学生在学业方面固然要尊重教师的指导,教师也一样要尊重学生的人格和劳动,如果教师在制度规定范围之外要占用学生的时间,理所当然要付报酬。这种平等和谐的关系能促进心理平衡,有利于情感交流,而这正是教学过程顺利进行、教学效果得到保障的前提。只有平等相待的人际关系,才能使人心悦诚服,才能使人得到精神上的鼓舞和个性的张扬。笔者亲身经历的事例是,教师从不公布学生的考试成绩,学生的考试成绩未经学生本人同意,则任何人或机构不能查看,哪怕是学生的父母。这体现了美国大学尊重学生的人格,尊重学生的隐私权,把学生作为具有平等人格的人来对待。

以儒家教育为核心的中国教育传统强调顺从,价值观念中渗透着等级、专制、集权、服从等,强调的是群体价值,注重人的心性修养和外在规范约束。当今我国高等教育也强调"以学生为本",要求平等地对待每一个学生,但目前在大学的各项活动中,仍没有很好地得到体现。我们应该借鉴美国大学中的师生关系,提倡人格平等,倡导"以人为本",重视学生的个性发展,把学生当做"成人"看待,尊重学生的意见,积极为学生创造个性鲜明、全面发展的条件和机会。鼓励学生大胆创新,敢讲他人未讲的话,敢做他人未做的研究。那种缩手缩脚、不创新、不发展和唯老师观点是从的学生应该越少越好。

四、日本经验:鼓励培养个性导向

第二次世界大战后,面临各个方面百废待兴的局面,日本坚持把教育作为立国之本,把教育权作为基本人权规定在宪法中,并在教育目的、教育行政、学制、师资培养等方面进行一系列改革,排除军国主义和极端的国家主义教育,以实现教育民主化为基本宗旨,以完善人格,尊重个性,实现教育均等为基本内容,在很短的时间内,实现了日本教育的恢复、改造和快速发展,为日本经济在20世纪六七十年代起飞打下了坚实的基础。其很多作法对今天中国教育的改革与发展仍具有借鉴意义。

1. 为适应经济发展的需要,近代日本曾先后进行过3次大的教育改革,其中二战后进行的个性教育改革,对我国当前实施素质教育有着尤为重要的理论和现实意义

首先,日本个性教育的基本含义是个性不是生来俱有的,而是后天形成的。个性教育对于调动人的内在的积极因素和潜力、最大限度地开发人的能力、促进人的全面发展、进而推动社会发展和增进人类福利有着重要意义。个体(个性)的全面的发展,日益成为教育的基本课题,在不同的场合以不同的方式不断地被提出和强调。随着社会的发展和科技的进步,个性教育的重要性也日益突出。日本正是在这种大的环境下,顺应时

代和国内的要求,进行个性教育原则的改革。第二次世界大战之后,随着
国内实行的资产阶级民主化改革,在教育民主化趋势的内在要求下,日本
在全面进行教育改革的过程中,根据国内民主改革的实际情况和教育中
存在的划一性、死板性、闭塞性等问题,突出地提出了尊重个性、发展个性
和实行个性教育的原则,即发展个人能力,根据个人能力和个性给予受教
育的机会,主张将这一原则贯穿于教育的各个方面。基本内容包括:首
先,在教育的目的上,强调尊重学生的个性和发展学生的个性。他们认
为,所谓个性,不仅仅包含每个人的个性这种狭隘的意义,还包括家庭、学
校、地区、企业、民族文化和时代的个性等。这里强调的个性,并不是自由
放纵和无组织、无纪律、不负责任等,而是在明确责任的前提下,扩大选择
的自由和各自的特色。对于每个人来说,就是要求具有鲜明的个性,善于
独立思考,有主见、有韧性、有活力。对于家庭、学校、企业、地区、国家来
说,则要求灵活、独立发挥各自的优势,办出各自的特色,而并非要求一个
模式,千篇一律。

最后,在教学组织上,要求给学生和教师最大限度的自由。共性存在
于个性之中,个性表现又极大地丰富着共性。没有个性就没有共性。如
果每个人、每个单位、每个集体的个性都得以最大限度地发挥,那么,势必
汇合成巨大的活力。因此,战后日本要求在教育中把重视个性原则作为
最基本、最重要、贯穿一切的原则。当时,日本的文部大臣前田在 1945 年
召开的全国教育工作会议上强调指出,新教育应当始终以个性的完成为
目标,因此,必须尊重自由,打破划一的教育方法,由各教育机构和教师自
由地开动脑筋创新路子。

2. 日本个性教育原则对我国素质教育的启示

启示之一:素质教育的本质特征是培养具有健康、丰富个性的创造性
人才。前国家教委副主任柳斌曾把素质教育定义为:面向全体学生的教
育和对学生进行全面教育的教育。笔者认为,这只是素质教育的外在表
面形式,其本质特征(素质教育的教学目标)应是培养具有健康、丰富个
性的创造性人才。我们进行素质教育,其目的是全面提高人的素质,为社

会培养高素质的人才。高素质的人才不是简单地重复别人的想法和做法,而是在原有的基础上有所创新和突破,只有这样的人才才能符合时代的要求,才能推动社会的不断进步和发展。所以说,人的本质特征是创造。良好的个性意识和个性能力强烈地影响个人创造力的发展,是人才成功的关键因素之一。所以说,健康、丰富的个性是创造性人才所具备的最重要的因素之一。培养学生的全面素质,特别是培养学生的创造才能和应变能力,就必须促进学生的个性发展。个性的核心内容是主体性与创造性。素质教育之所以要把培养学生健康、丰富的个性作为首要目标,原因就在于:个体的主体性是个人生活的灵魂,没有个体的主体性,就谈不上自我选择。而自我选择是个人价值的自我确证(有选择才有自主的尊严),是个人自由也是社会自由的保证。发展学生个性的另一重要方面是发展创造能力。不重视发展学生的个性,学生的积极性、主动性不能得到充分发挥,创造才能就难以形成。而且随着计算机及多媒体技术的广泛应用,21 世纪的教学将更注重发挥学生的积极性和主动性,实施因材施教,并注重对学生个性发展的正确引导。个性教育,进一步说是创造性教育,是素质教育的核心内容,它反映了素质教育的本质特征。

　　启示之二:尊重自由与人格是进行素质教育的前提条件。独立、自由是人格独立的重要标志,人格的独立和尊重是一个人个性是否健康形成和发展的重要实现条件,因此,也是能否实现素质教育的前提条件。但是长期以来,我们的教育一直比较重视对共同价值观念,共同的行为准则和集体意识的宣传培养,却相对忽视了个体意识品质和独立自由精神在提高人的素质特别是创造精神和创造能力方面的意义与作用。统一教材、统一教学方法、统一答案、统一的价值观念和行为准则,把富有生命力的学生变成一个模式,在这种模式之下,学生的爱好和丰富的想象力受到限制,学生提出质疑或探求与教师不同答案,被老师认为是叛逆或大逆不道,被老师歧视,同学们嘲笑,这些都严重地挫伤了学生的学习积极性,伤害了他们的自尊心。在这种模式下,使一大批富有想象力,善于思考,富有个性和独创性的学生被扼杀,而素质教育就是要改变这种传统教学方法,在最大限度上尊重学生的自由和人格,尊重学生的兴趣和爱好,鼓励学生积极主动思考,善于质疑。

启示之三:因材施教是实施素质教育的重要手段。真正调动学生学习的积极性、主动性,挖掘学生的潜能,做到各尽其才,使每个人的素质得到全面提高,必须因材施教。这虽不是新提法,但它却是实施素质教育的有效的重要手段。因材施教,教师是关键,他必须做到以下几点:第一,调查研究,全面了解学生的情况。学生好比一本书,只有你读懂他,才能真正理解他,只有你理解了,才能真正热爱他,只有你热爱了,才能真正奉献你的所有。要想读懂学生这本书,首先必须全面了解学生的情况,其中包括学生的成长环境、性格特征、兴趣、爱好、优点、缺点、思维方式等情况。教师要通过课堂教学、课外活动、家访等活动对学生进行全面了解,综合各种情况,并运用一些科学的方法手段进行量化评定,对学生作出一个客观、全面的评价;要随时对学生的情况进行登记,并建立学生综合情况档案,以便准确、客观、随时地掌握情况,作出正确估价,有针对性地组织教学和课外活动。第二,创设自由、宽松的教学环境。要真正发挥教师在教学过程中的主导地位,学校必须给教师一个自由、宽松的创造空间,让教师真正研究教材,并深入了解、掌握学生的基本情况,在教学过程中做到传播知识与挖掘学生的潜能、发挥学生特长和提高学生全面素质相结合;同时,必须改变过去"应试教育"条件下,仅仅把学生升学率的高低作为对教师教学成绩考核评估、晋升职称和提高福利待遇的唯一条件和重要依据。对教师的评估考核和提拔、晋升,要全面、客观,要把是否积极实施素质教育,是否因材施教和对学生全面成材的量化考核结果,作为重要条件。只有这样,才能真正调动教师教学的积极性和创造性,才能使因材施教落实到教学中,并在教学中真正实施素质教育。

日本素质教育小中见大

日本的科技发达,固然与政府重视科学,重视人才有关,更重要的是日本把素质教育贯穿在儿童的日常生活之中。

日本十分重视儿童的礼仪教育。孩子文明礼仪行为已成为他们的习惯，孩子在吃饭前必须说一声"那就不客气了"，孩子每一次出门都要向父母说一声"我走了"，回家后还要说一声"我回来了"。

日本十分重视儿童的自立教育。日本家庭从小培养孩子自立、自主精神，大部分家庭要求孩子做家务劳动，包括吃饭前帮忙做饭，让孩子自己整理房间，让孩子自己买东西等。而中国的孩子从小娇生惯养，一切都是包办代替，大部分孩子过着衣来伸手、饭来张口的生活。即使长大成人以后，很多家长仍借助手中权力，或通过各种关系为他们安排舒适的工作，或为子女的结婚倾家荡产，债台高筑。所以中国的孩子依赖性较强，自立、自理能力和动手能力都较差，直接影响到工作的创造性。

日本十分重视儿童的抗挫折教育。日本的孩子走路摔倒时，父母从不去扶他起来，而中国的孩子跌个跟斗，碰破点皮好像就不得了，家长赶紧把孩子扶起来，还要对不会说话的门槛、地面发一顿火，狠狠地敲打几下，以此来哄孩子，结果导致孩子长大后，一是犯了错误往往嫁祸于人，二是经受不了失败的挫折，产生的心理问题也比较多。

日本十分重视儿童的创新教育。日本的家庭教育从小重视对孩子创新意识的培养，重视培养孩子的好奇心和冒险精神，鼓励孩子有独立的想法，家长经常带孩子到科技馆去借阅图书，做各种创造性游戏，开发孩子的想象力。日本父母很重视对孩子动手能力的培养，给孩子多做组装玩具，鼓励孩子从不同的角度去拼装各式各样的玩具模型，加强孩子的动手能力和创造性。而中国的孩子只注重书本知识教育，对孩子的好奇心，往往采取扼杀态度，上课不准讲话，不准提出不同观点，从而导致思想模式的僵化，因而也少有创新精神。

舐犊之心人皆有之，但父母并不能跟子女一辈子，真正的关爱还是要教会他们做人之道和自立自理的能力。①

第三节　国外国防教育与素质
教育的关系研究

国外国防教育与基础教育、高等教育最大的不同点是,对受教育者的培养过程,强调自觉性和强制性的辩证统一。它既激发受教育者的学习动机,调动积极性,使其自觉地接受教育,搞好训练;又靠强制的力量,达到教育训练的标准,实现教育训练的目标。不难看出,国外国防教育是全面推进素质教育的不可替代的重要环节。在国外国防教育中不仅要注重培养学生的国防意识,增强学生的国防知识和技能,更要发挥国防教育学科的特点和优势,在"综合育人"上下功夫,以促进学生全面发展,从而提高学生在各种场合自觉维护国家利益的能力。

一、关系之一:思想政治维度

国外国防教育与素质教育在高校人才培养中,具有很强的思想政治教育功能。主要表现在政治教育、思想教育、道德教育三个方面:

1. 国防教育是政治教育的有效途径

在德国,规定19岁以上的青年学生必须接受军事体育训练,大专院校更是将军事课列为学生的必修课,进行严格考核。作为刚走进高等学校大门的大学生,军事训练和军事理论是他们接触的第一堂课。对大学美好的向往和初来校园的喜悦都融入到每天例行军事行为的培养过程中,对于部分大学生来说,许多人还不能从心里接受和理解,甚至有的人还产生抵触情绪和对抗行为。如何化解这些阻力,就要求高校国防教育

---

① http://www.jxsedu.com/Read_EduNews.asp? EduNewsId=3910.

必须针对性地开展多种多样的国防教育工作,通过报告、讲座、参观等形式,帮助学生了解国际形势、国家的基本国情、国家曲折的发展道路,从而在政治教育上达到新的突破,从单一课堂形式走向全方位的情景教育形式。还可以通过座谈会、文体活动开展学生之间的交流,学生和教官之间的交流,学生和社会之间的接触,使学生能够正确对待当前社会中出现的种种问题,能够形成正确的人生态度。高校国防教育的推进对于高校政治教育的意义非常重大,能够启发大学生对如何树立远大理想,如何实现人的全面发展等问题产生共鸣,为调动学生的军训积极性奠定基础。

2. 国防教育是思想教育的有效载体

思想教育即世界观、人生观和价值观教育。世界观教育包括科学的思想方法论和现代思想观念的教育。人生观教育包括科学的人生理想和信念教育,正确的人生价值观教育,爱国主义教育,民主、自由的思想教育等。大学阶段,是学生确立科学世界观、人生观、价值观的重要时期。以爱国主义为核心的国防教育,以其强烈的思想性和特有的教育方式,使大学生在增强国防观念的同时,思想教育方面也有明显提高。

3. 国防教育是道德教育的有效渠道

道德教育包括优秀的伦理道德传统教育、善与恶、美与丑、是与非的教育,遵纪守法和克己奉公教育。国外国防教育是高校进行道德教育的有效渠道。高校国防教育中的军事技能训练,通过日常的军训体验,从自身的着装统一到训练中的步伐、队列统一,从宿舍的小物件的摆设一致到人人的作息时间一致,使大学生从一点一滴的小事做起,严格的军事化要求极大地增强了大学生的组织纪律性,通过这种强化纪律训练、军队条令教育和军事化管理,初入校园的大学生能够养成良好的遵纪守法的观念,养成一切行动听指挥的纪律意识,养成良好的作息规律和严谨的生活作风,从过去的自我中心意识到集体、团队意识的确立,使校园中的学生风纪大大提高,为整个学校的良好道德风气培养形成了氛围,越来越多的大学生乐于助人、见义勇为,从而证明了高校开展的国防教育是道德教育的有效渠道,是弘扬传统道德的有力举措。

二、关系之二：文化素质维度

随着科学技术的发展，传统的人文教育逐渐被专业技术教育所取代，虽然在高校教育中一直提倡德、智、体、美全面发展，但在教育实践中，实用主义色彩严重，往往重"才"而轻"人"，重"专业"而轻"人文"，忽视了人的个性、理智的培养，导致片面发展甚至畸形发展的结果。然而，"没有科学技术进步，人类将永远愚昧落后；没有人文教育，人类将堕落至科技带来的文化黑暗与社会灭亡的深渊"。1996 年国际 21 世纪教育委员会在《教育：财富蕴藏其中》的报告中，提出了对 21 世纪教育战略思考的行动建议，为了可持续发展的总目标，人类不能没有对道德理想和精神价值的渴望和追求，因此，教育的使命就是根据各国的传统和信念，在充分考虑文化多元的情况下提高个人的思想境界，以获得普遍的价值并在某种程度上超越自己。可以看出，加强人文素质教育，促进学生全面提高，已成为世界各国的共识。

文化素质培养工作的重心主要是提高综合素质水平、增加实践能力、激发创新意识、培养创新能力，国防教育对推进这一工作具有重要作用。一部漫长的人类文明史，无时无处不闪烁着智慧的火花。从战天斗地，赢得生存，到治理国家，民族振兴；从统军作战，克敌制胜，到发展经济，驰骋商海；从外交斡旋、体育竞争，到统御之术、人际交往，综合素质所起的作用和影响，常常很难以物质的价值来衡量。因此，对大学生进行综合素质培养，是国家实施素质教育的重要举措与要求，是高校国防教育的价值取向之一。在高校国防教育价值体系中，文化素质教育是其他教育价值的基础和前提。

1. 高校国防教育内容的综合性、广泛性可使大学生获得全面而丰富的知识

国防教育是军事学与教育学相交叉而产生的新兴的综合性学科。由于国防结构的多维性和斗争形式的多样性特点，决定了国防教育内容的广博性、全面性。为满足国防建设和斗争的需要，培养合格的国防人才，国防教育的内容必然要涉及社会科学、自然科学和技术科学等众多领域。

涉及管理、教育、天文、地理、数学、物理、化学、生物等诸多方面的科学知识和技术知识,还要涉及与军事直接有关的越野、射击、刺杀、投弹、驾驶、救护、航海、跳伞等知识和技能教育、智力教育、体质教育。

在学习过程中,应掌握一些基本的战略战术,如"上兵伐谋"、"以全争于天下"的全胜论,"不战而屈人之兵"的威慑论,"度势"、"料势"、"为势"的"胜可为"论,"先人有夺人之心"和"兵贵先"的先发制胜论,"后人发,先人至"的后发制胜论,"制人者,握权也,见制于人者,制命也"、"致人而不至于人"的掌握战争主动权论,"战势不过奇正,奇正之变,不正胜穷也"、"善用兵者,无不正,无不奇,使敌莫测"的奇正相变论,"我专而分敌,我专为一,敌分为十,是以十攻其一也"的"以众击寡"论,"避其锐气,击其惰归"、"以治待乱,以静待哗"、"以近待远,以逸待劳,以饱待饥"、"无邀正正之旗,勿击常常正正之阵"的"治气"、"治心"、"治力"、"治变"的四治论等等。① 大学生在学习过程中要深刻领会谋略思想的精髓,正确把握各种战略战术的核心。

由此可见,大学生通过国防教育的学习、训练,一方面可以熟悉和掌握军事思想、军事科技、高技术战争及其特点、国防史等军事理论和军事科技知识,开阔他们的知识视野,丰富其知识面,这本身就是文化素质提高的一个表现。

2. 军事科技的前瞻性、高端性,可使大学生增加高科技知识容量和智力资本

人类社会发展的历史已经充分证明,许多先进的科学技术都是首先用于军事领域,反过来军事斗争又大大地促进了科学技术的发展。从军事科学自身的角度来讲,它是集自然科学与社会科学于一体的综合性科学。著名英国军事理论家亨利·劳埃德(1729—1789)曾经说过:世界上没有比军事科学更难的科学了。作为一名职业军人来说,要想在军事领域做出成就,必须努力学习和掌握科学知识。而作为一名大学生来说,学

---

① 参见罗友礼:《国防理论》,军事科学出版社2003年版,第35页。

习军事科学对丰富自己的知识体系,开发自己的智力资源,同样具有十分重要的作用。

高校国防教育的主要形式是开设军事理论课和进行军事技能训练。开展这一教育对大学生的智育特别是拓展学生的知识面以及校正人生方向具有指导作用。一般来讲,高校学文科的学生形象思维比较好,学理科的逻辑思维比较好,学哲学的辩证思维比较好。但在军事科学中,要想做到"横扫千军如卷席",必须在运筹战争的谋划上有善于纵横跨越的形象思维,在战争的指导上有符合战争规律的逻辑思维,在战争的指挥上有应对瞬息万变的辩证思维。军事科学是形象思维、逻辑思维和辩证思维的统一。通过军事知识的传授,能有效地增加学生的知识容量,扩大学生的知识视野,提高学生的文化素质。

军事斗争的对抗性、残酷性和复杂性,孕育了军事思维创造性的特点。创造性思维是创造意识和创新能力的源泉和动力,所以大学生学习军事科学,不仅有利于开阔视野、提高军事素质,而且有利于打破学习其他科学的思维定势,拓展思维空间,从而提高创新意识和创新能力,促进智育发展。

三、关系之三:身心发展维度

美国著名的人格心理学家奥尔波特制定的心理健康标准是:力争自我成长;能客观地看待自己;人生观的统一;有与他人建立亲睦关系的能力;人生成长所需要的能力、知识与技能的获得;具有同情心,对生命充满爱。著名的心理学家马斯洛也提出了10条心理健康的标准:充分的安全感;充分了解自己的能力并能作适当的估价;生活目标能切合实际;与现实环境能保持接触;能保持人格的完整与和谐;具有从经验中学习的能力;能保持良好的人际关系;适度的情绪表达及控制;在不违背团体要求前提下,能适当满足个人的基本需求;在不违背社会规范前提下,能适当满足个人的基本需求。目前在我国比较有影响的心理健康标准为:智力正常;情绪健康;意志坚强;行为协调;人格健全;人际关系和谐;能积极地适应和改造现实环境。然而,随着经济社会的快速发展,人才竞争日趋激烈，人们所承受的压力越来越大。大学生作为未来高素质、高层次的人才，在面临更多机遇和挑战的同时，也承受着更大的心理压力与冲突。可以说，在提升"学生文化素质的同时，注重学生的心理健康发展"已成为当前学校培养体制与发展的重要课题。而高校国防教育中的军训形式能够增强学生适应环境的能力、提高学生的自制能力、培养学生坚忍不拔的毅力、培养学生爱军尚武、艰苦奋斗和乐于奉献的精神，这对帮助大学生克服心理脆弱、思想波动等心理障碍，增强自信心有益，因此成为高校培养大学生健康心理的重要方式和途径。

1. 国防精神对大学生的心灵震撼与陶冶作用

国防精神是国民关心和维护国家主权、安全和尊严的观念、意志、情绪和状态的总和。它主要包括爱国主义、自我牺牲、无私奉献、艰苦奋斗、爱军尚武、自强勇敢等精神，其中爱国主义精神是核心和灵魂。这些精神正是治疗大学生心理疾病的"补药"、"良药"和"强心剂"。国防精神属于人文精神的范畴，而且现实地处于人文精神的高端地位。

证明国防精神动力特征的典型实例莫过于西点学校闻名于世的校训："责任、荣誉、国家"，这是影响美国200年国运的三个关键词。曾毕业于西点、担任过西点校长的麦克阿瑟，1962年回西点接受塞耶荣誉勋章时发表的著名演讲生动而深刻地阐释了这种伟大精神的强大动力。他说："责任、荣誉、国家，这三个神圣的名词庄严地指出：你应该成为怎样的人，可能成为怎样的人，一定要成为怎样的人。它们将使你精神振奋：在你勇气消失的时候鼓起勇气，信念动摇的时候恢复信念，希望渺茫的时候燃起希望。……这些名词的确能做到培养你们的基本素质……这种信念赋予你们坚强的意志，丰富的想象力，激越的感情和永不枯竭的生活源泉，永不怯懦的英雄气概和永不熄灭的希望。这种信念赋予你成就感和未来志向，以及生活的乐趣和灵感，把你们塑造成为军官和绅士。"这篇只有三个关键词的演讲，像一颗明珠，镶嵌在《美国陆军军官指南》的篇首；又像一面战鼓，激励着美国公民和美国军人。

这充分说明，人文精神特别是国防精神，是其人生的指向之灯和力量之源,它决定每个人的成长道路及其社会示范意义。人文精神的动力特性能把普通的血肉之躯所具有的能量发挥到某种极致。毛泽东曾经说过:人总是要有点精神的。这种精神来源于对生命本质和人生目的的正确认识与自觉把握,它是直接影响个人生命进程的强大的内在驱动力。国防教育中的这些精神一旦为大学生所理解、认同和接纳,就会内化成他们的实际行动,使其重新振作精神,放下原来带给他们的消极的思想包袱,轻装前进,紧跟时代的步伐。

2. 国防教育对大学生身心健康的促进作用

身心健康的内容主要包括智力正常、人际关系良好、能正视现实和自我、情绪乐观、意志坚定、人格健全、与社会协调一致,心理健康状况决定着人们潜能的发挥程度,在某种程度上影响人的一生。而国防教育可以促进大学生包括自信、自爱、自尊、自律、自强、自立精神,坚强的意志和毅力等方面的发展,是培养大学生健康的人格、奋发进取和勇于开拓创新精神以及锻炼心理承受力的有效方式。

现代的大学生大多数从小生活在良好的生活环境中,没有经历过艰难和困苦的磨炼,普遍缺乏挫折教育和吃苦耐劳的精神。不少学生对家庭、学校有强烈的依赖性,进入大学校园后出现了一些不适应,如不会自己洗衣服,不会收拾房间,不会和同学相处,学习缺乏主动性等,这些现象都说明了目前家庭教育和基础教育的缺陷,往往只在乎孩子的学习成绩,而不重视对孩子心理品质教育,这对于个人的全面发展是很不利的。温室里的花朵一遇到狂风暴雨就会折断。因此,在大学的第一课接受国防教育的熏陶是非常重要的,能为大学生的心理承受能力、抗压能力、受挫折能力等心理品质的培养打下良好的基础。首先,军事技能训练中要求的严格的纪律约束、严格的动作标准、严格的操作规程、严格的生活管理,加上长时间、大强度的训练过程,让许多大学生第一次体会到辛苦,体会到军人在部队中的艰辛,也体会到其他劳动者的苦和累,锻炼了他们顽强的意志力和战斗力。教会了他们为了集体利益如何牺牲个人利益,如何在困难面前确立不言败不放弃顽强拼搏的精神,从而培养自己自强不息、勇往直前的勇气和信心。其次,高校国防教育是给大学生上的第一节挫折教育课。现在的学生对于成功与失败的了解往往是书面化或是肤浅的,有的学生一次考试一次比赛失利,精神就萎靡不振,一蹶不振,这种成败观对青年成长是非常有害的,如果不能早期进行教育和纠正,很可能会导致后来的学习生活中出现更大的问题。在青少年的成长中应该进行适当的挫折教育,高校国防教育无疑是最佳方式之一。通过日常的军事训练中的摸爬滚打,每天军事理论的学习,让他们发现自身的缺陷与特长,在国防教育中各式各样的项目比赛和竞争让他们面对成败不骄不躁,了解今天的得失不等于明天的得失,只有时刻锻炼,时刻准备,以最好的心理去接受挑战,接受成败,才是正确的人生态度。最后,目前高校中大学生的心理健康也是一个极需关注的社会问题。2004 年的云南大学马加爵杀人事件给全国高校的德育工作敲响了警钟。现在各地的一些高校中也时常出现大学生自杀、犯罪等事件,社会上的各种思潮在高校中流行,如何使大学生正确地面对这些不同思想,如何分辨是非对错,如何保持一颗乐观、积极、纯洁的心灵,是每一位教育工作者应该思考的问题。国防教育除了给每位大学生送来国防思想与国防理论,还能给每位大学生带来心灵上的宁静与思想上的坚定,它为学生的心理品质教育的培养提供了合适的土壤。优秀教官为他们树立了学习榜样。在每天苦累交加的军事训练中,他们体验了军营生活的欢乐与激情,不论成功或是失败,都学会了以乐观向上的积极心态去面对结果。国防教育中提倡全心全意为人民服务,把自己的理想、前途、命运同国家、民族、人民的命运紧密联系起来的奉献精神,是高校塑造人的心理品格的重要内容。现代军人全心全意为人民服务的精神以强烈的说服力和榜样作用打动了参加军事理论学习和训练的同学,同学加深了对当代军人的理解和热爱。这是在高校进行国防教育的最深远的价值所在。

四、关系之四:实践创新维度

军事领域是最富创造性的领域。要打赢未来高技术条件下的局部战争,必须依靠大批具有创新精神和创新能力的高素质军事人才,在继承的基础上,创新军事理论、战略战术、军事技术和武器装备。因此,应把创新教育作为军事教育的灵魂,把创新人才的培养作为高校十分紧迫的战略任务。

1. 国防知识的综合性和复杂性,有利于促进学生智力开发和实践创新能力的提高

在信息化、网络化发展迅猛的当今世界,社会生产对劳动者劳动技能的要求是以智力和知识为主,而不是以体力为主。未来战争在很大程度上也是智力的较量,人才资源的较量。一些学者把智力资源列为独立于物质资源、知识资源之外的"第三资源",许多国家更是把开发智力资源作为本国经济腾飞的突破口。可以说,在现代战争中,一支军队军事素质的优劣,战斗力的强弱,都与智力资源开发利用的程度有密切关系,智力资源已成为左右战争胜败的一个重要因素。知识就是力量,从某种意义上说,智力就是战斗力。随着科学技术的发展及其不断应用于军事领域,战争的大舞台日新月异,对军人的智力水平也提出了更高的要求。战争作为一个充满危险、劳累、偶然性和不确定性的特殊领域,军人智力则只能在危险与劳累、电子对抗与导弹发射这种你死我活的搏击中施展。高技术局部战争要求军人的智力资源能在极短时间内释放出最大能量,而且军人的"智力之箭"一旦射出,就绝无"失败了再来一次"的可能。现代战争要求每一位指挥员都要具有在极短时间内力挽狂澜的智慧。军事斗争的残酷性和复杂性,孕育了军事思维的创造性特点,而创造性思维正是创新意识和创新能力的源泉和动力。面对军事科学的创新性、尖端性,现代战争的严酷性,军人职业的崇高性以及智力开发的紧迫性,必将对当代大学生产生强烈震撼,乃至成为他们在专业领域内探求真理、献身国防及勇攀科学高峰的精神动力。

2. 国防教育的精武意识,有效激励学生对新知识领域的探索

在高校国防教育中,要求大学生具备精武意识主要体现在军人作风、忧患意识和必胜信心等三个方面。培养大学生的精武意识,就要使大学

生通过军事教育训练,树立军人作风。军人以服从命令为天职,严守纪律是革命军人的必备品德。古人云将受命之日当忘其家,临阵之日当忘其亲,击鼓之时当忘其身。在现代战争中,军事行动的协同更加密切和严格,现代战争呈现出明显的整体化趋势,武器装备的精密程度和战争的激烈性、复杂性和艰巨性,要求军队的组织纪律更加严明。依靠集中统一的指挥,严明的军纪法规,才能协调千军万马,充分发挥整体作战优势。培养大学生的精武意识,就要强化大学生机遇与挑战并存意识。新军事革命为我军未来作战和建设提供了难得的发展机遇,有利于推动我军实现由机械化向信息化的跨越式发展,缩短与西方发达国家的差距;但更多的是挑战,因为新军事革命促进了西方强国军事的快速发展,同时助长了其霸权主义嚣张气焰,我国国家安全因此而受到威胁。西方强国不愿意看到中国的富强与统一,对我国综合国力迅速增长感到恐惧,竭力鼓吹"中国威胁论",散布西方世界必然会与中国发生冲突的谬论,主张西方世界联合起来遏制中国。在这种背景下,大学生要将对祖国的那份爱国之情和发自心底的那份忧虑之心,化为自己专业学习和工作的动力,坚定专业学习的信心,发愤图强,打牢基础,刻苦钻研高新科技,响应党和国家的号召,积极投身于现代军事科技和国防建设之中。

第五章 高校国防教育与思想政治素质教育的关系

当今世界的竞争，是国家综合国力的竞争，是国家经济实力、科技实力和民族凝聚力的竞争，但归根结底是国民素质的竞争。高校是国家培养社会主义事业合格的建设者和接班人的主要阵地，人才的培养质量和综合素质的高低直接影响到国民素质的高低，对国家繁荣和民族振兴起着至关重要的作用。在人的思想政治素质、科学文化素质、身心素质和创新实践素质等诸多素质之中，思想政治素质起着支配和主导作用，是个体综合素质的核心和灵魂。因此，准确掌握大学生思想政治素质的内涵和现状，科学分析高校国防教育与思想政治素质教育的内在联系，积极探寻国防教育与思想政治素质相互促进的实现路径，对高校国防教育、思想政治素质教育和人才培养起着非常重要的作用。

第一节 大学生思想政治素质的内涵与现状

思想政治素质在人的素质中处在核心和主导地位。古人所谓"德为才之帅"就说明了古人对思想政治素质的重要性有了准确的认识。中国共产党一贯重视思想政治工作,思想政治工作是我们党的"传家宝"。毛泽东在党的"七大"政治报告中就指出:"掌握思想教育,是团结全党进行伟大政治斗争的中心环节。"①江泽民在第三次全国教育工作会议上的讲话中也强调指出:"思想政治素质是最重要的素质。不断增强学生和群众的爱国主义、集体主义、社会主义思想,是素质教育的灵魂。"②为更好地了解大学生思想政治素质,本节将从基本内涵、主要特点、现状分析三方面进行阐述。

一、基本内涵

我国高校德育大纲规定:"德育即思想、政治和品德教育。"③"德育与思想政治教育都包括思想教育、政治教育和道德教育"④,其根本目的是不断提高人们的思想政治素质。思想政治素质主要指一个人如何认识国家和社会的前途与命运以及如何去解决这些问题的观点、看法,它包括思想素质、政治素质和道德素质。当前我国青少年思想政治素质的总体要求是:做有理想、有道德、有文化、有纪律的共产主义事业接班人。

1. 思想素质

思想素质是根本因素,是个体综合素质的核心。它代表一个人的世界观、人生观、价值观,包括马列主义理论水平,思想政治觉悟,执行党的路线、方针、政策的自觉性,唯物辩证的世界观,科学求实的思维方式。思想素质教育要求大学生自觉加强世界观、方法论教育,努力学习掌握马克思主义的基本理论和基本观点,并用科学的、发展的眼光看待马克思主义,在实践中不断丰富、完善和发展马克思主义;通过理论学习和实践逐

---

①　《毛泽东选集》第三卷,人民出版社1991年版,第1094页。

②　《江泽民文选》第二卷,人民出版社2006年版,第332页。

③　《普通高校德育课程文献选编》(1949—2003),中国人民大学出版社2003年版,第162页。

④　郑永廷、江传月:《主导德育论——大学生思想政治教育一元主导与多样发展研究》,人民出版社2008年版,第3页。

步形成正确的世界观、人生观和价值观,并以它为指导去解释、回答现实生活中存在的各种矛盾和问题;掌握正确的思维方法,重视辩证思维能力的培养。

(1)世界观。

世界观是人们对于世界的总的看法和根本观点,是人们对世界本质、人与周围世界的关系、人在世界中的地位和生存价值等一系列观点的总和。[1] 世界观是社会存在的反映,是人们在实践活动中逐渐形成的。世界观分为唯心主义和唯物主义两种。唯物主义主张物质第一性、精神第二性;唯心主义主张精神第一性、物质第二性。马克思主义世界观属于唯物主义世界观,是辩证唯物主义与历史唯物主义的有机统一,是科学、正确的世界观。

(2)人生观。

人生观是指人们在实践中形成的对人生目的和意义的根本看法与观点。[2] 在漫长的人生中,每个人都会遇上很多人生的问题,从而形成自己的观点,如人究竟为什么而活、怎样才能活得更有意义等。由于社会历史条件的不同,形成了不同的人生观。有追求物质和享乐的享乐主义人生观;有认为人生充满痛苦的悲观主义人生观;有把追求权利看做人生本质的权利意志主义人生观;有把实践共产主义、为绝大多数人谋利益看做是人生的崇高目的和最大幸福的马克思主义科学人生观,这是我国社会主义初级阶段最高层次的人生观,它提倡的是为人民服务。

(3)价值观。

价值观是指人们在对周围事物能否满足个人或社会某种需要进行评判时的观点。[3] 不同的阶级有不同的价值观。价值观可分为集体主义价

---

① 参见陈万柏、张耀灿:《思想政治教学原理》,高等教育出版社 2007 年版,第 180 页。

② 参见陈万柏、张耀灿:《思想政治教学原理》,高等教育出版社 2007 年版,第 180 页。

③ 参见罗国杰:《中国伦理学百科全书·伦理学原理卷》,吉林人民出版社 1993 年版,第 270 页。

值观和个人主义价值观。集体主义价值观强调集体利益高于个人利益，在个人利益与集体利益发生矛盾时，个人利益服从集体利益。个人主义价值观以个人为中心、以个人利益为出发点、以个人幸福为最终目的，并以此作为评价思想是非、行为善恶的最高价值尺度。马克思主义对集体的理解是建立在集体与个人关系辩证统一的基础上的。集体主义价值观所强调的集体利益高于个人利益，并不排斥、否定个人的正当利益。集体主义价值观是一种以人民群众为价值主体的价值观，它要求人的思想行为必须以合乎最广大人民群众的最大利益、为最广大人民群众所拥护为标准。

2. 政治素质

政治素质，指参与政治活动的人的品质，[①]是思想素质在政治问题上的具体表现，是人们从事政治活动所必需的内在基本条件和自身的基本素养。它由多种因素构成，包括政治理想和信念、政治方向、政治立场、政治观点、政治情感、政治纪律、政治方法等。政治素质教育的重点是解决对国家、阶级、社会制度等重大政治问题的立场和态度，要求人们把握正确的舆论导向，对于事关政治原则、政治方向的根本问题，必须明辨是非、旗帜鲜明；要求人们热爱党，热爱祖国，热爱社会主义，坚决拥护党的路线方针政策，高度认同中国特色社会主义理论体系，充分信赖以胡锦涛同志为总书记的党中央，对坚持走中国特色社会主义道路、实现全面建设小康社会的宏伟目标充满信心。

（1）政治方向。

政治方向是指人们实现本阶级根本利益而必须遵循的政治要求，是指导人们行动、贯穿人们活动的一些基本政治原则，它对人们健康成长起着重要的思想导向和政治影响作用。邓小平在全国教育工作会议上的讲话中指出：学校应该永远把坚定正确的政治方向放在第一位，……政治觉

---

① 参见张首吉、杨源新、孙志武：《党的十一届三中全会以来新名词术语辞典》，济南出版社 1992 年版，第 405—406 页。

悟越是高,为革命学习科学文化就应该越加自觉,越加刻苦。① 一个人只有方向明确,才能在大是大非面前始终保持清醒的头脑,少走弯路,也才能树立明确的目标,并产生为实现这一目标奋斗的动力。因此,确立正确的政治方向是大学生思想政治素质的重要内容之一。具体要求有二:一是必须坚定中国要走社会主义道路,确信"只有社会主义才能救中国、只有社会主义才能发展中国"。中国走什么样的道路、选择什么样的制度是中国社会发展的必然结果。二是大学生作为社会主义现代化事业建设者和接班人,必须在学习、工作中牢牢把握社会主义的方向。

(2)政治立场。

政治立场是每个人在观察和处理问题时所处的政治地位和所坚持的政治态度。辩证唯物主义认为,一定的立场决定着一定的观点。坚持正确的政治立场,首先要求大学生要牢固树立"发展强国"的观点,牢记"发展才是硬道理"、"发展是第一要务",并积极投身于社会主义现代化建设之中。只有这样,才能始终保持政治上的清醒与坚定,才能真正站稳正确的政治立场。其次,要全面理解和贯彻党的基本路线,坚持四项基本原则和改革开放。党的基本路线是一个有机的整体,其中经济建设是核心,是主体,不能动摇。只有坚持四项基本原则和坚持改革开放,才能为经济建设提供动力保证和方向保证。因此,当代大学生必须完整准确地理解党的基本路线,全面贯彻党的基本路线,否则,坚持正确的政治立场就是一句空话。

(3)政治敏锐性和政治鉴别力。

政治敏锐性是指在某一事物刚刚萌芽时,能够善于从政治上去观察分析问题,并据此确定正确的态度和对策;政治鉴别力是指善于明辨政治是非的能力。政治敏锐性和政治鉴别力是思想政治素质的重要内容。大学生要增强政治敏锐性和鉴别力,就是要善于运用马克思主义的政治眼光,洞察和鉴别各种社会思潮和社会现象,时刻保持清醒的政治头脑,做

---

① 《邓小平文选》第二卷,人民出版社 1994 年版,第 104 页。

一名信仰坚定、是非分明、头脑清醒的社会主义现代化事业的建设者和接班人。

增强政治敏锐性和鉴别力,首先,大学生要正确认识我国现阶段的各种矛盾,善于从政治上观察问题。在我们的社会生活中,政治是一种客观存在,无论过去、现在和将来,任何人都无法回避它。其次,大学生要增强分辨理论是非、政治是非的能力。政治敏锐性和鉴别力建立在一定的分辨政治是非能力的基础之上。大学生如果不具备一定的分辨理论是非、政治是非的能力,在错综复杂的社会生活中就会处于迷惘被动状态,有时会在重大政治问题上迷失方向,给国家和个人造成不应有的损失。只有掌握观察、分析事物的科学方法,增强分辨理论是非、政治是非的能力,提高运用党的基本理论、基本路线解决实际问题的能力,才能保持清醒的政治头脑,增强政治敏锐性和鉴别力。

3. 道德素质

道德素质是指个人在一系列的道德行为整体中所表现出来的比较稳定的特点和一贯的倾向,[1]是思想素质、政治素质在人的道德行为中的具体表现,主要功能是协调自我与他人、自我与社会的关系,其核心问题是个人对他人、对群体、对集体、对社会的关心程度和献身精神。道德素质包括社会公德、职业道德、家庭美德、个人品德等。

（1）社会公德。

社会公德是指适用于社会公共领域中的道德规范或道德要求,是一个社会中每个人都必须遵守的公共生活准则。[2] 它涵盖了人与人、人与社会、人与自然之间的关系。列宁认为社会公德是"起码的公共生活的准则"[3]。其突出特点是它的社会公共性质,即它作为一种行为规范是对

---

[1]　参见《中学教师实用政治辞典》,北京科学技术出版社1989年版,第4页。

[2]　参见陈万柏、张耀灿:《思想政治教学原理》,高等教育出版社2007年版,第197页。

[3]　马奇柯:《社会公德、职业道德、家庭美德、个人品德关系论析》,《学术交流》2008年第2期。

在一定社会中大多数成员的一般的道德要求。社会公德是全社会精神文明状况的重要标志,具有相当广泛的调节作用。它维系着人们之间的正常交往和友好相处,使社会生活环境安定有序,人与人之间和谐融洽。社会公德是社会主义道德建设的基础,其主要规范是:文明礼貌,提倡人们互相尊重;助人为乐,发扬社会主义人道主义精神;爱护公物,增强社会主义主人翁的责任感;保护环境,强化生态伦理观念;遵纪守法,自觉维护公共秩序。

(2)职业道德。

职业道德是从事一定职业的人们在其职业活动中所应遵循的、具有本职业特征的道德准则和规范的总和,是一般社会道德和阶级道德在职业生活中的具体体现。[①] 它是所有从业人员在职业活动中应该遵循的行为准则,涵盖了从业人员与服务对象、职业与职工、职业与职业之间的关系。不同的职业有不同的职业道德。职业道德的重要特征是鲜明的职业性、内容形式的多样性、相对的稳定性和连续性。职业道德是社会主义道德建设的重点,是社会主义道德原则在职业生活中的具体体现,其主要规范是:爱岗敬业,诚实守信,办事公道,服务群众,奉献社会。

(3)家庭美德。

家庭美德是指每个公民在家庭生活中应该遵循的基本行为准则,涵盖了夫妻、长幼、邻里之间的关系。家庭生活与社会生活有着密切的联系,正确对待和处理家庭问题,共同培养和发展夫妻爱情、长幼亲情、邻里友情,不仅关系到每个家庭的美满幸福,也有利于社会的安定和谐。[②] 社会主义家庭美德要求每个家庭成员都要履行自己的道德责任和道德义务,要有奉献精神,为他人服务,一人有难,全家相助,形成一个相互关心、相互帮助的和睦家庭。每个家庭成员都要关心家庭这个集体,共同治理

---

① 　参见廖盖隆、孙连成、陈有进:《马克思主义百科要览》下卷,人民日报出版社1993年版,第2095页。

② 　《十五大以来重要文献选编》下,人民出版社2003年版,第1986页。

好家庭,个人利益服从家庭的整体利益。家庭美德是公民个体道德化的摇篮,其主要规范是:尊老爱幼,男女平等,夫妻和睦,勤俭持家,邻里团结。

(4)个人品德。

个人品德是指在一定社会生活中起一定社会作用的个人,为自我实现、自我完善而具备的,并适应一定社会利益关系客观要求的道德素质和指导自身行为选择的内心道德准则的总和。[①] 个体的道德活动是人类道德生活中最活跃、最生动、最有生命力的内容,它内在地包含着未来社会道德发展的趋势。我国在道德建设中,过去只重视社会公德、职业道德和家庭美德教育的强化,党的十七大提出把个人品德纳入道德建设范畴,做到社会公德、职业道德、家庭美德、个人品德一起抓,进一步完善了社会主义道德建设体系。个人品德受社会道德所决定,又能反作用于社会道德。个人品德建设是社会公德建设的前提和基础,其主要规范是:奉献精神,群体意识,责任观念,爱人意识,诚信意识。

二、主要特点

思想政治素质在人的综合素质中占据核心和主导的地位,既影响着科学文化素质、身心健康素质和创新实践素质的培养,又影响着我国教育总体目标的实现。因此,研究和掌握思想政治素质的主要特点,对于巩固思想政治素质的核心、主导地位和促进人的全面发展有着十分重要的作用。

1. 明确的主导性

"思想支配行动",思想政治素质是"素质"之魂,是青年学生成长的内在动力,在各项素质中起着主导和支配作用。青年学生能否成为社会主义事业合格建设者和可靠接班人,关键在于是否引导他们树立了科学

---

① 参见马奇柯:《社会公德、职业道德、家庭美德、个人品德关系论析》,《学术交流》2008 年第 2 期。

的马克思主义世界观和方法论。因此,首先要用马列主义、毛泽东思想和中国特色社会主义理论体系武装头脑,掌握党的基本理论、基本路线、基本纲领和基本经验,认识社会发展规律,认识国家前途和命运,认识自己的社会责任,坚持社会主义理想和信念;其次要有爱国主义、集体主义、艰苦创业和民族精神,在激烈的国际竞争中和我国改革开放的伟大实践中保持一种坚忍不拔、奋发向上的良好精神状态;最后要有基本的道德规范,包括遵纪守法、明礼诚信、团结友爱、勤俭自强、敬业奉献等。只有思想政治素质提高了,才能树立正确的世界观、人生观和价值观,才能为提高科学文化素质、身心素质、创新素质等提供正确方向和价值目标,才能培养出有理想、有道德、有文化、有纪律的社会主义建设者和接班人。

2. 强烈的政治性

思想政治素质教育是为一定的政治服务的,思想政治素质具有强烈的政治性。在革命战争年代,思想政治素质教育以马列主义理论为指导,为无产阶级夺取政权建立了不朽的功绩。在今天,以经济建设为中心,坚持四项基本原则,坚持改革开放,对思想政治素质教育提出了新的内容,需要在新条件下采取新的方法。邓小平说:"社会主义现代化建设是我们当前最大的政治。"①思想政治素质教育的第一位的任务,就是要教育学生懂得我国当代最大的政治,坚持这一正确的政治方向,拥护中国共产党的领导,热爱社会主义祖国,决心献身社会主义现代化事业。1989 年,邓小平指出:"十年最大的失误是教育,这里我主要是讲思想政治教育,不单纯是对学校、青年学生,是泛指对人民的教育。对于艰苦创业,对于中国是个什么样的国家,将要变成一个什么样的国家,这种教育都很少,这是我们很大的失误。"②因此,可以说,政治性是思想政治素质教育的灵魂,能否坚持思想政治素质的主导性和政治性,关系到党和国家前途和命运。

---

① 《邓小平文选》第二卷,人民出版社 1994 年版,第 163 页。
② 《邓小平文选》第三卷,人民出版社 1993 年版,第 306 页。

3. 鲜明的思想性

思想政治素质教育既是相对于科学文化素质教育、身心素质教育和创新实践素质教育而言,又渗透于其他教育之中,包括提高思想认识、启发思想觉悟、培养道德品质、锻炼健康心理、养成良好行为等诸多方面。是与非、善与恶、美与丑的矛盾贯穿于素质教育的始终。思想政治素质教育鲜明的思想性,主要表现在教育学生牢记和践行"八荣八耻",以社会主义荣辱观作为指导和衡量自身行动的标准,把社会主义核心价值体系贯穿和渗透到学生教育和管理的各个环节,为学生思想政治素质及综合素质的提高和全面发展营造立体的教育环境,以帮助学生达到准确明辨是非、科学判断美丑、积极追求真善美的良好境界。

4. 显著的发展性

思想政治素质是一个具体的历史的概念,不同时代、不同国家、不同人群的思想政治素质要求不同,因此,思想政治素质具有显著的发展性特征。当前,我国社会正在发生着深刻的变革,社会转型的事实要求人们不断调整自己的思想观念,跟上时代的步伐。在新的历史条件下,树立符合社会主义市场经济要求的思想、政治、道德观念,将是思想政治素质教育的应有之义。因此,在教育内容上,思想政治素质教育要增强时代感,在针对性、实效性、主动性上下工夫,充分把握学校思想政治素质教育所面临的国内外新形势、新情况、新问题、新特点、新要求,从国际与国内、历史与现实的角度分析新形势对青年学生思想活动的影响,在转变观念、增加投入、更新载体、培训队伍、改变方法与手段、改革考试评价等方面下工夫。

三、现状分析

当代大学生处在社会大变革、大发展的特殊历史时期,既受到社会积极因素的影响和长期正面教育的作用,也不可避免地受到一些负面因素的影响,其思想政治观念和价值取向都发生了深刻变化,思想政治素质呈现出明显的复杂性和矛盾性。从总体上看,当代大学生思想政治素质的主流及其发展趋势是积极的,但由于转型时期的各种消极现象带来的负面影响,致使当前大学生的思想政治素质也出现了一些不可忽视的新情况和新问题。

笔者通过文献法检索并选择了 2007—2009 年期间 8 个较具代表性的大学生思想政治状况的问卷调查,即:2009 年高校学生思想政治状况滚动调查①、北京师范大学等 8 所北京高校的大学生思想政治教育抽样问卷调查②、北京大学低年级八年制医学生思想政治状况现状问卷调查③、复旦大学等 10 所上海高校 80 后大学生政治信念和道德状况专题调研④、南开大学 2008 级大学生思想政治状况调查⑤、徐州市大学生思想道德状况调查⑥、云南省高校大一学生思想品德状况调查⑦、1998—2007 年江西省高校大学生思想状况滚动调查⑧,这些调查覆盖京、津、沪、浙、赣、鄂、粤、滇、陕、豫、鲁、苏、黑、宁、川、新 16 个省(区、市)和新疆生产建设兵团,涉及不同层次、类型的高校,比较具有代表性。虽然不同调查问卷的具体内容各有侧重,但对当代大学生思想政治素质整体状况的反映还是有许多相似之处的。

---

① 参见焦新:《2009 年高校学生思想政治状况滚动调查表明:大学生主流思想出现转折性变化》,《中国教育报》2009 年 7 月 7 日。

② 参见管永前、周成龙:《大学生思想政治教育状况:问题与对策——来自北京部分高校的调查》,《晋中学院学报》2008 年第 5 期。

③ 参见罗友晖、郭琦、赵姗、张一鸣:《低年级八年制医学生思想政治状况现状调查,《中国高等医学教育》2008 年第 10 期。

④ 参见马依依:《80 后大学生政治信念和道德状况调查研究》,《思想理论教育》2008 年第 15 期。

⑤ 参见高志勇、鲍志芳:《2008 级大学生思想政治状况调查分析——以南开大学为例》,《思想教育研究》2009 第 5 期。

⑥ 参见丁三青、王希鹏、李金明:《徐州市大学生思想道德状况调查分析》,《思想政治教育研究》2008 年第 4 期。

⑦ 参见刘沧山:《中外高校思想教育研究》,人民出版社 2008 年版,第 450—464 页。

⑧ 参见詹鸿生、刘延林:《高校学生思想状况 10 年变化发展轨迹》,《教育学术月刊》2008 年第 4 期。

1. 思想主流积极

教育部为准确了解大学生思想政治状况,对高校学生思想政治状况进行滚动调查已有 18 年。多年的调查表明,当前高校学生思想政治状况继续保持积极、健康、向上的良好态势,充分表现出强烈的爱国热情、高度的社会责任感、崇高的奉献精神,是值得信赖、堪当重任、大有希望的一代。①

(1)大学生具有积极的政治态度。

当代大学生思想健康上进,坚决拥护中国共产党的领导,高度认同中国特色社会主义"一面旗帜"、"一条道路"和"一个理论体系",高度信任以胡锦涛同志为总书记的党中央,普遍关心国家、民族的命运和前途,关注世界发展趋势,倡导和平与发展,对党和政府充满信任,具有一定的政治鉴别力和政治敏锐性。20 世纪 90 年代以来,党和政府加强了对大学生的思想政治素质教育,使大多数大学生具备较强的政治意识、较高的政治素质和积极向上的政治热情。他们耳闻目睹改革开放 30 年来我国取得的巨大成就和国际地位的日益提升,亲身感受到改革开放给群众带来的实惠,对党的路线、方针、政策的认同程度提高,对中国特色社会主义理论体系的学习热情高涨,对祖国的强盛充满信心。大学生十分关注国内外时政,在涉及民族尊严和国家主权的大事、难事、急事面前,能够自觉担当、奋勇向前,表现出强烈的民族自尊心和爱国情怀。

(2)大学生具有以集体主义为主的价值观。

从价值观的角度来说,大学生能坚持集体主义原则,能正确处理好个人、集体、国家的关系,并立志在报效祖国的实践中实现自己的人生价值。大多数大学生比较注重个人价值取向与社会价值取向统一,能根据社会价值导向自觉规范自己的行为,对集体主义价值导向普遍认同。在处理个人与社会的关系问题上,大学生所依据的基本准则是集体主义,有七成

---

① 参见焦新:《2009 年高校学生思想政治状况滚动调查表明:大学生主流思想出现转折性变化》,《中国教育报》2009 年 7 月 7 日。

以上的大学生认为:"当个人利益与国家利益发生冲突的时候,个人利益应该服从国家利益和集体利益。只有在实现社会价值的同时,个人价值才能得到实现。"①近年来,高校开展的大学生志愿者社区服务活动和寒暑期"三下乡"志愿服务活动,真实反映了当代大学生群体中的集体主义观念。

(3)大学生具有强烈的社会责任感和时代使命感。

大学生始终是社会力量中最活跃的群体。当代大学生积极拥护和追随社会改革,爱国热情持续高涨,渴望祖国繁荣富强,并愿意为此作出自己的贡献。在当代大学生身上,能感受到一种强烈的社会责任感和时代使命感,感受到一种振兴中华、责无旁贷的气魄和渴望祖国早日繁荣富强的期盼,这种期盼促使大学生们对中国社会的发展给予了更多的关注。与此同时,他们还以审慎的态度和焦灼的心情关注着社会风气的变化,特别是党风和廉政建设问题。根据南开大学 2008 级学生的思想状况调查结果显示:93.94%的学生为汶川地震灾区捐款捐物,93.13%的学生希望通过担任奥运会志愿者为奥运会服务。② 当代 80 后、90 后青年在奥运火炬海外传递受阻、奥运会志愿服务、汶川大地震抗震救灾中的出色表现,充分体现出当代青年强烈的社会责任感和民族自豪感,有力证明了 80后、90 后青年是值得信赖、堪当重任、大有希望的一代。

(4)大学生具有较高的道德认识。

大学生文化层次较高,知识丰富,思维开阔,对我国社会转型期社会主义市场经济的道德要求的认识程度高,他们对诚实守信、办事公道、敬业勤业等基本道德原则是信守和推崇的,对"助人为乐"、"见义勇为"等良好的道德行为表示肯定,对一些道德实践的先进人物和典型事件表示钦佩和赞赏。他们希望建立一个公平、公正、高效的社会,希望自己做一

---

① 高志勇、鲍志芳:《2008 级大学生思想政治状况调查分析——以南开大学为例》,《思想教育研究》2009 第 5 期。

② 参见高志勇、鲍志芳:《2008 级大学生思想政治状况调查分析——以南开大学为例》,《思想教育研究》2009 第 5 期。

个"道德高尚"、"有健全人格"的人,"向往崇高"是很多大学生追求的一种人生境界。他们对社会上存在的道德失范现象反映强烈,对唯利是图、坑蒙拐骗、假冒伪劣、钱权交易等社会丑恶现象深恶痛绝。调查显示,71.66%的本、专科生,91%的研究生为从小在书本和学校教育中学到的中华美德的失落而感到困惑,有76.67%的本、专科生和93%的研究生认为"人人为我,我为人人"是增进社会和谐的道德理念及做人准则;①90%以上的大学生反对"对'长明灯、长流水'的现象视而不见"、"考试作弊"、"未经同意使用其他同学私人物品"等校园不文明现象。② 由此可见,当代大学生普遍具有正确的道德观。

（5）大学生具有较强的开放竞争意识。

大学生深知社会竞争激烈,他们立志成才,渴望通过学习完善自己以适应社会发展的需要,在思维模式、行为方式、社会活动等方面一反传统的封闭观念,走出课堂,走向社会,开放竞争意识日趋增强。他们深知自己肩负着全面建设小康社会、实现中华民族伟大复兴的历史使命,能够在行动上不断地为完成历史重任积累知识、完善人格、创造条件,坚持为社会主义现代化建设服务、为人民服务的方针,努力把自己塑造成为德智体全面发展的社会主义现代化建设事业的接班人和建设者,努力做中国先进生产力的开拓者、中国先进文化的传播者和中国最广大人民根本利益的维护者。

2. 素质存在不足

在充分肯定大学生思想政治素质的本质和主流的同时,也应高度重视他们思想政治素质中存在的不足。只有准确地把握不足,才能有针对性地开展思想政治素质教育。当前,我国大学生思想政治素质存在的不足主要表现在以下方面:

---

① 参见马依依:《80后大学生政治信念和道德状况调查研究》,《思想理论教育》2008年第15期。

② 参见焦新:《2009年高校学生思想政治状况滚动调查表明:大学生主流思想出现转折性变化》,《中国教育报》2009年7月7日。

（1）部分大学生政治信仰淡化,政治观不稳定。

随着经济发展和社会进步,人们对党和社会主义有了比较统一的正确认识,大学生在重视专业知识学习的同时,也普遍重视政治思想方面的进步,要求入团、入党的人数越来越多。但同时,部分学生在政治选择上具有明显的实用、功利化特点,他们主要是以自我为中心来审视政治问题,不少学生把入党和评选先进等作为实现个人利益的一种手段。他们积极参加政治学习,向党组织靠拢,在一定程度上是想通过参加政治活动来锻炼自己的能力,从而实现其个人利益和要求。而由于大学生的世界观、人生观和价值观尚未定型,不稳定的心理意识使他们在思想感情上表现出随意性和主观性,因而在政治观念和政治追求上缺乏坚定性和自觉性。调查显示,23.3%的学生认为自己没有明确的政治信仰,有近10%的学生表示信仰佛教和基督教等宗教。① 因此,当大学生的政治观点受到冲击时,政治上摇摆性较大,容易走向极端并产生不良的影响。

（2）部分大学生价值取向多元化,注重自我价值的实现和实际利益的获得。

大学生在追求个人价值时,除了以满足社会需求为价值取向外,更多地将自身需求能否满足以及满足程度作为自身价值取向。他们已不满足"螺丝钉"的形象,更注重在流动中寻求实现个人价值的最大化。他们也不再满足于"老黄牛"精神,更多地是力争显示自己的能力以得到社会的承认。当代大学生绝大多数是独生子女,在家庭中的"中心"地位使他们逐渐养成了以自我为中心的观念,调查显示,有75%左右的学生把"自我的发展"作为自己的价值取向,仅有25%的学生把"对社会贡献的大小"作为自己的价值取向。② 部分大学生在处理个人和他人、个人与社会的关系问题上,片面强调个人利益的实现。观念和行为的"实用主义"、"功

---

① 　参见丁三青、王希鹏、李金明:《徐州市大学生思想道德状况调查分析》,《思想政治教育研究》2008 年第 4 期。

② 　参见丁三青、王希鹏、李金明:《徐州市大学生思想道德状况调查分析》,《思想政治教育研究》2008 年第 4 期。

利主义"使得大学生从自己实际感受到的利益中去评判、思考社会问题，行为方式也更加现实。

（3）"知行"脱节，较高的道德认识与较差的道德修养、道德践行共存。

在传统文化熏陶下，每个大学生在接受教育的过程中，一般都具备了正确的道德认识，诸如集体主义、爱国主义、遵纪守法、尊老爱幼、爱护公物等。但是，在行动中，在生活实践中却经常出现违背道德要求的行为。调查显示，78.6%的学生认为"道德行为低于道德认知发展水平"，只有15.8%的学生认为"道德行为符合道德认知发展水平"，其余的认为"道德行为高于道德认知发展水平"①。面对纷繁复杂的社会现象，不少学生陷入困惑和迷茫，是非、善恶难以分清，道德价值观念日趋模糊，在道德评价上采取双重标准。"严于律人，宽以待己"等不良现象时常发生，如，不讲文明卫生、违反校纪校规，不尊重教师，不爱护公共财产，不按时偿还助学贷款等。

3. 主要原因分析

当代大学生思想政治素质是社会、学校、家庭思想道德现象在学生身上的反映，是一定社会物质条件和具体社会历史环境下形成的一种社会属性，从根本上说，大学生思想政治素质受社会条件的制约。社会的复杂性决定了社会制约条件的复杂性，因此，大学生的思想政治素质必然存在一定的差异性。其原因是多方面的，主要包括：

（1）社会主义市场经济发展过程中的消极影响。

随着对外开放的不断扩大，社会主义市场经济体制的逐步确立和不断深入，社会经济成分、组织形式、就业方式、利益关系和分配方式日益多样化，人们思想活动的独立性、选择性、多变性、差异性日益增强，各种不同思想观念并存。既有党和政府提倡的积极向上的思想观念，也有资产阶级没落的思想观念，如"自我高于一切"、"实惠就是理论"、"一切向钱

---

① 参见韩玉平、张建平:《当前大学生道德状况扫描》,《党史博采》2007 年第 7 期。

看"等,这些片面、甚至错误的思想观念涌入校园,易引起大学生价值观的混乱。由于整个社会的注意力更加偏重于经济的发展,更多的人注重自身的经济利益,反映在学生身上就是一部分大学生对政治表现出一种冷淡和漠不关心的态度,追求个人价值的实现,对集体、国家缺乏责任感。我国当前不完善的法制使社会腐败分子和"社会蛀虫"乘虚而入,部分学生对这种现象既深恶痛绝,又被暂时出现的消极现象挡住了视线,对国家的前途、民族的未来担忧并持悲观怀疑态度,消极应付或逃避学校组织的各种形式的思想政治素质教育活动,这些因素成了大学生思想政治素质存在不足的社会根源。

(2)对外开放过程中西方不良思潮的影响。

经济全球化是当今时代的重要特征,它不仅影响着 21 世纪的世界进程,而且对中华民族的发展带来了深刻的影响。当前,国际形势总体上趋向缓和,西方发达资本主义国家在推行经济全球化的过程中,总是力图推销资本主义意识形态、生活方式、政治体制等,把中国作为其实施和平演变的战略重点,加紧了对我国年轻一代特别是大学生的思想侵袭。美国兰德公司于 1998 年 6 月建议美国政府对华战略的第一步是:西化、分化中国,使中国的意识形态西方化,从而失去与美国对抗的可能性。[①] 美国中情局提出的《十条诫令》指出:"尽量用物质来引诱和败坏他们的青年,鼓励他们藐视、鄙视、进一步分开反对他们原来所受的思想教育,特别是共产主义教条","一定要尽一切所能,做好宣传工作,包括电影、书籍、电视、无线电波……和新式的宗教传播"。[②] 为此,他们利用新闻传播、文化交流、派遣人员等办法,传播西方资本主义的政治模式、经济模式、价值观念及腐朽思想,并且利用资产阶级人权、民主、自由等意识形态武器以及民族、宗教、台湾等问题,想方设法进行渗透,意图诱使人们放弃马克思主义在意识形态的指导地位。西方国家的宣传渗透活动,对政治上尚显稚

---

① 参见李刚:《美国对付中国的"十条诫令"》,《领导文萃》2002 年第 1 期。

② 参见李刚:《美国对付中国的"十条诫令"》,《领导文萃》2002 年第 1 期。

嫩、是非辨别力不强的青年大学生产生了一定的腐蚀作用,极少数大学生对社会主义持怀疑态度,对马列主义信念产生动摇,严重影响了青年大学生正确理想信念的形成。严峻的现实要求我们把进一步加强和改进大学生思想政治素质教育摆在了更加突出的位置,帮助他们树立正确的世界观、政治观、人生观,提高他们抵御西方错误思潮影响的能力。

(3)家庭教育与学校对学生传输的社会要求之间的不一致。

调查发现,49.7%的大学生认为对自身思想和价值观形成影响最大的人是父母,认为是老师的为15.7%。① 家长的人生观、世界观对孩子的成长起着潜移默化的长久性的影响作用。目前,学生家庭对学生的教育与学校所进行的思想政治素质教育存在着明显的不一致。许多家长往往从家庭本位、个人本位出发教育孩子如何"适应"社会,甚至教孩子如何取巧、如何钻营,这与学校对学生的集体主义教育背道而驰。由于家长对孩子具有权威性、亲和性,他们的上述教育对大学生的不良影响可想而知。更令人担忧的是,一些家长的不良行为有意无意地对学生进行着权钱交易、能挣会花、享乐至上的教育,这与学校提倡的廉洁奉公、艰苦奋斗、勤俭创业的精神相悖,对其大学生子女产生着极坏的影响。家庭教育的偏差与误导,极大地降低了学校思想教育的效力,严重地阻碍着学生对社会主导价值观的认同,导致他们在价值观取向上的茫然、困惑乃至倾斜。

(4)学校思想政治素质教育需要加强。

自《中共中央国务院关于进一步加强大学生思想政治教育的意见》发布以来,大学生思想政治素质教育确实得到了较大地加强和改进,社会、学校和家庭均对大学生政治素质的培养采取了许多行之有效的措施,成效明显。但是我们也必须认识到,大学生思想政治素质教育仍然存在一些薄弱环节,当某些错误思潮袭来时,思想政治素质教育往往不能很好

---

① 参见丁三青、王希鹏、李金明:《徐州市大学生思想道德状况调查分析》,《思想政治教育研究》2008 年第 4 期。

发挥防火墙和过滤器的作用,对错误思想的侵袭缺乏免疫力和战斗力,不能站在前面给学生以主动积极的引导,只能跟在后面被动地消除影响。究其原因主要有以下方面:首先,大学生思想政治素质教育的合力有待进一步提高。在教学方面,许多专业课教师只重视专业知识的传授,忽视对学生进行"三观"教育,思想政治理论课教师只重视课堂上的灌输,忽略了对学生言行和实践的指导;在管理方面,学校一些部门和管理人员的观念没有得到根本改变,尤其是直接为学生服务的部门和人员的服务意识不强、服务态度不佳等行为,直接影响到大学生思想政治素质教育的效果和立体育人格局的形成。其次,思想政治素质教育工作队伍建设有待加强。几年来,高校思想政治工作队伍的建设取得了较好成绩,但很多学校队伍不稳、人员老化、后继乏人的情况依然严重,从而导致高校学生思想政治工作软弱涣散,思想政治工作队伍在大学生心目中的声望和影响有所下降。客观地讲,当前高校思想政治素质教育对大学生影响的力度低于来自社会各种渠道的影响。最后,思想政治理论课教学有待进一步改进。近年来,高校哲学社会科学教材建设取得了很好的成绩,思想政治理论课师资队伍素质也得到了一定的提高,但在课程内容的时代性、教学手段的现代性、教学组织的趣味性、教学辅导的及时性和课程教学的实效性等方面仍然存在一定的差距,需要进一步改进和加强。

(5)大学生自身的原因。

随着年龄和知识的增长,大学生的自我意识和认知能力也在不断增长。但因接触社会实际较少,生活经验和阅历的不足,致使他们看问题时往往不太全面。加之我国正处于社会转型之中,外来文化和转型时期复杂的思想、意识直接影响到大学生思想政治素质的养成,部分大学生存在思想道德行为选择失当的现象,主要表现在:一是意志脆弱,对挫折的承受力低。他们一方面在感情、意志方面比较脆弱,承受能力较低,一旦遇到不顺心的事,便会怨天尤人,甚至因挫折而出现自暴自弃以至自杀等现象;另一方面,也容易产生差别很大的两种不同需求:一种是面对竞争、择业的危机而选择刻苦学习,有的不自觉地忽视了思想政治素质的提高;另一种是由于社会环境影响而追求满足虚荣、安逸,从而放弃了思想政治素质的提高。二是部分学生对思想政治素质教育要求不是很强烈。过去我们往往习惯于从党和国家的需要、社会的需要来考虑思想政治素质教育的重要性,以至忽略了受教育者的需求。思想政治素质教育的组织、实施很少考虑教育对象的需求、兴趣、爱好和心理特点,对教学效果和学生的思想道德实践环节缺乏科学的检验和衡量措施,从而导致部分大学生把科学文化素质、身心素质和创新素质的提高作为个人成长成才的唯一驱动力,以消极情绪、厌烦态度对待思想政治素质教育。三是部分学生思想认识模糊、道德要求下降。宣传舆论上的片面性和诸多错误思潮的侵袭,造成一些学生思想混乱、认识模糊甚至道德要求下降。个别学生辨别能力差,在接受各类信息时良莠不分,或者按照自己的需要片面理解因而产生模糊认识。甚至在一些专业课程的学习中,部分学生只看到西方科学技术水平的发展、管理理论的先进以及生产率高等积极方面,而不能辩证地分析其腐朽和落后的方面,从而影响了个人的价值判断。

美国对付中国的《十条诫令》

根据美国最大、也是对政府最有影响的智囊库兰德公司于1986年6月份向美国政府提出的建议报告:美国的对华战略应该分三步走。第一步是西化、分化中国,使中国的意识形态西方化,从而失去与美国对抗的可能性。第二步是在第一步失效或成效不大时,对中国形成全面的遏制,并形成对中国战略上的合围,包括地缘战略层次和国际组织体制层次,以削弱中国的国际生存空间和战略选择余地。第三步就是在前两招都不能得逞时,不惜与中国一战,当然作战的最好形式不是美国直接参战,而是支持中国南部谋求独立的地区或与中国有重大利益冲突的周边国家。这一"三步走"的战略并不仅仅停留在美国政府决策参考的层面上,在美国的外交实践中已经得到了体现。

中央情报局在其极机密的"行事手册"中,关于对付中国的部分最初撰写于中美极度对抗的 1951 年,以后随着中美关系的变化不断修改,至今共成十项,内部代号称为《十条诫令》。全文转述如下:

1. 尽量用物质来引诱和败坏他们的青年,鼓励他们蔑视、鄙视、进一步公开反对他们原来接受的思想教育,特别是共产主义教条。替他们制造对色情奔放的兴趣和机会,进而鼓励他们进行性的滥交。让他们不以肤浅、虚荣为羞耻。一定要毁掉他们强调过的刻苦耐劳精神。

2. 一定要尽一切可能,做好传播工作,包括电影、书籍、电视、无线电波……和新式的宗教传播。只要他们向往我们的衣、食、住、行、娱乐和教育的方式,就是成功的一半。

3. 一定要把他们青年的注意力从他们以政府为中心的传统引开来,让他们的头脑集中于体育表演、色情书籍、享乐、游戏、犯罪性的电影以及宗教迷信。

4. 时常制造一些无风三尺浪的无事之事,让他们的人民公开讨论。这样就在他们的潜意识中种下了分裂的种子,特别要在他们的少数民族里找好机会,分裂他们的地区,分裂他们的民族,分裂他们的感情,在他们之间制造新仇旧恨,这是完全不能忽视的策略。

5. 要不断制造"新闻",丑化他们的领导。我们的记者应该找机会采访他们,然后组织他们自己的言辞来攻击他们自己。

6. 在任何情况下都要传扬"民主"。一有机会,不管是大型小型,有形无形,都要抓紧发动"民主运动"。无论在什么场合、什么情况下,我们都要不断对他们(政府)要求民主和人权。只要我们每一个人都不断地说同样的话,他们的人民就一定会相信我们说的是真理。我们抓住一个人是一个人,我们占住一个地盘是一个地盘,一定要不择手段。

7. 要尽量鼓励他们(政府)花费,鼓励他们向我们借贷。这样我们就有十足的把握来摧毁他们的信用,使他们的货币贬值,通货膨胀。只要他们对物价失去了控制,他们在人民心目中就会完全垮台。

8. 要以我们的经济和技术优势,有形无形地打击他们的工业。只要他们的工业在不知不觉中瘫痪下去,我们就可以鼓动社会动乱。不过我们必须表面上非常慈善地去帮助和援助他们,这样他们(政府)就显得疲软。一个疲软的政府,就会带来更大的动乱。

9. 要利用所有的资源,甚至举手投足,一言一笑,都足以破坏他们的传统价值。我们要利用一切来毁灭他们的道德人心。摧毁他们的自尊自信的钥匙,就是尽量打击他们刻苦耐劳的精神。

10. 暗地运送各种武器,装备他们的一切敌人以及可能成为他们敌人的人们。①

第二节　高校国防教育与思想政治素质教育的比较

根据我国学者冯忠良的观点,学习可分为知识学习、技能学习、道德学习三种类型,知识学习强调接受、理解和创造,技能学习强调训练、熟练和应用,道德学习强调内化、体悟和践履。与之相适应的教育方式分别是科学教育、技术教育和道德教育。我们在思想政治素质教育中,往往是按科学教育、技术教育的方式来进行道德教育,把个人品德培养与生活割裂开来,其结果就是学生有道德之知,而少道德之行、道德之情和道德之信。② 因此,大学生思想政治素质教育必须要与学生的专业知识教育、国防教育和日常管理紧密结合,充分挖掘其他教育活动的德育功能,从而形成大学生思想政治素质教育的立体格局。具体到高校国防教育与思想政治素质教育而言,准确把握二者的异同,了解二者的现状和不足,对于二

---

① 参见李刚:《美国对付中国的"十条诫令"》,《领导文萃》2002 第 1 期。
② 参见石中英:《关于当代道德教育问题的讨论》,《教育研究》1996 第 7 期。

者形成教育合力、巩固教育效果有着十分重要的意义。

一、三个概念的分析比较

当前,德育、思想政治教育和思想政治素质教育是我们常用到的三个概念,我们对三个概念分析比较如下:

德育,一般是指学校按社会要求,有目的、有计划、有组织的对学生的思想、政治和品德施加影响,使他们形成符合社会所需要的思想品德的社会实践活动。教育主体为学校和学校教师,教育客体为学生。根据学校的不同层次,德育可以分为小学德育、中学德育、大学德育或高校德育。德育属于教学学科的概念,与智育、体育、美育等并列,但处在首要的位置。

思想政治教育,是指一定的阶级、政党、社会群体遵循人们思想品德形成发展规律,用一定的思想观念、政治观点、道德规范,对其成员施加有目的、有计划、有组织的影响,使他们形成符合一定社会、一定阶级所需要的思想品德的社会实践活动。[①] 教育主体是党的组织和承担教育任务的人员,教育客体是工人、农民、干部和学生,重点是干部和学生。根据单位的类型和人员的类别,思想政治教育可以分为职工(或企业)思想政治教育、农民(或农村)思想政治教育、军人(部队)思想政治教育、机关(干部)思想政治教育、学校思想政治教育等。学校思想政治教育包括教师思想政治教育、职工思想政治教育和学生思想政治教育。思想政治教育这一概念是中国共产党创立的专门概念,是中国共产党思想政治工作的重要概念。思想政治教育是思想政治工作的重要组成部分,担负着党的思想建设与群众性思想教育的职责,既是中国共产党的光荣传统,也是中国共产党的政治优势。思想政治教育是马克思主义理论学科的重要概念。

---

① 　参见张耀灿、郑永廷、吴潜涛、骆郁廷:《现代思想政治教学》,人民出版社 2006 年版,第 50 页。

思想政治素质教育,一般是指以提高人们的思想素质、政治素质和道德素质为目的的教育活动。它是在素质教育的背景下提出的概念,与科学文化素质教育、身心健康素质教育、创新实践素质教育等并列。思想政治素质是人的首要素质,在各种素质中居统帅地位。就其实质为言,思想政治教育也就是思想政治素质教育,只是表述的角度不同。因此,本书只对德育和思想政治教育两个概念进行比较。

德育与思想政治教育的区别主要有个三方面:一是所属学科不同,德育属教育学科,思想政治教育属马克思主义理论学科。二是使用范围不同,德育一般在学校使用,思想政治教育在社会各行各业都可使用。三是教育对象不同,德育的对象是在校学生,思想政治教育的对象是社会所有人员。

德育与思想政治教育的联系主要有四个方面:一是都要以马克思主义为指导,以社会主义意识形态、社会主义核心价值体系和中华民族文化为主导。二是都要以促进社会经济、政治、文化、社会全面、和谐发展,以培养有理想、有道德、有知识、有纪律的新人为目标。三是都要以中国特色社会主义现代化建设为实践基础,以社会主义意识形态为主要内容,继承、借鉴、吸收古今中外优秀文化成果与最新研究成果开展教育。四是都要以提高思想政治素质为主要功能。[①]

因此,从强调其共同点的角度来说,德育就是学生思想政治教育(思想政治素质教育)[②],高校德育就是大学生思想政治教育(大学生思想政治素质教育)。

二、两种教育的内在联系

《国防教育法》规定:国防教育包括社会国防教育和学校国防教育。

---

① 参见郑永廷、江传月:《主导德育论——大学生思想政治教育一元主导与多样发展研究》,人民出版社 2008 年版,第 3 页。

② 参见陈万柏、张耀灿:《思想政治教学原理》,高等教育出版社 2007 年版,第 4 页。

学校国防教育是全民国防教育的基础,是实施素质教育的重要内容。高校国防教育是学校国防教育的重要组成部分,在学校国防教育乃至全民国防教育中起着不可替代的作用。它是高校向大学生传授国防思想、国防观念、国防知识、国防技能的教育活动,是促进和提高大学生综合素质的重要途径,是为国家的稳定和发展培养和造就一大批觉悟高、素质全、知识宽、能力强的创新型人才所必须开展的教育。就高校国防教育与大学生思想政治素质教育而言,二者在本质内涵、教育内容、主体客体和教育成效等方面均有不可分割的内在联系,其具体表现如下:

1. 本质内涵的一致性

《中共中央国务院关于进一步加强和改进大学生思想政治教育的意见》是当前我国开展大学生思想政治素质教育的纲领性文件,是高校开展思想政治素质教育的指南。该文件规定:加强和改进大学生思想政治教育的指导思想是坚持以马克思列宁主义、毛泽东思想、邓小平理论和"三个代表"重要思想为指导,深入贯彻党的十六大精神,全面落实党的教育方针,紧密结合全面建设小康社会的实际,以理想信念教育为核心,以爱国主义教育为重点,以思想道德建设为基础,以大学生全面发展为目标,解放思想、实事求是、与时俱进,坚持以人为本,贴近实际、贴近生活、贴近学生,努力提高思想政治教育的针对性、实效性和吸引力、感染力,培养德智体美全面发展的社会主义合格建设者和可靠接班人。①

由教育部、总参谋部、总政治部于 2007 年颁布的《普通高等学校军事课教学大纲》第一条规定:军事课程以马列主义、毛泽东思想、邓小平理论和"三个代表"重要思想为指导,按照教育要面向现代化、面向世界、面向未来的要求,适应我国人才培养的战略目标和加强国防后备力量建设的需要,为培养高素质的社会主义事业的建设者和保卫者服务。②

由此可见,大学生思想政治素质教育和以军事课教学为主体的高校

---

① 参见《十六大以来重要文献选编》,中央文献出版社 2006 年版,第 179 页。

② 参见 http://www.jdcsxy.cn/Article/ShowArticle.asp? ArticleID=67。

国防教育都必须以马列主义、毛泽东思想和中国特色社会主义理论体系为指导,其最终目的都是要培养德智体美全面发展的社会主义建设者和可靠接班人。因此,可以说,大学生思想政治素质教育和高校国防教育都是党的教育目标在高校人才培养各环节中的不同体现,这就决定了二者指导思想和培养目标等本质内涵的一致性,都必须服从并服务于党的教育方针。

2. 教育内容的从属性

《中共中央国务院关于进一步加强和改进大学生思想政治教育的意见》指出:"加强和改进大学生思想政治教育的主要任务是:以理想信念教育为核心,深入进行树立正确的世界观、人生观和价值观教育;以爱国主义教育为重点,深入进行弘扬和培育民族精神教育;以基本道德规范为基础,深入进行公民道德教育;以大学生全面发展为目标,深入进行素质教育。"并把"认真组织大学生参加军政训练"纳入新形势下大学生思想政治教育有效途径的内容之一。[①]《中国普通高校德育大纲》强调,高校德育要形成以爱国主义、集体主义、社会主义教育为核心的、相对稳定的教育内容体系,并把国防教育和国家安全教育作为爱国主义教育的重要内容之一。[②]

《国防教育法》第三条规定:国家通过开展国防教育,使公民增强国防观念,掌握基本的国防知识,学习必要的军事技能,激发爱国热情,自觉履行国防义务。高校国防教育必须紧紧围绕爱国主义、集体主义和英雄主义来开展,特别是爱国主义,它既是国防教育的核心和基础,又是树立正确的国防意识的根本前提。从大学生思想政治素质教育的角度来看,爱国主义、集体主义和理想信念教育,是高校思想政治素质教育长期和根本的目标和任务。因此,高校国防教育是大学生思想政治素质教育的重

---

① 参见《十六大以来重要文献选编》中,中央文献出版社 2006 年版,第 649 页。

② 参见《普通高校思想政治理论课文献选编》(1949—2008),中国人民大学出版社 2007 年版。

要内容,是高校德育系统的有机组成部分。

3. 主体客体的同一性

教育过程是教育者对受教育者施加教育影响,促使受教育者通过自我教育接受教育影响并反馈给教育者的一个不断循环往复的运动过程。其要素包括:教育主体(教育者)、教育客体(受教育者)、教育介体和教育环体(教育环境),在教育的过程中,四者缺一不可。

教育主体,即教育者,是指教育过程中有目的地对受教育施加教育影响的个人和群体,是教育过程的组织者和引导者,在教育过程中处于主导地位,发挥主导作用。《中共中央国务院关于进一步加强和改进大学生思想政治教育的意见》对教育主体和职责均有明确的界定:思想政治教育工作队伍是加强和改进大学生思想政治素质教育的组织保证,其主体是学校党政干部和共青团干部、思想政治理论课和哲学社会科学课教师、辅导员和班主任。其具体职责分别是:学校党政干部和共青团干部负责学生思想政治素质教育的组织、协调、实施;思想政治理论和哲学社会科学课教师根据学科和课程的内容、特点,负责对学生进行思想理论教育、思想品德教育和人文素质教育;辅导员、班主任是大学生思想政治素质教育的骨干力量,辅导员按照党委的部署有针对性地开展思想政治素质教育活动,班主任负有在思想、学习和生活等方面指导学生的职责。① 根据我国《国防法》、《兵役法》、《国防教育法》、《高等教育法》等法规和当前高校国防教育开展现状,高校国防教育的组织实施者与大学生思想政治素质教育工作队伍大体相同,其领导机构、责任部门和工作职责基本类似,只是具体的分工和职责范围略有不同,如:高校国防教育的组织实施以军事教育室(武装部)为主,军事教员负责具体内容的教学和组织,国防教育工作的主体队伍均为思想政治素质教育工作者,思想政治素质教育贯穿国防教育的始终,发挥着不可或缺的作用。

不管是大学生思想政治素质教育,还是高校国防教育,其教育对象均

---

① 参见《十六大以来重要文献选编》中,中央文献出版社 2006 年版,第 187 页。

是在校大学生,他们须接受思想政治素质教育和国防教育,以提高自身的思想政治素质和国防素质,把自己培养成德智体全面发展的社会主义合格建设者和可靠接班人。因此,两种教育的主体客体具有同一性。

4. 教育成果的共享性

国防教育是落实高校德育目标和任务的重要渠道,是大学生思想政治素质教育的重要组成部分。因此,二者在实施过程中相互渗透、互为补充,教育成果相互促进、互为因果,具有较高的共享性。

国防教育是提高大学生政治素质的有效途径。在大学生中开展国防教育是世界各国提高个体政治素质、强化人们国防精神的通常做法。美国把国防教育作为大学生的必修课,基本目的是使大学生树立爱国和维护国家根本利益的观念,以保障国家安全;俄罗斯的军事爱国主义教育几乎等同于国防教育。因此,高校必须通过形式多样、有针对性的国防教育活动,帮助大学生了解当前国际形势、我国的基本国情、社会主义革命和建设的曲折发展道路,切身感受社会主义制度的优越性和国家繁荣发展的艰巨性,从而坚定走社会主义道路、献身社会主义建设伟大事业的信心和决心,自觉提高自身的政治素质。

国防教育是提高大学生思想素质的有效载体。大学阶段是学生确立科学世界观、人生观、价值观的重要时期。以爱国主义为核心的国防教育,以其强烈的思想性和特有的强制性,使大学生在增强国防观念的同时,思想素质也得到明显提高。军事理论教学内容始终贯穿着马克思主义的基本原理,可以帮助大学生运用马克思主义的立场、观点和方法分析和处理问题;通过严格的军事技能训练,可以培养和强化大学生的集体意识、团队精神,激发他们的集体荣誉感;通过与军事教员的相处,大学生可以学习当代军人爱岗敬业、不畏艰难、勇于挑战的工作作风和积极向上、勇于担当的精神风貌,牢固树立立足岗位、勇于创新、献身社会的信念,从而提高自身的思想素质。

国防教育是提高大学生道德素质的有效渠道。军事理论中的传统理论和现代理论都涉及了我国的优秀文化和传统道德,如,现代军人艰苦朴素、勤俭节约的优良传统,谦虚谨慎、批评与自我批评的优良作风,爱岗敬业、忠于职守的奉献精神,都是大学生国防教育的优质德育资源,能够促进大学生历史责任感和时代使命感的培养;通过严格的军事技能训练和经常性的评比竞赛,帮助大学生树立集体主义观念和竞争合作精神,进而增强大学生集体主义精神和组织纪律观念,逐步形成勇挑重担、任劳任怨的革命英雄主义精神和全心全意为人民服务的高尚品格,自觉抵制各种错误思想的侵蚀,促进积极健康的校园文化和社会风尚的形成,从而提高自身的道德素质。

三、国防教育现状与不足

为准确掌握当前高校国防教育现状,我们在湖南省部分高校组织进行了国防教育情况问卷调查,较为全面地掌握了湖南高校国防教育的整体安排、课程设置、课外活动开展和教育效果的现状与不足。

调查时间为 2008 年 9 月至 11 月,共发放问卷 800 份,收回有效问卷 756 份,有效问卷回收率为 94.5%。本次调查用 spss 统计软件对调查数据进行处理,调查的结果基本反映了湖南高校国防教育的现状。

1. 高校国防教育的现状

(1)大学生对国防教育高度认可,国防教育的德育功能较为明显。

调查显示,93.2%的学生认为高校有必要开展国防教育,68.44%的学生认为国防教育能够增强国防意识、激发爱国热情,49.86%的学生认为国防教育有助于提高大学生思想政治等素质;50.13%的学生认为高校国防教育的效果表现在丰富国防知识、强化国防意识,46.38%的学生认为表现在磨炼意志品格、增强团队意识,41.55%的学生认为表现在培养纪律观念、形成良好习惯,27.48%的学生认为表现在提高国防技能、增强身体素质。

数据说明:高校国防教育已经得到广大师生的充分认可,大学生深刻认识到国防教育对国家快速发展和个人全面发展的重要性和必要性,国防教育的效果良好,为进一步推进和加强高校国防教育打下了良好基础。

（2）高校国防教育的安排较为合理，集中教育效果较为明显。

在回答"学校国防教育的组织形式时"，83.5%的学生选择的是集中教育，9.5%的学生选择的是分散教育；在回答"参加过哪些国防教育活动"时，选择队列训练、军事形势讲座、枪械知识学习和射击练习、军事理论课、野营拉练、战术训练、院系、班级及社团国防教育活动的学生占被调查学生总数的比例分别为84.69%、73.9%、32.49%、25.3%、3.2%、2.53%、0.53%；72.4%的学生选择的是国防教育课程纳入了学校的学分体系。由此可见，强化性的集中教育是高校国防教育的主要形式，大学生的纪律观念、团队意识和意志品格均得到重点强化，教育成效明显，而巩固性的分散教育尚未得到高校重视，需要进一步加强。

（3）高校国防教育必修课开设率较高，选修课欠丰富。

25%的学生选择的是学校开设有国防教育必修课和选修课，23.8%的学生选择的是没有必修课、有选修课，15.7%的学生选择的是有必修课、没有选修课；16.7%的学生选择有1门国防教育选修课，24.3%的学生选择有2—3门选修课，8.1%的学生选择有3门以上；30.7%的学生认为最有效的国防教育课程类型是野营训练、武装越野、生存训练等以难度项目为内容的挑战性课程，27.2%的学生认为是国防形势与政策、国防法规等以爱国主义为核心的精神性课程，25.8%的学生认为是军事思想、高科技武器等以现代国防和军事知识为重点的知识性课程，15.5%的学生认为是队列训练、轻武器射击等以体能训练和纪律约束为重点的训练性课程。

2. 高校国防教育的不足

通过调查数据分析，高校国防教育存在以下不足：

（1）高校对国防教育的重视不够。

调查发现，湖南省高校的国防教育工作机构都是与保卫处或学工部（处）合署办公，国防教育专职人员大部分为复员军人，从国防教育专业毕业的师资较少，整体教学水平和技能不高。又因大部分高校没设国防教育办公室，国防教育由其他职能处（室）负责，所以高校的国防教育成为一项突击性的工作,军训工作一完就马上转入其他工作,这种状况必然导致学校国防教育安排缺乏科学性和系统连贯性,经费、人员、精力的投入严重不足。

（2）高校国防教育的系统性不强。

《国防教育法》明确提出了"经常教育与集中教育相结合,普及教育与重点教育相结合,理论教育与行为教育相结合"的原则。① 通过我们的问卷调查和访谈发现,高校普遍存在经常教育、普及教育和理论教育"淡化"的现象,也存在着把集中教育、重点教育和行为教育"简化"的现象。② 具体表现为"三重三轻":一是重技能训练、轻理论教学;高校普遍重视具有强制性和显示度的军事技能训练,对国防知识、军事理论教学重视不够、投入不足,课堂吸引力和教学效果欠佳。二是重集中教育、轻分散教育;调查结果显示,83.5%的学生选择了"学校国防教育的安排是集中教育",只有9.5%的学生选择了"学校国防教育的安排是分散教育"。由此可见,当前高校国防教育的分散教育亟待得到重视和加强。三是重阶段强化、轻日常养成。在高校的集中教育阶段,学生的纪律观念、团队意识和意志品格都得到重点强化,但军训结束后,学生就进入了"自我舒展"状态,缺乏有力的管理和约束机制,军训的阶段性成果得不到有效巩固,21.87%的学生认为"集中军训结束后,缺乏相应措施巩固教育成效",52.25%的学生认为"要挖掘日常管理、相关课程、课外活动、校园氛围的国防教育功能"。

（3）高校国防教育课程效果欠佳。

国防教育课程是分散教育阶段的主要内容,是强化国防意识、传授国防知识、培育国防精神的主要手段。通过调查发现,国防教育课程效果欠佳的原因有三个方面:一是教育形式和方法单一。目前,高校国防教育课

---

① 参见《中华人民共和国国防教育法》,中国法制出版社2001年版。
② 参见廖济忠:《论国防教育与大学生综合素质培养》,中南大学硕士学位论文,2005年,中国知网。

程基本上采用多媒体教学,但多采用讲授法,教师从头讲到尾,与学生互动很少。62.96%的学生认为要改革教学方法、增强课程吸引力;二是教学内容缺乏时代性。教师授课是按照教材照本宣科,与当前国内外局势关联不紧密,离学生的关注点和兴趣点相差太远。调查显示,39.07%的学生认为教学内容陈旧、简单,37.17%的学生认为要根据不同年级和阶段确定相应的国防教育内容,33.61%的学生认为要按照"少而精"的原则编写统一教材,规范、优化教学内容。三是师资力量不强。目前,高校国防教育的师资主要有三种类型——外聘部队院校教师、本校相关专业教师和本校的转业军人,其中外聘部队院校教师最受学生欢迎,本校少数相关专业教师也很受学生喜欢,转业军人的授课欢迎度较低,这可能与授课教师的课堂表达和教学艺术有关。在回答"军训中最难忘的事情是什么"时,有的学生的回答是:"最令我难忘的是上军事理论课时,一个老师讲得热泪盈眶,全场为之动容,并报以热烈掌声,爱国情绪高涨"。由此可见,教师的学识和能力对高校国防教育的效果起着决定的影响,国防教育师资亟须得到改进和加强;四是评价考核需改进。27.30%的学生认为要以提高综合素质为目的,不断完善考核方法,而不能一考了之;22.63%的学生认为要将国防教育课程纳入人才培养体系,所有国防教育课程均计学分。

(4)国防教育课外支撑系统薄弱。

通过调查发现,国防教育课外支撑系统比较薄弱,主要表现在三个方面:一是课外活动的国防教育功能挖掘不够。选择"学校没有国防教育类学生社团"的学生占72.7%,选择有1个、2—3个学生社团的学生各占11.9%;49.8%的学生选择的是学校没有开展国防教育课外活动,可见高校课外活动的国防教育功能还未引起高校领导、管理部门和师生的关注和重视;二是高校国防教育网站建设未得到足够重视。1/3的学生选择学校没有国防教育类网站(页),学生喜欢的国防教育类网站类型依次是军事(国防教育)类专题网站(42.1%)、综合性网站中的军事版块(38.1%)、高校的国防教育网站(6.2%),其原因依次是:内容有深度和针对性（40.06%）、信息量大（32.05%）、适应大学生的兴趣爱好（33.38%）。三是社会支撑系统的国防教育功能有待加强。学生在课外主动接触国防教育的方式依次是：观看战争题材影视作品（35.47%）、阅读军事资料（22.73%）、阅读战争题材文学作品（19.87%）、跟同学交流军事信息（16.27%）、参加社会开展的国防教育活动（5.67%），有近八成的学生主动进行国防教育的内容来自影视、报刊和书籍。由此可见，国家的影视、新闻和出版系统对我国国防教育和爱国主义教育起着举足轻重的作用，但学生对目前我国国防教育类作品的期望很高，评价为满意、一般和不满意的比例依次是 24.5%、49.5%、26%，文艺作品的国防教育作用还有较大的发展潜力和提升空间，需要引起社会和影视、新闻、出版单位的高度重视。

第三节　以国防教育促进大学生
思想政治素质培养

高校国防教育工作开展以来，国防教育的效果和大学生国防素质得到了极大的提高，有力地促进了大学生爱国精神、民族精神、忧患意识、责任意识的培养和个人品德的形成，得到了高校师生的一致肯定。当前，在全国上下高度重视大学生思想政治素质教育的良好氛围中，应该进一步发挥高校国防教育和思想政治素质教育各自的优势，不断强化教育目的，持续优化教育过程，努力巩固教育效果，逐步形成二者相互促进、相互补充、相互支撑的良性机制，促进大学生的全面发展。

一、加强三种教育，强化教育目的

党的十六届六中全会通过的《中共中央关于构建社会主义和谐社会若干重大问题的决定》指出："马克思主义指导思想，中国特色社会主义共同理想,以爱国主义为核心的民族精神和以改革创新为核心的时代精神,社会主义荣辱观,构成社会主义核心价值体系的基本内容。①"其中,以爱国主义为核心的民族精神和以改革创新为核心的时代精神是社会主义核心价值体系的精髓。根据大学生思想政治素质的现状,必须着重加强大学生民族精神、忧患意识和责任意识教育,不断提高大学生的思想政治素质。

1. 加强民族精神教育,增强大学生心系中华的自豪感

民族精神就是一个民族所普遍表现出来的精神活力和个性特征,是一个民族普遍遵守和奉行的有利于社会进步和民族利益的社会信念、价值追求、道德风尚。② 江泽民指出:"民族精神是一个民族赖以生存和发展的精神支撑。""面对世界范围各种思想文化的相互激荡,必须把弘扬和培育民族精神作为文化建设极为重要的任务,纳入国民教育全过程,纳入精神文明建设全过程,使全体人民始终保持昂扬向上的精神状态。"③弘扬和培育民族精神是学校思想政治工作的重要组成部分,是高校国防教育的重要内容,是不断增强综合国力的根本要求,是全面建设小康社会的迫切需要。

民族精神是一个民族的脊梁,是一个民族信心和力量的源泉。以爱国主义为核心的大学生思想政治素质教育和国防教育,必须加强以爱国主义为核心的民族精神教育。民族精神集中表现在以下几方面:一是强烈的民族自豪感。民族自豪感是一个民族对自己生活国度的自然环境、伟大成就和历史、文化、语言、传统等无比热爱而产生的光荣感和豪迈感,是推动本民族不断进步的爱国主义情感。二是坚强的民族自尊心。民族自尊心是一个民族热爱自己的民族和祖国,不容许外人歧视、凌辱本国和本民族的尊严、荣誉,坚决维护国家和民族利益的情感,是维护国家和民

---

① 参见《十六大以来重要文献选编》下,中央文献出版社 2008 年版,第 661 页。

② 参见欧阳康,吴兰丽:《"民族精神"的概念界说与研究思路》,《华中科技大学学报》2004 年第 2 期。

③ 《十六大以来重要文献选编》上,中央文献出版社 2005 年版,第 30 页

族利益、促进民族平等的强大精神动力。三是坚定的民族自信心。民族自信心是一个民族在其前进的道路上,依靠自己的力量,战胜困难,创造美好未来的一种充满坚定信念的情感。它建立在充分认识本民族聪明才智和力量的基础上,是对自己祖国无限忠诚、无限热爱的综合体现。

随着改革开放的不断深入,大学生的思想政治素质也随之发生了变化,一些大学生不同程度地存在政治信仰迷茫、理想信念模糊、价值取向扭曲、诚信意识淡薄、社会责任感缺乏、艰苦奋斗精神淡化、团结协作观念较差、心理素质欠佳等问题。① 在极少数大学生中出现贬低自己的民族,歪曲革命历史,丑化民族传统的行为。甚至有大学生认为"日本侵华推动了中国历史文明进展"、"侵华战争促进了社会的进步和发展"、"如果由日本人来治理会比中国政府治理得好"。② 因此,高校以国防教育等为载体,加强民族精神教育是一项迫在眉睫、急需推进和加强的工作,是高校国防教育和思想政治素质教育的重要内容和有机组成部分。

世界各国把民族精神教育作为加强民众爱国主义教育的重要内容。如美国一直把"美国精神"作为公民教育的重点,在"911 事件"后更是如此;新加坡于 20 世纪后期开展"国家至上"的价值观教育,增强了各族人民对"新加坡人"的认同感和为国效忠的意识;韩国推崇"身士不二",培育"韩国精神";俄罗斯近年先后制定了对青年、对全民进行爱国主义教育的大纲和法案,力求重振民族精神。由此可见,爱国精神和民族精神相辅相成、不能分割,在经济快速发展、国际局势相对平稳的和平时期,加强公民民族精神教育显得尤为突出和关键。

在高校国防教育中加强民族精神教育,主要途径有三:一是加强民族传统和历史文化教育,吸收民族文化精粹。在国防课程教学中,要深入开展传统文化、革命传统、形势政策等教育,尤其是要让学生了解中国共产

---

① 参见《十六大以来重要文献选编》上,中央文献出版社 2005 年版,第 179 页。

② 参见方军:《我认识的鬼子兵与我不认识的大学生》,《中国青年报》2000 年 1 月 12 日。

党领导各族人民为争取民族独立解放和国家繁荣昌盛而艰苦奋斗、不屈不挠的光辉业绩,从而增强学生热爱祖国、心系中华的自觉性。二是加强国际局势和世界文化教育,了解世界先进成果。在国防教育中要加强国防形势教育,使大学生主动学习国外先进的军事和军事思想,了解并吸收国外先进的军事科技,积极推动军队信息化建设,提高军队信息化作战能力,为打赢信息化条件下的高技术战争打下良好的基础。三是加强实践教育和自我教育,培养大学生主人翁精神。在国防教育中,要充分发挥学生的主体作用,发挥学生在国防教育中的主观能动性,通过组织观看国庆阅兵、参观国防教育基地、参与国家重大活动(如担任奥运会志愿者)等活动,让学生在主动参与的过程中体会民族精神的深刻内涵。

2. 加强忧患意识教育,增强大学生振兴民族的紧迫感

2007 年 12 月 17 日,胡锦涛在新任中央委员、候补中央委员学习十七大精神研讨班开班式上的讲话中强调指出:"越是形势好的时候,我们越要有忧患意识,越要居安思危。"①2008 年元旦,在全国政协新年茶话会上,胡锦涛再次强调:"继续牢牢抓住和切实用好重要战略机遇期,增强忧患意识,做到居安思危。"②在短短的半个月内,胡锦涛分别在几个重要场合反复强调"增强忧患意识,做到居安思危"。可见,面对当前严峻的国际国内形势,我们强化忧患意识、加强危机教育是何等的迫切和重要。

忧患意识是主体在对自然、社会和人生一定问题的思考中所呈现出的压抑感受和焦虑不安的精神状态,是具有理性意义和意志倾向的沉重情感。它既包括对个人自身命运的关注和忧虑,也包括对自然和社会危机的一种感受和预知能力。在执政的中国共产党人不断强调增强执政党的忧患意识的时刻,作为未来社会主义事业的伟大建设者和接班人的当代大学生,对他们进行忧患意识教育显得更为紧要和迫切。

---

① 《十七大以来重要文献选编》上,中央文献出版社 2005 年版,第 119 页。

② http://news. xinhuanet. com/newscenter/2008/01/01/content_7347045. htm.

中华民族是一个具有强烈忧患意识的民族,并有着忧患意识教育的良好传统。但反思过去的忧患意识教育,可以发现仍然存在一些比较突出的问题,不利于大学生忧患意识的培养和形成,也影响到思想政治素质教育的实效性。一是忽略了忧患意识教育的层次性。忧患意识分为人对自然、自身和社会三个层次。对自然的忧患意识促使人们努力探索客观世界的规律,推动着人类历史前进的步伐。对人自身的忧患意识促使人们不断完善自身的道德修养、注重自身发展。社会忧患意识是最高层次,体现为对天下兴衰和政权交替的忧虑。"先天下之忧而忧,后天下之乐而乐"、"天下兴亡,匹夫有责"都是这种忧患意识的典型写照。很显然,以往我们在忧患意识教育中更注重对社会忧患意识的教育和培养,而对自身的忧患意识尤其是对自然的忧患意识教育较为忽视。如有的大学生把民族、国事时常挂在口中,而同时却不思进取,对自身行为不负责任,对人口爆炸、生态失衡、能源危机影响等漠不关心,对身边的环境破坏熟视无睹,甚至自己也充当环境的破坏者。二是忧患意识教育氛围不浓。国家舆论宣传和学校德育坚持正面宣传为主,缺乏批判和忧患意识。正如有人所说:中国报上喜事多,外国报上灾难多。人们习惯于总结成绩、宣传成绩,勤于纵向欣赏和掩饰问题,疏于横向比较和公开问题。当代大学生在赞美、宠爱的环境中长大,缺乏足够的忧患意识教育。他们一旦陷入困境和危机,往往不知所措,容易出现用情感代替现实、用冲动代替理智的现象。

在高校国防教育中加强忧患意识教育,主要途径有二:一是加强国防历史和国防形势教育。通过对我国严峻的国际形势和复杂的周边环境的分析,帮助大学生客观认识国内外局势,从而增强民族忧患意识;通过国防知识和国际安全形势教育,强化他们"国家兴亡、匹夫有责"的爱国思想,激发他们的爱国之心、报国之志,增强保卫祖国的政治责任感;通过对可持续发展战略和科学发展观的学习,培养学生对自然的忧患并最终外化为保护周边环境的自觉行动等。二是充分利用国际国内重大事件,营造适当的忧患意识教育氛围,一方面可以通过组织学生观看国庆阅兵、奥运会开幕式、载人航天飞行等事件的电视直播,让学生深入了解新中国成立以来取得的伟大成就,激发大学生民族自信心和自豪感;另一方面可以通过组织学生围绕"我国南联盟大使馆被炸"、"中美南海上空飞机相撞"、"奥运火炬海外传递受阻"等事件展开讨论,帮助学生认清事实真相,引导学生思考事件背后的深层次原因,从而激发大学生振兴民族的紧迫感和献身祖国的使命感。

3. 加强责任意识教育,增强大学生报效祖国的使命感

责任意识是群体或个人在一定社会历史条件下所形成的为了建立美好社会而承担相应责任、履行各种义务的自律意识和人格素质。从德育角度来看,责任意识是指个体对自己在人类社会和自我发展中所承担的责任的一种意识,是对自己在道德活动中完成道德任务的情况是否满足其道德需要而产生的情感体验。从社会实质上看,人的责任意识反映的是人的价值问题,即社会对个人的尊重和满足以及个人对社会的职责和贡献。责任对任何人来说都是不可推卸的。马克思、恩格斯在谈到人的责任时指出:"作为确定的人,现实的人,你就有规定,就有使命,就有任务,至于你是否意识到这点,那都是无所谓的。"[1]

强烈的社会责任感一直是大学生精神风貌的写照。大学生总是最早意识到社会变迁和改革,并自觉履行社会责任。近年来,大学生以社会实践、志愿者活动、"三下乡"活动等方式践行自己的社会责任。自 2003 年组织实施"大学生志愿服务西部计划"以来,一批批品学兼优的大学应届毕业生到西部贫困地区从事志愿服务工作,用自己的实践体现了当代大学生"以天下为己任"的社会责任感,体现了大学生关注社会、敢于担当的良好形象。据一项全球比照性综合调查——世界公民文化与消费潮流调查显示,责任感是第二个为全球人民所重视的品质,而重视责任感的中国人却只有30%多一点,处在世界各国垫底的位置。[2] 在现实中,当代大

---

① 《马克思恩格斯全集》第 3 卷,人民出版社 1980 年版,第 329 页。

② 参见凌月:《全球调查:你向下一代灌输什么样的价值观》,《光明日报》1995 年 10 月 6 日。

学生的责任意识也不容乐观,如:部分大学生社会责任意识明显淡化,注重个人利益和个人价值实现的倾向加强;校园内奢侈攀比、享乐主义抬头;诚信意识滑坡,"枪手"替考、求职造假、恶意拖欠学费等现象较为常见。因此,大学生责任意识教育仍需进一步加强。

在国防教育中加强大学生责任意识教育主要途径有三:一是充分发挥思想政治理论课程的主渠道作用,加强大学生的"三观"教育。充分挖掘理论课程的教育功能,多渠道、多层次地帮助大学生树立坚定的理想信念,强化社会个体必须承担的社会责任;二是充分发挥实践环节的体认功能,形成良好的责任意识。通过军事队列训练和团队竞赛等活动,让大学生充分认识到个体在集体中应该承担的责任,让学生在责任的承担中体会成功的快乐,进而形成集体主义荣誉感和积极进取的合作竞争意识;三是充分发挥个体的自我教育功能,为责任意识的培养增添永续动力。要在国防教育中强化大学生的自我教育、自我管理、自我服务意识,让他们在各类活动的组织、策划和参与中,激发、调动内在驱动力,提高其自我教育、自我完善的能力,唤醒自身对家庭、民族、国家的光荣责任和历史使命,激活大学生自我认识、自我完善的能力,从而更好地承担起建设和保卫祖国的重任。

二、抓好三个环节,优化教育过程

教学的组织和实施是教学过程中最为关键的环节,如何充分发挥国防教育课程的功能,提高教学效果是当前必须重视的问题。有关调查发现,大学生对国防课程表现出明显的两极性,即:对国防知识有深厚的兴趣,但对国防知识的掌握几乎是空白;对国防高科技、世界热点问题有强烈的敏锐性,但又不能全面、正确地分析世界军事、政治发展趋势;对世界军事强国武装力量表达了强烈的羡慕,强烈的爱国心,但又对我军现代化进程缺乏足够的信心。由此可见,高校国防教育的任务艰巨,但前程远大。只有不断优化教学过程,做到课程设置系统、机制保障到位、教学组织规范,才能实现培养德智体全面发展的社会主义事业合格接班人和保卫者的目标。

1. 课程设置系统

随着高校教学改革的不断推进,很多公共基础课、专业课都通过精选课程内容、压缩课时、改进教学手段等方式进行了课程改革,教学效果得到了提高。而如何克服国防教育内容多和教学课时少、选修学生多与授课教师少、学生期望值高和学生满意率低等矛盾,积极推进国防教育教学改革,科学设置国防教育课程,以增强国防教育的效果,促进大学生思想政治素质的提高,需要做到以下三点。

（1）突出理论的前沿性。

自国防教育试点工作开展以来,国防教育研究一直处于研究浅、范围小、人员少的状态。在部分高校启动国防教育硕士的培养后,国防教育研究进入了一个空前活跃时期,研究的广度、深度得到拓展,出版了一批高质量的研究成果,极大地推进了国防教育的发展;同时,通过学校培养和个体研究,国防教育硕士生的研究能力和水平得到提高,为高校国防教育的开展提供了高素质的教师队伍,为国防教育的课程改革提供了强有力的人才保障。因此,我们认为高校国防教育进入了一个空前的发展机遇期,为增强国防教育课程安排的科学性和训练活动的实效性提供了良好平台和基础。就目前而言,要着重做好三方面的工作:一要深入开展国防教育调查研究,准确了解高校国防教育现状,为加强和改进国防教育掌握第一手资料;二要客观分析制约和影响国防教育效果的因素和原因,借鉴国外相关教育的成功做法和先进经验,结合我国实际,提出并采取合理的对策;三要准确把握大学生的特点和兴趣需求。严格按照教育规律办事,突出必选内容的全员性和严格性,保证教育的全程性和发展性,突出课外活动的兴趣性和拓展性,让有兴趣和能力的优秀学生得到较为专业的指导,把他们培养成国防教育的先进典型和模范精英,在校园国防教育氛围的营造中发挥引导和示范作用。

（2）注重目标的层次性。

要保证国防教育取得良好效果,更好发挥国防教育的德育功能,就必须注重国防教育目标的层次性和课程的延续性。问卷调查有关数据说明，大学生认为最有效的国防教育课程类型依次是：挑战性课程、精神性课程、知识性课程、训练性课程。因此，我们在国防教育课程的安排中，必须充分尊重大学生的兴趣爱好和需求特点，一年级以全员参与的训练性课程为主，二、三年级以必修或选修形式的知识性课程为主，四年级以满足学生兴趣的挑战性课程为主，①形成国防教育课程的金字塔结构，既体现了国防教育强制性和全员性，又体现了国防教育层次性和渐进性，满足了不同学生群体的差异化需求，也培养了一批国防素质过硬、技能全面的精英型人才。

（3）把握渗透的关联性。

国防教育内容的丰富性和教育任务的艰巨性决定了国防教育必须实施"一门为主、多线渗透"，才能形成良好的教育氛围，强化国防教育效果。在国防教育的课程渗透中，必须从不同院校、不同专业的具体情况出发，尊重学生的个性特点，促进国防教育与相关课程共同发展。一要考虑院校特点。如：在理工科院校可以组织开展纳米技术装备、激光武器研究、飞行动力学、指挥自动化、信息网络战等方面的专题介绍，增加理工科大学生的学习兴趣和国防热情；在文史类院校可以进行国防历史学、国防思想、国防法律、国防地理、国防经济、军事战略及其他国防基本理论的介绍，激发文史类学生对国防形势的关注和兴趣。二要考虑专业特点。把国防教育与学生所学专业紧密的结合起来，如可以对法律专业学生介绍国内外军事法律，对新闻专业学生介绍信息化条件下的舆论战，对信息专业学生介绍信息网络战，对医学专业学生介绍信息战条件下医疗保障等。三要考虑学生个性特点。根据不同学生的兴趣和需求特点，开设不同层次的国防教育课程。如，组织军事社团开展丰富多彩的自我国防教育活动，组织有能力和有兴趣的学生参加野营训练、武装越野、生存训练等以

---

①　参见廖济忠：《论国防教育与大学生综合素质培养》，中南大学硕士学位论文，2005 年，中国知网。

难度项目为内容的挑战性课程的学习。这样既可丰富国防教育的内容，又可使部分学生得到锻炼和提高，逐步构成高校国防教育的立体课程体系，更好推动国防教育的深化和提高。

2. 机制保障到位

国防教育开展的组织形式和机制决定了国防教育的地位和手段，师资力量的强弱直接制约了国防教育课程质量的高低和国防教育效果的强弱，在一定程度上影响着学生国防精神的形成。因此，高校要在国防教育机制和师资保障上下功夫。

（1）完善国防教育机制。

自1984年国家开始国防教育试点工作以来，高校国防教育工作成果显著，但同时不容否认，政府国防教育领导机构和教育行政部门对高校的国防教育工作重视不够、投入不足等问题一直存在，良好的国防教育氛围和合力并没有形成，极大地影响了国防教育活动的开展和教育实效的取得。大学生思想政治素质教育是高校一贯重视和持续推进的重点工作，已经形成了良好的工作机制和保障条件。自《中共中央国务院关于进一步加强和改进大学生思想政治教育的意见》出台后，中央有关部委先后出台30多个配套文件，把高校德育工作推向了一个新的阶段，极大地促进了高校德育工作的开展。因此，高校国防教育应该借重大学生思想政治素质教育的良好机制，促进二者有机融合，把大学生国防教育与高校德育同规划、同部署、同落实、同督察，发挥集中性国防教育对大学生爱国精神、团队意识、纪律观念和意志品质的强化功能，发挥德育系统对分散国防教育的保障功能，把国防教育讲座、国防社团活动、国防技能竞赛、国防课题研究等纳入德育系统的运行和保障系统，增强国防教育的系统性；充分发挥德育课堂对国防教育的渗透功能，既丰富德育课堂的内容，又形成相关课程的国防教育合力，营造互补共生的课堂教育环境；充分发挥高校德育工作队伍对国防教育活动的指导功能，拓展国防教育工作队伍，调动各方面人员开展国防教育工作的主动性和积极性，形成全员重视、全员关注、全员参与的国防教育立体格局，增强大学生德育和国防教育实效。

（2）加强师资队伍建设。

就我国目前对国防教育师资的界定，一般是指直接从事军事课程教学的人员，即从事国防课程教学和军事训练的军事教员。高校的军事教员一般由临时聘请的现役军人、本校相关专业教师和本校复员军人三部分组成。大部分军事教员为临时聘请的现役军人，主要负责军事训练的教学工作，国防教育理论课一般由本校专业教师完成。目前，我国高校国防教育师资的数量和教员素质完全不能满足国防教育的要求，在一定程度上导致了军事理论课效果欠佳、教学管理脱节、高年级国防教育课程极少等现象的发生。鉴于高校国防教育和大学生思想政治素质教育之间的内在联系，高校可以适当整合丰富的德育资源，从而扩大国防教育的师资队伍，丰富国防教育的阵地和载体，形成大学生教育和管理的良好机制。基于这种认识，我们可以从以下三方面加强国防教育队伍建设。首先是打造骨干教学队伍。可以通过引进、选培等方式，培养一批从事国防教育基础课教学的师资。同时，可以建立军队国防教育拔尖人才来地方高校讲学的机制，促进国防教育人才共享、信息互通、共同发展的机制形成。其次是培训专题师资队伍。高校军训领导小组要深入研究国防教育的有关内容，确定课程渗透的内容和形式，确定思想政治理论课等公共课和其他专业课的渗透的内容和环节，定期组织相关教师开展研讨，形成国防教育的立体教育格局。再次是培养兼职指导队伍。目前，我国高校国防教育社团稀少，国防教育活动精品奇缺，关键在于没有赋予大学生教育和管理队伍的国防教育职责，没有充分发挥他们在国防教育分散阶段的指导和组织作用。只要将辅导员和团学干部进行相应的培训指导，就会有一大批优秀的国防教育社团发展壮大起来，就会有丰富的国防教育活动出现，从而形成良好的国防教育氛围。

3. 教学组织规范

从高校国防教育的组织开展来看，大学生军事训练的经费基本能够保证，但对理论课教学条件的保障上或多或少地存在欠缺，教学资料、教学设备和教学实践的经费难以得到保障，从而影响了理论课的教学效果。

正因为国防教育与大学生思想政治素质教育的不可分性,效果的共享性,各级政府和各高校要加大对国防教育的投入,以实现国防教育教学手段的现代化、教学资源的网络化和教学模式的多样化。

(1)教学手段现代化。

军事理论课是一门综合性的应用课程,其特点是内容多、覆盖面广,而目前高校给军事理论课的学时却不多。面对教学内容与学时之间的矛盾,教师必须借助教学手段的现代化。军事理论课要积极引进和采用现代教育技术手段,开展网络教学,发挥多媒体教育的功能,营造形象生动、内容丰富的国防教育氛围,以提高教学质量和效率;建立教学模型库和实物展示室,让学生直观了解武器装备的外观、性能,提高学生对武器装备的感性认识,从而准确了解我国国防装备方面的真实情况;利用网络开展电子对抗模拟实验,帮助学生真正了解信息化条件下网络战、电子战的真实状况,以激发大学生学好本领、服务国防的热情。

(2)教学资源网络化。

高等教育教学改革就是要把学习的自主权还给学生,发挥大学生在课程学习和素质培养中的主观能动性,在培养方案的指导下充分展现大学生的个性,培养出基础扎实、特色突出的各类人才。因此,在国防教育中,高校必须利用网络平台,把相关课程的电子教案、辅助影像资料、国防最新动态等内容放在网络平台上,办好网络课堂,建立国防教育网站,建立大学生自主学习平台和师生沟通渠道,推动国防教育与网上活动的有机结合,促进军事理论教学向纵深发展。

(3)教学模式多元化。

课堂教学活动的多样性,为学生参与课堂教学创造了更多机会。不断探索国防教育课程实施的有效形式,切实把国防教育的思想渗透到多学科,把高校国防教育融入到学校教育的各个环节,把国防教育与专业教育相结合,与思想政治素质教育相结合。在教学中坚持理论与实践相结合,集中讲授与分散自学相结合,课程教学与观摩相结合。应根据不同的教学内容,采取不同的教学方法。如在学习我军武器装备时,可采取现场教学的方法,组织参加军队院校,参观现代武器装备和兵器模型等,增强学生的学习兴趣,加深他们对军事知识的理解和掌握。

三、利用三类载体,巩固教育效果

行为心理学研究表明:21 天以上的重复会形成习惯;90 天的重复会形成稳定的习惯。即同一个动作,重复 21 天就会变成习惯性的动作;同样道理,任何一个想法,重复 21 天,或者重复验证 21 次,就会变成习惯性想法。所以,一个观念如果被别人或者自己验证了 21 次以上,它一定已经变成了你的信念。因此,要使爱国主义、集体主义和社会主义教育深入大学生心中,把自身的爱国之情、报国之志和效国之行变成个体的习惯性情感和行为,高校就必须在充分发挥军事课程的强制性国防教育作用的基础上,从不同的渠道、以不同的方式、在不同的环境中不断重复、反复强调,把爱国精神、民族情感、责任意识和纪律观念内化为自身素质的重要组成部分,从而巩固国防教育的良好效果。

1. 以校园文化活动为载体,倡导自发性国防教育

校园文化活动是学校精神文明建设的重要阵地,是培养高素质人才的重要渠道,是大学生锻炼自我、展现自我和完善自我的载体和平台。因此,高校要充分利用党、团、学组织的优势,以校园文化活动为载体,借助校园文化的多种表现形式,积极开展以爱国主义为核心,以弘扬民族精神为主题,以国际军事热点为主要内容的校园文化活动,不断升华大学生的国防情感和爱国热情。

在自发性国防教育活动中,要注重丰富和充实校园文化活动:一是开展主题突出的教育活动。结合各类重要纪念日和传统节日开展纪念活动,充分挖掘不同纪念日的意义和内涵,围绕主题组织开展专题报告、国防讲座、国防成果展、英模报告会等形式多样的活动,做到主题活动不断线、教育范围全覆盖。二是开展形式多样的文化活动。学校团学组织可以结合大学生关注国际、国内大事的特点,围绕他们所关注的军事热点问题,如,中东局势、巴以冲突、朝鲜核问题、南沙群岛主权、恐怖袭击等,聘

请专家、学者举办专题讲座，引导学生用马克思主义的战争观和方法论来发现、分析和解决问题，提高他们对国际军事局势的判研能力。三是开展特色明显的社团活动。当前高校国防教育类社团数量少、层次低、效果差，学校可通过专业指导、经费支持、场地保障等方式，引导和扶持一批有广泛群众基础和发展潜力的国防教育社团，如"国防教育协会"、"军事爱好者协会"、"军体竞技协会"、"网络攻防协会"、"舆论战研究协会"等，让学生在活动的参与和体验中接受教育、拓展视野、提高技能、增长才干，增强国防教育社团在大学生群体中的吸引力和影响力。

2. 以社会实践活动为载体，支持体验性国防教育

社会实践是大学生国防教育的重要而有效的途径，能够帮助大学生了解社会，增长才干，奉献社会，锻炼能力，增强历史使命感和社会责任感，促进良好国防道德品质的形成，从而达到自觉履行国防义务、主动承担国防责任的目标。江泽民对大学生社会实践十分重视，殷切希望大学生："深入实际，深入工农。研究社会，了解国情，理论联系实际，在实践中认识世界，改造世界。植根于工农群众之中，从群众身上汲取营养和智慧，把自己的力量与人民的力量融合在一起。"①

在体验性国防教育中，在着重发挥以下三类社会实践活动的积极作用：一是深入开展社会调查活动。大学生可以开展革命老区社会调查活动，让学生从老区的历史、现状来认识中国革命的艰辛，体会革命胜利的不易，从而倍加珍惜当前的改革成果。二是广泛开展专业服务活动。大学生可以利用自己的专业特长服务新农村建设和城镇工业化建设，为当地农业、工业和医疗等行业解决技术问题，既服务社会，又锻炼自我。三是积极开展专题实践活动。在条件许可的情况下，大学生可以开展"军事野营"活动，以增强学生的团队精神，培养吃苦精神和野外生存能力，形成革命英雄主义精神。此类实践活动因为有危险性和挑战性，所以一定要在专业人员指导下，选拔综合素质好又有军体专长的学生组成团队，

---

① 《十三大以来重要文献选编》中，人民出版社 1991 年版，第 1054 页。

在严格的制度约束和充分的后勤保障下,才能收到好效果,达到实践目的。

3. 以大众传播媒介为载体,推进熏陶性国防教育

舆论环境对大学生思想政治素质教育的影响发挥着强化或者削弱的作用,是思想政治素质教育的一种"场"和"势"。我们的调查数据表明,大学生主动接触国防教育的形式依次是"观看战争题材影视作品"、"主动阅读军事资料、了解国家国防现状和国内外军事动态"、"跟同学交流军事信息、讨论国防问题"、"主动参加社会开展的国防教育活动",所选比例依次为 77.91%、49.93%、43.64%、35.74%、12.45%(此题为多选题);认为目前我国国防教育类书籍、报刊、影视作品"种类丰富、教育意义强"的学生占 24.5%,认为"种类一般、教育意义一般"的学生占 49.5%,认为"种类不丰富、教育意义不足"的学生占 18.5%,认为"种类严重不够、教育意义严重不足"的学生占 7.5%。由此可见,近八成的学生通过影视作品主动接受国防教育,大众传播媒介在高校国防教育、全民国防教育中起着非常重要的作用。

在熏陶性国防教育中,大众传播媒介要着重发挥以下三方面的作用:一是要弘扬主旋律,加强正面宣传、正面报道、正面教育。国防教育应依托大众传媒,"用正确的舆论引导人","用高尚的精神塑造人",树立先进典型,倡导时代风尚,旗帜鲜明地开展正面教育;国家宣传、影视和出版部门要站到国家和民族的高度,创作和生产一大批人们喜闻乐见、意义深刻、形式多样的经典作品,激发全民族的忧患意识和爱国精神,形成重视国防教育、支持国防教育、参与国防教育的良好氛围,为国防建设和爱国力量的凝聚提供有力的舆论环境和精神动力。二是发挥大众传媒的评价和监督功能。要有针对性地深刻剖析一些反面典型,组织舆论批评,引导民众讨论,实施舆论监督,对不利于国防教育开展、有害于国防精神形成的做法和行为形成有力舆论氛围;三是净化网络环境。用法律法规去规范网络行为,用网络技术去屏蔽不良信息,用红色网站占领网络阵地,提高红色信息在网络上的吸引力和话语权,增强国防教育网站对青年学生

的影响力,让五星红旗在互联网高高飘扬。

结梯救人献身　"90 后"也是可敬的一代

在古城荆州,在寒江救人的英雄赵传宇的母校长江大学,又涌现出一个英雄群体。昨日,为救两名落水少年,该校 10 多名大学生手拉手扑进江中营救,两名少年获救,而 3 名大学生不幸被江水吞没,英勇献身。(10 月 25 日《楚天都市报》)

舍己救人、英勇献身,很多英雄事迹可歌可泣。而当一群"90 后"结梯扑进江中营救落水者,更是使人肃然起敬。陈及时、何东旭、方招,三位同学是 19 岁花样年华的大学生,三人都处于备受诟病的"90 后"群体中,却作出了英雄式壮举——挽回了他人的生命,年轻的自己却与世长辞。

鲁迅笔下九斤老太"一代不如一代"的喟叹,被无数次地运用到"90 后"这个群体身上。迷失的一代、自我为中心、无社会责任、垮掉的一代,提及"90 后",人们无需经大脑思考便能像念顺口溜般说出这样一大串形容他们的词。自私也好,冷漠亦罢,这些牛皮癣式的标签不该贴在这群结梯救人的"90 后"大学生身上。

忧天的杞人曾预言"80 后"是垮掉的一代,但在大是大非面前"80"后经受住了考验最终没有垮掉,还义无反顾地肩负起了社会责任。也有人说,"90 后"比"80 后"更甚,是"崩溃的一代",但从 2008 年奥运火炬海外传递受阻到汶川大地震抗震救灾,"90 后"孩子表现出来的坚忍、自强、互助的精神,并不比以往任何一代逊色。

几年前,同是长江大学的"80 后"学生赵传宇寒江救人的事迹感动了很多人。时年 87 岁高龄的作家魏巍在给他的信中写道:"这一切都使我陷入深深的感动中,并使我透过历史,重新看到雷锋的身影,雷锋高尚的灵魂!"几年后的今天,陈及时、何东旭、方招三人作为"90 后"的代表同样为救他人舍生忘死,若魏巍同志健在,想必也会称赞他们为"雷锋"。因为雷锋不仅仅活在几十年前,也活在当下,活在"90后"中间。

不同时代造就不同个性的群体,但相同的是一种社会责任感。虽然"90后"的大群体中出了"90后贱女孩",出了各种"90后门事件",但也出了像龙清泉一样为国争光的"90后"冠军,也出了一群结梯救人、英勇献身的"90后"大学生。在紧要关头,他们和以往几代人一样没有忘记承担起社会责任、贡献自己的力量。

在分析"90后"问题时,人们常引用哈罗德·罗森堡《荒漠之死》中的一句话:"一代人的标志是时尚,但历史的内容不仅是服装和行话。一个时代的人们不是担起属于他们时代的变革的重负,便是在它的压力之下死于荒野。"的确如此,渐趋成熟的"90后"频繁登上社会舞台的中心,并扮演着越来越重要的角色。他们开始有所担当、有所坚守,也在诸多方面赢得越来越多人的肯定和敬重。①

---

①　参见 http://comment.scol.com.cn/html/2009/10/011009_739131.shtml。

第六章　高校国防教育与科学文化素质教育的关系

高等学校是实施国防教育与科学文化素质教育的主阵地。自新中国成立起，我国就注重结合各个时期的形势，组织高等院校学生进行形式不同，内容丰富的国防教育。《中华人民共和国国防教育法》第十三条规定："学校的国防教育是全民国防教育的基础，是实施素质教育的重要内容。"在大学生素质教育体系里，居于基础地位的是科学文化素质教育，因为科学文化素质在大学生素质结构中处于基础地位，是大学生服务社会、贡献社会的基础条件。深刻剖析国防教育和科学文化素质教育的内在联系，正确认识国防教育在科学文化素质教育中的地位和作用，正确理解科学文化素质教育对国防教育的影响，对促进高校国防教育和科学文化素质教育都具有重要意义。

第一节　科学文化素质教育

建设创新型国家需要千百万具有创新意识、创新精神和创新能力的高素质科技人才，而这样的高素质科技人才应当是科学精神与人文精神相协调、科学素质与人文素质相统一的创新型人才。这种人才培养任务主要由科学文化素质教育承担。加强大学生科学文化素质教育，可以促进学生智力、能力素质的发展，使学生具有健康的心灵、充实的精神世界，同时也是教育要面向现代化、面向世界、面向未来，培养全面发展的高素质人才的客观要求。

一、主要内容

《中共中央国务院关于深化教育改革全面推进素质教育的决定》（中发〔1999〕9号）对学校的科学文化素质教育提出了具体要求。它指出，智育工作要转变教育观念，改革人才培养模式。要让学生感受、理解知识产生和发展的过程，培养学生的科学精神和创造性思维习惯。还指出高等教育要重视培养大学生的创新能力、实践能力和创业精神，普遍提高大学生的人文素养和科学素质。由此，我们可以从知识结构、技能机构、能力结构①三个方面了解高校科学文化素质教育的内容。

1. 知识结构

当今世界是知识经济的时代，知识结构决定了个人的社会生存能力，更是高校大学生就业及参与社会竞争的关键性因素。对于大学生而言建立合理的知识结构包括两个方面：学科基础知识结构和整体知识结构。②基础知识是知识结构的根基。大学生无论选择何种职业，也不管要向哪个专业方向上发展，都少不了扎实的基础知识。学科基础知识结构，指的是该学科的基本概念、原理、定理、定律以及它们之间的相互联系的规律性。在学习某一门学科时，注意力不单是放在理解它所提供的事实，主要应集中在如何把这些事实组织好，即掌握该学科的知识结构。正如美国教育家、结构主义教育思想的代表人物布鲁纳所说，"如果你理解了知识

---

① 参见谢祥清，杨曼英：《素质教育教程》，湖南师范大学出版社2007年版，第106页。

② 参见刘晓勇、刘学斌：《浅析大学生合理知识结构的构建》，《中共太原市委党校学报》2007年第2期。

的结构,那么这种理解会使你独立前进","你借此能够获悉许多事物的大量情况,纵然头脑里记住的事物数量并不多。"①整体知识结构,是指所掌握的各门学科知识的组织状况。一个人要成才,仅有单门学科的知识或虽有多门学科知识但其组成不协调都是不能发挥最佳作用的。当前社会发展及市场经济发展要求大学生在学好本专业基础知识的同时,还要具有"通才"的意识,这是对人才提出的新的要求。有资料表明,国外的高等院校都十分注重通才教育。美国强调培养学生的适应社会环境的能力,提倡"百科全书式"的教育;法国学者指出,高等教育应培养既有广阔的视野,又对某些新的问题或新的设想有高度的造诣,不受学科的历史界线束缚的人;日本教育界提出"没有综合化,就不会产生伟大的文化和伟大的人物",并竭力呼吁进行"通才教育"。在我国也有越来越多的人看到"通才教育"的重要性,不少高校已付诸实施并取得了一定成效。从我国社会发展的要求来看,大学生的整体知识结构应包含以下内容:哲学、社会学、文化学、法学、经济学、教育学、历史学、管理学、心理学以及自然科学等人文社会科学内容和自然科学内容。当然内容的搭配和组合应当与学生所学专业相结合,力求学生的知识结构的全面性和整体性。

2. 技能结构

技能是指个体运用已有的知识经验,通过练习而形成的一定的动作方式或智力活动方式。根据技能的性质和特点,可以把技能区分为运动技能和智力技能两种。运动技能包括书写、跑步、体操、骑车、操纵生产工具等,即指在学习活动、体育活动、生产劳动中的各种行为操作。运动技能主要是借助于神经系统和骨骼肌肉系统实现的。智力技能是指借助于内部言语在头脑中所进行的认识活动(如感知、记忆、想象、思维等)的心智操作,其中主要是思维活动的操作方式,例如运算、作文时的操作方式。运动技能和智力技能既有区别又有联系。运动技能主要表现为外显的骨

---

①　张大均、守俊:《论合理知识结构的认知功能与教学策略》,《宁波大学学报》(教育科学版)2000 年第 5 期。

骼肌的操作活动,智力技能主要表现为内隐的思维操作活动。感知、记忆、想象、思维是运动技能的调节者和必要的组成成分,而外部动作是智力技能的最初依据,也是智力技能的经常体现者。在完成比较复杂的活动时,人总是手脑并用的,既需要智力技能,也需要运动技能。例如,笔算主要是头脑中的"心算",用手加以记录,所以属于智力技能;体操主要是骨骼肌的活动,尽管这种活动受人的心理图式的支配和调节,但它属于运动技能。应当指出,这种区分比较符合人们的一般经验,但在解释运动员的某些行为时也会遇到一定的困难。例如,足球运动员在罚点球决定比赛胜负时,罚球者和守门员的猜测、估计、分析、决策,对于比赛结果往往起着决定性作用,这种"斗智"带有明显的智力技能的特征,但最后又是通过一些大肌肉群的运动体现出来的。单纯把这种罚点球、守点球的技能归于运动技能或智力技能,显然都不合适。需要说明的是,通常所说的技能包括了技巧,技巧是技能的高级阶段。当动作的完成达到了自动化阶段以后,当人对动作的各组成成分以及时间、空间、力量特点产生了清晰的运动知觉和动作表象以后,这种技能就成为了技巧,如,中国人使用筷子、西方人使用刀叉、打字员打字、普通人骑自行车,大都达到了技巧的程度。当然,运动场上运动员的表演,更是技巧的充分体现。

3. 能力结构

能力是个体顺利完成活动任务的直接有效的心理特征,是指心理活动和动作的可能性。学生学习的各种知识,只有运用到实践中,经过技能这一环节,才能形成能力。能力从不同角度可以分为不同类型:①一是根据能力所表现的活动领域的不同,可分为一般能力和特殊能力。一般能力是指在进行各种活动中必须具备的基本能力。它保证人们有效地认识世界,也称智力。智力包括个体在认识活动中所必须具备的各种能力,如,观察力、记忆力、想象力、思维能力、注意力等,其中抽象思维能力是核心,因为抽象思维能力支配着智力的诸多因素,并制约着能力发展的水

---

① 　参见彭聃龄:《普通心理学》,北京师范大学出版社 2001 年版,第 392 页。

平。特殊能力又称专门能力,是顺利完成某种专门活动所必备的能力,如,音乐能力、绘画能力、数学能力、运动能力等。二是根据是否受到后天因素的影响,可分为流体能力和晶体能力。流体能力是指在信息加工过程和问题解决过程中所体现出来的能力。它较少受学习和环境的影响,主要取决于个人的先天禀赋。晶体智力则是指获得数学、语文等知识的能力,取决于后天的学习。三是根据活动中能力的创造性的大小,可分为再造能力和创造能力。① 再造能力是指在活动中顺利地掌握前人所积累的知识、技能,并按现成的模式进行活动的能力。人们在学习活动中的认知、记忆、操作与熟练能力多属于再造能力。创造能力是指在活动中创造出独特的、新颖的、有社会价值的产品的能力。它具有独特性、变通性、流畅性的特点。四是根据能力的功能,可分为认知能力、操作能力和社交能力。认知能力指接收、加工、储存和应用信息的能力。它是人们成功地完成活动最重要的心理条件。知觉、记忆、注意、思维和想象的能力都被认为是认知能力。操作能力指操纵、制作和运动的能力。劳动能力、艺术表现能力、体育运动能力、实验操作能力都被认为是操作能力。社交能力指人们在社会交往活动中所表现出来的能力。组织管理能力、言语感染能力等都被认为是社交能力。在社交能力中包含有认知能力和操作能力。

二、基本特征

科学文化素质教育是素质教育的重要组成部分,也是非常重要的基础知识教育。特别是这种教育的内容和形式与其他教育有明显的差异性,而这种差异性是由其本身的特性所决定。深入研究这些特性有助于我们更好地掌握素质教育内在规律,从而更好地推进素质教育的健康发展。纵观科学文化素质教育,其特性主要可以概括为三大方面:

----

① http://www. pep. com. cn/xgjy/xlyj/xlshuku/shuku13/shuku17/200310/t20031029 _ 61338. htm.

1. 广泛的渗透性

在科学文化素质教育里,科学教育与人文教育是紧密相连、相互渗透、不可分割的统一体。二者的根本区别在于:"科学"的重点在如何做事,"人文"的重点在如何做人;"科学"提供的是"器",人文提供的是"道"。从知识角度而言,人类的知识可分为科学知识和人文知识。人文知识以科学知识为基础,两者都是人类知识体系的一部分,统一于人的精神世界,他们都是反映统一物质世界的方式,都是在现实的人的实践活动基础上产生的。科学知识用于指导对物质世界的改造,而人文知识则用来保证这种改造及其结果的性质、价值、目的。假若科学知识是改造世界的发动机,那么人文知识则是方向盘。从精神角度而言,科学精神与人文精神是人类在社会实践中创造出来的最宝贵的两种精神。这两种精神互相补充、互相促进、共同发展。科学精神保证人文精神得到真正的实现,而人文精神则保证科学精神的正确指向。离开人文精神的科学精神,并不是真正意义上的科学精神;而离开科学精神的人文精神,只是一种残缺的人文精神。没有科学精神,就不会有科学技术的发展;而没有科学技术,就会落后、贫穷,就容易挨打,人文精神就毫无生气;没有人文精神,就会被异化,科学精神就容易迷失。因此科学精神与人文精神虽有区别,但却是统一、融合、依存的。20 世纪以来,随着科学作用的极度凸显,人类慢慢将关注的焦点完全集中到科学上,其结果是科学得到了前所未有的大发展;但是在精神和道德方面,在自我认识、自我把握方面却又发育不良,呈现出极端的畸形与不平衡的状况。自第二次世界大战以来,世界各国在强化科学教育的同时,对片面科学教育及其后果进行反思,由此导致了对高等教育中人文教育地位的重新审视。赋予旁落的人文教育与科学教育并重的地位既是高等教育的发展要求,也是素质教育发展的要求。在当代,科学教育与人文教育相互渗透融合的趋势越来越明显。

2. 高度的实践性

科学文化知识来源于社会方方面面的实践活动,因此,科学文化素质教育具有很强的实践性。但是学生所掌握的科学文化知识,只是间接的实践经验,并非是自己的亲身实践所获。这些知识要真正发挥作用,必须通过社会实践,使知识内化为自身的各种素质和能力。以培养社会主义荣辱观为例。荣辱观是最基本的一种伦理价值观念,是对人们是否履行一定的社会义务和是否表现为应当的行为的道德价值认识和评价。只有分清荣辱,明辨善恶美丑,一个人才能形成正确的价值判断,一个社会才能形成良好的道德风尚。只是呆板的背诵,熟记一些概念,而不去分析社会现实问题,在实践中践行荣辱观,那么荣辱观也将是空洞的理论。爱因斯坦认为:"一个人为人民最好的服务,是让他们去做某种提高思想境界的工作,并且由此间接地提高他们的思想境界。"①这说明,人的思想品德形成离不开实践。在火热的生活中感受,在感受中感动,在感动中净化心灵。知道为智,体道为德。一个人只有用自己的言行、习惯将自己选择的"道"体现出来,才称得上德。大学生参加社会实践,置身于具体活动环境中,通过耳濡目染,更容易确立对体力劳动与脑力劳动的平等性和重要性的正确认识,更容易激发热爱劳动、热爱劳动人民、珍惜劳动成果的思想感情,更容易培养高尚的敬业精神、吃苦耐劳的作风以及艰苦创业、勤俭节约的优良品质等。再者,学生从书本上所学的科学文化知识还只是基础知识,要使自己得到进一步提高甚至有所发明创新,也不能只局限在书本知识的学习,而必须勇于实践,敢于创新,要时刻注意掌握新知识的主动权,不能轻易放过任何有益的实践锻炼的机会,特别是在知识经济迅猛发展的现代社会,只有勇于进取,敢于创新,积极参与竞争,努力运用自己的知识于实际工作中,才能从多方面锻炼自己,检验自己,进而提高自己,成为全面发展的社会主义合格建设者和可靠接班人。

3. 鲜明的时代性

科学文化素质教育不同于其他素质教育,因为科学文化知识来源于人类社会的实践活动,它是随着社会的变革和发展而不断丰富和发展的。科学文化知识能从各个方位反映社会发展的基本状况,再现人类进步的

———————————

① 《爱因斯坦文集》第3卷,商务印书馆1979年版,第32页。

坎坷辉煌。我国5000多年的文明史,就是一部科学文化知识发展史,它清晰地记载了中国社会发展的漫漫征程。以传播科学文化知识为己任的科学文化素质教育,必然要随着科学文化知识的进步或者社会发展,尽可能做到与时俱进,因而它理所当然地具有鲜明的时代性。① 缺少科学文化知识将直接或间接地影响社会进步。"在科学思想方面,社会公众如果缺乏对当代科学文化的基本了解,必然会导致对周围发生的事情缺少鉴别能力,从而为封建迷信和伪科学的泛滥提供社会土壤;在科学方法方面,如果各级领导缺乏科学方法和民主观念,不仅会导致频繁的决策失误,使民众的公共利益受损,而且会为腐败提供温床;在科学价值方面,社会公众和决策人员在强调科学的社会正效应的同时,如果看不到当代科学技术可能带来的社会副作用,势必不断地导致严重的污染、伪劣产品泛滥等问题。"②科学文化知识的继承和传播,是通过一代接一代的以知识分子为主体的广大人士来完成的,这也是后人在前人研究基础上的创新发展,反映了不同时代的科学文化的阶梯式滚动发展。从这个意义上说,当代大学生不仅要学习传统的科学文化知识和前人求实创新精神,而且要学习前辈的高尚情操和完美的道德情感。我们所说的科学文化素质教育的时代性,主要是指面向现代化、面向世界、面向未来的科学文化知识的教育,无论是理论学习,还是实践活动,都要符合社会的发展和时代的要求。这是前人未走过的改革创新之路,既要好好继承前人的文化成果,又要不断拓宽自己的认识视野,发扬改革创新和开拓进取的求实精神,创立当代科学文化领域的丰功伟绩,谱写科技发展的新篇章。这是科学文化素质教育时代性的关键所在。

三、任务目标

在科学文化素质教育里,掌握知识不等于发展智能,掌握知识与发展

---

① 参见徐梅荣:《科学文化素质教育的特性论析》,《聊城大学学报》(社会科学版)2003年第2期。

② http://www.dss.gov.cn/Article_Print.asp? ArticleID=82411.

智能既相互区别,又相互联系,它们不一定呈"同步关系",是几项相对独立的任务。但是,在科学文化素质教育过程中应当把掌握知识、技能与发展智力能力有机的结合起来。也就是说,通过掌握知识技能来发展学生的智力,培养他们的能力;又通过发展智力能力,让学生更好的获得知识、形成技能,不能偏重一方而忽视另一方。因此科学文化素质教育的任务可从传授知识,训练技能,发展智能这样几个方面来理解。

1. 传授知识

诚然,每一位专门人才的知识结构都具有自己的特殊性,这是由于他们每个人所从事的专业领域不同所决定的。但是广博性和精深性、理论性和实践性、静态性和动态性、既满足个人爱好和又符合国家需要却是现代大学生掌握系统知识的一般原则。首先系统知识是广博性和精深性的有机统一体,它既是在广博基础上的精深,又是围绕着精深目标的广博,如果把两者割裂开来,强调一个方面的作用,忽视另一个方面的作用,就必然会造成思路闭塞,所建立起来的知识结构就不能充分发挥作用。其次一个人合理的知识结构,不但是在理论知识有效积累的基础上建立起来的,而且是在实践过程中通过具体实践,不断总结经验逐步建立起来的。这就要求我们大学生除了要重视"第一课堂"的学习之外,还要开辟"第二课堂",走向社会,重视社会实践的学习。最后,合理的知识结构既是静态性结构又是动态性结构,是两者的辩证统一。从知识结构模型看,由于知识结构的各个层次和联系的各个环节都具有相对静止的位置,知识结构是静态的结构。从知识结构的趋势看,知识结构是动态性结构。因为主观认识是不断发展的,作为主观认识体现的知识结构,当然也是不断发展的。所以知识结构静有其位,动有其轨,只要能正确地认识它,不断地调整它,就一定能保持它的最佳状态,发挥它的潜在作用。第四,建立合理的知识结构,不仅要权衡自己的所长所短,而且要把兴趣、爱好、特长与国家的需要和客观条件的可能统一起来,使个人爱好服从国家需要,以国家需要培养个人爱好。

2. 训练技能

在教育过程中,不仅要传授给学生丰富的科学文化知识,而且要注意培养学生的基本技能,使学生既能动脑、又能动手,具有良好的科学文化素质结构。技能一般被认为是通过练习而形成和巩固的活动方式。学生的基本技能可以从以下几个方面进行训练和巩固。一是引导学生进行有效的练习。有效的练习是学生技能形成的基本途径,技能必须经过有效的练习才能形成。练习虽然是多次执行某种动作,但并不是同一动作的机械重复,而是以改善动作方式为目的的重复。练习使人的动作从本质上发生变化,去除多余动作,纠正错误的动作,进而形成技能。技能是在练习中形成的,但并非所有的练习都能达到同样的效果。因此,在教学中要指导学生掌握技能,必须研究练习的性质与影响有效练习的因素,正确合理地组织练习,才会使学生顺利而迅速地形成技能。二是运用各科教学培养学生的技能。各科教学不仅有利于学生掌握丰富的科学文化知识,而且也是学生掌握各方面基本技能的主要途径。学校应结合各科教学,根据学生身心发展特点,有计划、有步骤地培养学生的基本技能。如哲学课程的教学能培养学生的思维技能;英语听力与综合训练等课程的教学可培养学生外语表达、写作技能。三是开展课余培训活动以训练和巩固学生的基本技能。如,要想提高书法、摄影、舞蹈表演、乐器演奏等技能,除了可以参加学校专门安排的一些的文化素质选修课以外,还可参加学生书法协会、摄影协会、艺术团等学生团体举办的活动。①

3. 发展智能

"学生的智能水平和非智力因素是处于不断发展之中的。因此,现代智育过程是一个不断前进的动态的过程。在某一特定的阶段,学生的智能水平与非智力因素的发展水平相对于更高的智育任务而言总是存在着一定的差距,这种差距就构成了这一阶段智育过程的主要矛盾。这一

---

① 参见谢祥清、杨曼英:《素质教育教程》,湖南师范大学出版社 2007 年版,第113—114 页。

矛盾的暂时解决意味着一个具体的智育过程的结束,直至在面临新的智育任务时它又再次出现。这种矛盾贯穿现代智育过程的始终,成为现代智育过程中的主要矛盾。现代智育过程就是在这种不断产生矛盾和不断解决矛盾的过程中进行的。这一原理要求我们在智育过程中首先要通过一定的方式了解学生现有的智力、能力的现有发展水平;其次,要根据这一水平来选择适当的智育内容,一般应该依据'跳一跳,摘果子'的道理选择稍微超出学生现有发展水平的智育内容,并选择适当的方法、手段来实施智育过程;再次,要根据这一原理制定出阶段性的智育目标,以便于有计划地发展学生的智能。"①大学生智能发展教育策略很多,例如依据认知心理学原理,按照智能发展教育的进程,主要有四种教育策略:即引起注意、动机激发策略,阐释理论、认知重组策略,实践练习、知行结合策略,强化效果、信息整合策略。② 除此之外,我们认为还要重视非智力因素,如,动机、兴趣、情感、意志等。因为学生的智力品质与非智力品质之间是相辅相成、互相促进的。学生智能的发展是一个主动的过程,学生必须具有强烈的信念、独立创新的个性等人格特征,才有可能投入积极的智力活动。

第二节　两种教育异同

　　著名高等教育学家潘懋元先生指出:"近年来,我们在高等教育的应用性研究中,更加深刻地理解到高等教育是一个复杂的、多层结构的开放系统。"③这就表明,高等教育是一个在一定环境下由相互作用的若干要

---

① 王绽蕊:《现代智育过程浅论》,《江西教育科研》2002 年第 12 期。
② 参见向欣:《大学生智能发展问题与教育策略的探究》,《煤炭高等教育》2008 年第 6 期。
③ 吴温暖:《高等学校国防教育》,厦门大学出版社 2007 年版,第 76 页。

素所构成的具有特定功能的整体。高等教育的功能是一个动态的集合概念。高等教育的功能实现既取决于高等教育内部要素，又取决于与高等教育系统运行密切相关的要素的综合。在高校里同时进行国防教育和科学文化素质教育，必须正确处理好两者的关系，既要尊重分属不同领域的教育系统的差异性，也要考虑整个教育系统内在要素的一致性，以促进我国人才培养战略的顺利实施和健康发展。

一、国防教育与科学文化素质教育的疏离

在教育系统里，国防教育与科学文化素质教育是不同的教育体系，两者在教育理念、教育手段、教育过程等方面存在差异。

1. 教育理念侧重不同：艰苦磨炼与轻松学习

"宝剑锋从磨砺出，梅花香自苦寒来。"国防教育的教育理念强调通过艰苦的训练磨炼，树立正确的苦乐观，从而有效地培养百折不挠的意志、坚忍不拔的毅力和不畏艰难的吃苦精神。恩格斯的《军队》一文在描述古罗马军队体制训练的方法以后指出："训练是非常严格的。目的在于用一切可能的方法增强兵士的体力。……以保持充沛的体力和灵巧，养成吃苦耐劳的习惯。这样的兵士确实能够征服世界。"克劳塞维茨在《战争论》中说到："战争是充满劳累的领域。要想不被劳累所压倒，就要有一定的体力和精神力量。……锻炼使身体能忍受巨大的劳累使精神能承担极大的风险，使判断不受最初的影响。"①当然也许有人会这样认为，过去的战争由于武器装备落后，战争中往往要白刃格斗，浴血拼杀，所以对艰苦训练提出了很高的要求；而如今现代战争武器装备日益发展，行军有汽车、火车、飞机，远距离就可以杀伤敌人，没必要这样磨炼了。其实这是一种误解，现代战争中大规模毁伤兵器的使用，战争进程变化的急剧性，将对人的忍耐力、适应力、灵敏度等素质提出更高的要求。再来看科学文化素质教育，在它的教育体系里，课堂不是单纯地灌输知识和机械地

---

① 李先德：《国防教育学概论》，国防科技大学出版社 2007 年版，第 109 页。

强化训练场所,而是灵活安排与适当组合的生动活泼的开放性教育场所;教育也不局限于课堂和书本知识,而是积极开拓获取知识的来源和获得发展的空间,重视利用课外的自然资源与社会资源,开展丰富多彩的活动。科学文化素质教育根据学生学习和生活规律制定教学计划,严格控制周活动总量和学科教学的学时,切实提高课堂教学质量,不随意增减课程门类、难度和课时,不随意占用学生休息时间组织集体学习或补课。因此它强调的是以学生的自主活动为主要方式,把学习的主动权交给学生,激励每个学生都来积极参与教学活动,使学生在轻松自由的氛围中学会生存、学会学习、学会发展、学会做人、学会共同生活。

2. 教育过程实施相异:强制执行与自主发展

国防教育要求从难、从严、从实战出发进行训练,因此其教育过程强调强制性,主要靠强制的力量达到教育训练的标准,实现教育训练的目标。国防教育的强制性一方面体现在它是一种特殊的义务教育,是关系国家安危和民族存亡的特殊基础教育,具有普遍的约束力。公民不分年龄、性别、民族、种族、信仰、事业、文化程度,都必须接受国防教育。对于人民解放军、武装警察部队、民兵等武装力量的国防教育更加体现了强制性。如支援奥运是新形势下我军完成多样化军事任务的全新实践。从2004 年年底援奥工作正式启动以来,全军和武警部队先后出动 30 余万人,担负了安全保卫、开闭幕式表演、赛时服务保障、技术支援等 5 大类114 项支援任务,为奥运会、残奥会的圆满成功作出了重要贡献。中共中央政治局委员、中央军委副主席郭伯雄在军队支援北京奥运会残奥会总结大会上指出:"这次军队支援奥运,任务课题新,涉及范围广,行动规模大,标准要求高。部队既经受了考验、得到了锻炼,又积累了经验。"其中重要一条就是"提高标准,严格训练。任务部队在抓训练、打基础上下了很大工夫,反复苦练,严抠细训,不达标准,绝不撒手。"这是依靠国防强制性约束力完成高标准任务的生动例子。国防教育的强制性另一方面体现在它有法律的约束。国防教育的法律化,体现了国家统治阶级的意志,规定了公民的权利和义务,用国家强制力保证国防教育的顺利实施,成为人人应当而且必须遵守的社会规范。当然,在社会主义制度下,国防教育的强制性与其他社会制度的强制性不同,它体现了全体公民的根本利益和意志,最终能变成全体公民的自觉行动。相比国防教育的强制性教育过程,科学文化素质教育则提倡让学生主动发展,尊重学生的主体地位,调动学生的积极性,全面观察分析每个学生,善于发现和开发学生潜在素质的闪光点,给每个学生一个自主发展的空间。科学文化素质教育要求教育者以人为本,尊重、关心、理解和信任每一个学生,在向学生传授知识的同时,"授之以渔",教会他们终生学习的本领。同时,强调培养学生的创新意识和创造能力,及时开发有潜能、有才华的学生,使他们具备不断创新、不断发展的竞争能力和可持续发展的能力。

3. 教育模式解读不一:整齐划一与个性张扬

由于国防事业的特殊性,国防教育要求令行禁止,统一指挥,统一行动,当然这也是高度纪律观念的体现。只有这样,当国家安全受到威胁的时候,一声令下,才能招之即来,来之能战,战之能胜;才能使全军、全民步调一致,万众一心,去夺取胜利。抗美援朝中伟大战士邱少云在战斗中体现出来的严肃纪律精神,为我们在一切行动听指挥方面树立了光辉的榜样。随着科学技术的迅猛发展,对纪律性要求越来越高。现代诸兵种协同作战,假如没有统一的指挥,统一的步调,战争的结果是不可想象的。就大学生而言,国防教育的军训中要求大学生从思想上、行动上都要以一个军人的标准来严格要求自己。要尊敬教官,服从命令,听从指挥,严守纪律,勇敢顽强,坚持到底,坚决完成各项训练科目,学习军队的好思想、好作风。要严格训练、严格管理、勤学苦练、吃苦耐劳,发扬"流血流汗不流泪、掉皮掉肉不掉队"的革命精神。军训期间,大学生必须遵守严格的军训制度:出早操制度、训练和上课报告制度、按时作息制度。军训中,要着装整齐,内务整洁。无论是室外还是室内,一律着军装,戴军帽,脚穿解放鞋,不许混穿。严格军容风纪,男生不得留小胡子、长头发;女生不得留披肩发,长头发一律要扎到帽子里等。与国防教育强调统一行动的培养模式截然相反,科学文化素质教育强调因材施教,促进学生个性张扬。科学文化素质教育实质是一种个性发展的教育。因为受教育者不仅在先天的遗传上存在差别,而且身心发展和智能发展的后天条件也都有不同,所以其逐渐形成的自我意识水平与兴趣爱好、个性特长存在差别,每个人的发展方向、发展速度乃至于最终能达到的发展水平都是不同的。这种差异决定了教育工作不能要求有差异的受教育者达到绝对统一的教育目标,而应当使每个受教育者能在自己原有的基础上得到发展,承认个体发展的差异性。科学文化素质教育的真谛,不是让每个学生都成为统一规格的"标准件",而是充满活力、具有鲜明个性的一代新人。当然在现实实践中,现代学校教育还是存在忽略个性化方向发展的局限,但是随着技术的高度进步和经济的充分发展,教育资源将得到极大的丰富,在每个人都容易自由占有和利用教育资源的时候,教育的个性化将逐步得到实现。

二、国防教育与科学文化素质教育的关联

随着教育改革的深入和国防教育工作的发展,在转变教育思想和教育观念的同时,学校的国防教育与科学素质教育的关联越来越被人们所重视。深刻剖析国防教育和科学文化素质教育的内在联系,对促进高等教育具有深远意义。

1. 目标一致

在高等学校实施国防教育,其目的就是增强学生的国防意识,提高学生的国防行为能力。当代青年学生肩负着振兴中华,建设中华的重任,也负有保卫祖国,保卫社会主义现代化建设的光荣义务。由于长期的和平环境,一些青年学生的国防观念淡薄,有的学生认为国防、军事是现役军人的事,与己无关,甚至有的学生对此有反感情绪。历史经验表明,一个国家的强弱兴衰与国民的爱国主义思想有着密切的联系。对青年学生进行爱国主义、光荣传统教育和有组织、有计划地对他们开展国防教育和军训,是激发他们的爱国热情,增强建设国家,保卫祖国的责任感,更好地担负起时代赋予的历史使命的重大措施。众所周知,高技术条件下的局部战争是一种综合一体化的斗争,战争将涉及军事、政治、经济、科技、教育、

文化和外交等社会的各个领域。高等院校学生是青年中的精英,毕业后将奔赴国家建设的各条战线。因此,他们国防意识的强弱,掌握现代国防知识和国防技能的多少,了解高技术局部战争特点和规律的程度,对他们在未来工作岗位上能否自觉地履行国防义务,能否自觉关注国家安全,正确处理经济利益与国家安全利益的关系,为祖国的强大而贡献自己的力量,都具有十分重要的意义。因此国防意识和国防行为能力的增强、提高,意味着学生综合素质的提高,人才培养规格的提高。而高素质人才既可以为巩固国防作贡献,也能够为国家的社会主义现代化建设作贡献。而科学文化素质教育旨在促进大学生丰富科学文化知识、增强科学文化素质,提升科学精神和人文精神。现代科学技术的突飞猛进不断改变着人们的生产、生活和思维方式,重塑着社会生活的方方面面。良好的科学文化素质是大学生应对激烈的社会竞争的有力保障,同时也是个人全面发展、顺利成才的基础条件。科学文化素质是使知识形态的潜在生产力转变为现实形态的生产力的桥梁,现代的国力竞争越来越取决于劳动者的素质,取决于各类人才尤其是青年人才的质量和数量。所以科学文化素质教育的核心目标是使大学生担负起建设祖国未来的重担,做社会主义现代化合格建设者和可靠接班人。就其根本而言,国防教育与科学文化素质教育都是通过培养高素质的人才,为国家的建设和国防的巩固作贡献,两者目标是一致的。

2. 内容交叉

国防教育的内容非常丰富。在冷兵器时代,打仗还只是使用大刀长矛的情况下,军事技术不那么复杂,只要是"壮丁"就可以上战场了。随着科学技术的进步和武器装备的发展,对人的素质要求越来越高,国防教育的内容也在进一步拓宽加深。抗日战争时期,"开展地道战,需要懂得地下土工作业知识,需要懂得挖什么样的地道才能更好地消灭敌人保存自己;要开展地雷战,需要懂得有关炸药、造雷、埋雷、排雷以及伪装地雷区的知识;要对敌人进行近战、夜战,需要懂得夜间行军、隐蔽和必要的擒拿格斗知识;要进行破袭战,需要懂得有关破坏铁路、桥梁、隧道等知识;

要进行水上游击战,要懂得坚壁清野,锄奸反特、战地通信和保守军事机密等知识"①。这从一个侧面生动说明,知识就是力量,没有学好知识,在战争中往往要付出血的代价。随着现代科学技术的迅猛发展,新的武器装备正以前所未有的速度源源不断地装备军队,如,导弹、核武器、激光、粒子束等定向性能武器,航天武器,深海战略武器,无人作战飞机和坦克,隐形飞机,生物武器等,外军和我军的武器转变都在不断发展变化,这就要求人们更加认真地学习现代条件下作战的知识。当然所有这些知识都需要科学文化素质教育进行系统化训练。以科学文化素质的知识结构为例,它包含了基础知识、专业知识等基本要素。基础知识是指一定社会的人们生存、生活、发展所应掌握和具备的自然、社会和人文知识。它是各门科学知识的基础,包括各门学科中的基础概念、基本原理和基本法则等。一个人的基础知识越丰富,接受、处理信息的质量就越高,创造性思维能力就越强,作出创造性工作的可能性就越大。随着社会经济的发展,知识经济时期的到来,社会分工越来越精细,越来越专业化。现代社会要求人才具有"T 字型"知识结构,即在广博的知识面的基础上有精深的专业度,做到博学多才、一专多能。② 科学文化素质教育能逐步交给学生基础知识,也会注意相关专业知识的深度,为学生学习国防教育知识打下坚实的基础。普通高校国防教育的内容从属于军事学科体系,大学生通过军事学科的学习,一方面可以熟悉和掌握军事思想,另一方面通过军事学科的学习,还可以促进基础和专业学习。因此,国防教育与大学生科学文化素质培养的内容是非常紧密地交叉在一起的,你中有我,我中有你。

3. 成效共享

国防教育与科学文化素质教育的开展都是作用于具体的人,其教育成效均化为主体素质的有机组成部分。由于它们各自的特色和侧重有所不同,两种成效还可以相互作用,或局部强化某些素质,或整体改善素质

---

① 李先德:《国防教育学概论》,国防科技大学出版社 2007 年版,第 101 页。
② 参见罗双凤、冷树青:《试析素质教育的内涵》,《江西社会科学》2002 年第 12 期。

结构。在主体角色转换的过程中,其适应性和作用力不会出现流失与损耗现象。如在学习现代军事科学的过程中,学生可以亲自见识自己所学的基础知识在社会实践中的具体运用及所产生的作用,这样,可以极大地刺激学生刻苦学习现代科学文化知识的求知欲,坚定他们用先进的科学文化知识来武装自己头脑进而保卫国家的决心。此外,通过对古今中外军事思想、军事发展史与当代国际战略布局知识教育,军兵种知识与兵器知识教育,军事高科技知识教育,武器装备结构原理学习与操作训练,军事法规的学习,军事工程技术的了解,有利于提高学生的综合分析能力,丰富其想象力和创造力,促进其专业内容的学习。英国首相丘吉尔的父亲,原来打算把儿子培养成为一名律师,但是一些"军事娃娃玩具",却使丘吉尔喜欢上了领兵打仗的职业。经过 3 次考试,考入了陆军军官学校,当上了骑兵军官,他在军队中发奋学习文化知识,然后又把学到的知识同自己的战争经历结合起来,先后写了许多关于战争的记事文学。年轻时代较好的文化素质训练以及军营生活锻炼,为他后来 60 年的政治生涯打下了良好基础。这是结合开展两种教育在具体个人身上呈现显著效果的例子,我们再来看一组数据,了解这种成效共享在国防科技工业教育战线上的体现。2005 年,国防科工委所属 7 所高校①共有 230000 多名各类在校学生,比 1999 年增长 86%,研究生与普通本专科生比例由"九五"末期的 1:(4.3)提高到 2005 年的 1:(2.2)。七年中,委属高校毕业各类学生284000 余人,一次性就业率一直在 90% 以上,居于全国高校前列。1999年至 2005 年共向国防系统输送 52000 多名毕业生,其中研究生 18000 多名,为国防科技工业高层次人才队伍建设作出了突出贡献。在举世瞩目的载人航天工程中,7 所委属高校提供了大批优秀人才,这些人才构筑了建设载人航天工程的主要骨干力量,据不完全统计,有 140 余名专家已经

---

　　①　1999 年 1 月,国务院作出了对原 5 个军工总公司所属 389 所各级、各类学校的管理体制进行调整的决定。北京航空航天大学、北京理工大学、哈尔滨工业大学、哈尔滨工程大学、南京航空航天大学、南京理工大学、西北工业大学 7 所高校为国防科工委所属学校,另外 18 所高等学校以地方管理为主。

成为载人航天工程总体及各分系统总师、副总师、总指挥、副总指挥等科研及管理骨干。正是两种教育因子的共同促进，才使得国防科技工业教育战线为国防现代化建设、国家经济与社会发展提供了有力的人才支持。

第三节　相互作用分析

我国自 1985 年在部分高等院校开设国防教育课程试点以来，受到了各个院校的重视。他们认识到：高校国防教育与高等教育是为同一个目标服务的两种不同形式和手段，相互间有着不可分割的密切联系。[①] 科学文化素质教育是高等教育的重要组成部分。国防教育与科学文化素质教育这两种教育实质上都是从国家和民族的根本利益出发，通过一定的形式和方法转变为自觉的群众意识和能力的教化过程。二者都在为培养合格社会主义的建设者和保卫者的过程中，以自己独特的方式和工作规律发挥着应有的作用。

一、国防教育与科学文化素质教育的契合必要

高校国防教育与科学文化素质教育在目标、内容、成效上具有一定的统一性和协调性，如果说这样的关联分析是两者关系的微观研究的话，那么接下来我们将扩大视野，从更广、更高的层次来看两者契合的必要性。

1. 时代背景——知识经济高速发展的客观要求

知识和技术创新是人类经济、社会发展的重要动力源泉。毋庸置疑，人类社会已悄然走进了知识经济时代。1996 年，世界经合组织发表了题为《以知识为基础的经济》的报告。该报告将知识经济定义为建立在知

---

① 参见陈宝华：《国防教育与高等教育的关系》，《辽宁工程技术大学学报》（社会科学版）2004 年第 6 期。

识的生产、分配和使用(消费)之上的经济,它是相对于农业经济、工业经济而言的新的经济形态。其中所述的知识,包括人类迄今为止所创造的一切知识,最重要的部分是科学技术、管理及行为科学知识。从某种角度来讲,这份报告是人类面向 21 世纪的发展宣言——人类的发展将更加倚重自己的知识和智能、知识经济将取代工业经济成为时代的主流。知识经济的兴起,使知识上升到社会经济发展的基础地位。知识成了最重要的资源,"智能资本"成了最重要的资本,在知识基础上形成的科技实力成了最重要的竞争力。① 国家的富强、民族的兴旺、企业的发达和个人的发展,无不依赖于对知识的掌握和创造性的开拓与应用,而知识的生产、学习、创新,则成为人类最重要的活动,尤其是以高科技信息为主体的知识经济体系,迅速扩展令世人瞩目。知识经济正在给中国的经济发展与社会发展注入更大的活力和带来更好的际遇。如果能充分发挥我国自身的优势,尽快地把大学生素质转化为发展知识经济的条件,我们就有可能在知识经济中占据某些先机。因此,最大限度地促进国防教育与科学文化素质教育的互动进而提高大学生素质已经成为决定我们在知识经济竞争中胜出的关键。

2. 现实基础——高等教育自身发展的内在要求

按照世界公认的高等教育发展"三段论"指标,高等教育毛入学率低于 15% 时为"精英化教育",达到 15% 时进入"大众化阶段",达到 50% 则进入"普及化阶段"。1977 年,在历经十年"文革"浩劫之后,我国恢复了高等教育考试制度。在之后三十多年的时间里,我国高等教育由"精英化"教育逐步走向了"大众化"教育,并正向"普及化"教育过渡。在发达国家中,早在 20 世纪中期,高等教育就已经从精英教育转向大众化乃至普及化高等教育。他们所关注的大学教育的重点已逐渐从数量和规模转向质量和水平。在大多数发展中国家,高等教育虽然至今未迈入大众化

---

① 参见蔡中宏:《知识经济时代大学素质教育的内涵及其内在关系》,《社科纵横》2003 年第 10 期。

阶段,但数量和规模一般都在其可能的限度内得到了较大的发展,他们对大学教育的关注重点也开始转向质量和水平。① 目前,我国高等教育总规模已经居世界第一。2008 年全国教育事业发展统计公报显示,我国各类高等教育总规模达到 2907 万人。因此我们必须深化培养模式改革,促进其从单一专业型向具有全面综合素质的复合型方向发展,提高人才培养水平。同时,要积极促进隶属高等教育体系里的国防教育和科学文化素质教育协调发展。

3. 着眼目的——培养全面发展人才的迫切要求

教育不育人,就不成其为教育,大学的功能就在于培养人才。随着时代的飞跃发展以及知识经济的迅猛到来,原教育部长陈至立指出,"教育事业从来没有像今天这样,与国家安危、民族兴衰息息相关"②,我国的高等院校就是处在这种竞争的前沿,是中华民族腾飞的基地,是不断培养建设社会主义人才的摇篮。培养高素质的合格人才是高校一切工作的出发点、落脚点和主旋律。普通高校国防教育的实践发展表明,国防教育不是一项孤立的、单纯的教育活动,不是一味地为了传授军事知识,培养军事技能,更不是为教育而教育,而是通过这种必须而有效的教育形式,给予学生以熏陶和影响,使之提高国防观念和增强国防意识,整体素质得到全面提升。③ 科学文化素质教育是素质教育的有机组成部分,加强科学文化素质教育,传播科学文化知识,旨在培养知识丰富、技能熟练、智能发展的高素质人才。高校国防教育与科学文化素质教育尽管有各自的运动规律和表现形式,但他们均统一于高校工作中,并又有一致的工作目标——培养人才。我们必须紧紧围绕我国的人才培养战略,充分利用好两项教育的统一性和协调性,坚持在国家培养人才战略的高度上取得和谐一致,

---

① 参见贾永堂:《大学素质教育:理论建构与实践审视》,华中科技大学出版社 2006 年版,第 95 页。

② 陈至立:《统一思想　提高认识　深化改革　全面推进素质教育》,《中国教育报》1999 年 6 月 22 日。

③ 参见徐思光:《高校国防教育亟待加强与创新》,《中国高教研究》2003 年第 1 期。

通过协调学生的知识结构和培养规格,全面提高人才的综合素质,实现国防效益和育人效益的双丰收。

从"高明现象"看大学生素质教育

近期,北京大学光华管理学院优秀学生高明在校参军成为导弹精兵的事迹被媒体广为宣传,引起社会热议,引发"高明现象"大讨论。高明的成长,有他个人每一步的勤奋和努力,有北大的教育熏陶,更有第二炮兵这座军营大熔炉的锻造。应该说,高明的成长,有其偶然性,更有其必然性。鼓励和支持优秀学生在校期间服兵役,这是我国高校加强大学生素质教育的重要方向。

优秀大学生在校参军这种现象和趋势,有利于当代青年自身的成长和发展,更有利于部队建设、国防建设和国家强盛。

一方面,就当代大学生而言,这一代青年大多是从小学、中学、大学一路顺利地走过来,缺乏在艰苦环境中的磨炼。因此,高明的选择和行动对广大青年学生而言,有很强的价值观示范和导向作用。

另一方面,对于我们的国家而言,在当前越发激烈的国际竞争中,为了实现中华民族的伟大复兴,为了屹立于世界强国和先进民族之林,我们需要更多像高明这样的大学生,迈入绿色军营,投身国防建设。

北京大学具有"爱国、进步、民主、科学"的优良传统,"爱国"在这一传统中居于最高位置,高明的选择是对北京大学百年传统的时代诠释。北大有着"追求真理、追求卓越;培养人才、繁荣学术;服务人民、造福社会"的办学理念,高明的选择是对北京大学办学理念在行动上最好的落实。高明的人生选择、在军营践行北大优良传统的卓越表现,为北大在社会上赢得了广泛赞誉,也为北大和全国大学生树立了学习的榜样。

西方发达国家非常重视大学生服兵役制度,大学生在服役青年中的比例相当高,国防现代化建设的科技含量也比较高。与之相比,中国还有一定的差距。因此,我们必须有意识地从中华民族复兴的高度,从国家发展战略的高度,来看待高明保留学籍参军入伍的选择。我们鼓励和支持更多不同学科专业、不同学位层次的同学在大学期间踊跃服兵役,毕业后积极投身军营。这样,一方面能使我们的青年学生在部队大熔炉中获得锻炼成长的机会,另一方面也能有效提高部队战士的科学文化水平,为祖国的国防现代化建设作出更大的贡献。

北大党委高度重视高明先进事迹的学习宣传工作,在全校学生中不断掀起向高明学习的热潮。我们坚信,在不久的将来,会有更多的大学生以高明为榜样,沿着高明的人生足迹,走上励志成才、报效祖国的道路。

高明还要回到北大继续完成自己的学业。高明在部队是一名优秀的士兵,我相信,回到学校以后,他也会很快成为一名优秀的学生,并在此后一年多的学习中,影响和带动周围同学沿着立志成才报国的道路走下去,热爱祖国、服务祖国,热爱人民、服务人民,增强时代责任感和历史使命感,促进全体北大学生"文明生活、健康成才、理性报国"。①

二、国防教育对科学文化素质教育的促进功能

广泛开展高校国防教育,对于促进学生的科学文化知识的学习,特别是学生智育发展起着越来越重要的作用。

1. 内容丰富,拓展思维空间

国防教育从军事科学的角度来讲,是集自然科学和社会科学于一体的综合性科学。随着科技的发展,国防教育的内容越来越丰富。高校国防教育的对象是经历过小学、中学阶级学习的大学生,其知识积累和智力

---

① 参见闵维方:《从"高明现象"看大学生素质教育》,《中国青年报》2007 年 10 月 12 日。

发育已经达到了一个比较充实和成熟的阶段。"①通过对军事科学知识的学习,能使大学生有效地增加知识容量,拓展知识视野,巩固所学的理论知识,帮助学生建立起各种知识之间的联系,更加明确知识的实际价值。更重要的是,随着国防教育的深入,可以打破他们之前接受教育时掌握的单一学习方式,单一思维定式,开拓思维空间,促进他们学会运用形象思维、逻辑思维、辩证思维、创造性思维等思维方式,提高其融会贯通的综合分析能力,丰富其想象力和创造力,促进智育方面的发展。② 国防军事教学和其他教学的内容有很大区别,它与政治、经济等因素联系十分紧密,学生如果不能站在世界的战略高度上来思考和研究军事领域的问题,不能从国家的政治、经济情况出发来发现和解决问题,就不能真正体会和平与战争、和平与发展的重要意义,这也是一种战略思维模式的培养。因此,卓有成效的国防教育不仅能教会他们了解战争的一般规律,还能促进他们从战略高度去观察、分析、设计和处理问题,从全局和大局出发去思考问题,使其智力不断向成熟阶段发展。

2. 讲究纪律,养成良好习惯

列宁曾经指出:"战争就是战争,它要求有铁的纪律。"③讲究严明的纪律是国防教育的重要特点。军事训练是国防教育的重要组成部分。军训的实践活动是加强组织性、纪律性的有效途径。在训练中,从内务整理、军容军纪到训练科目的各项内容,都有严格的要求和检查手段。对大学生进行纪律条令、队列条令、内务条令三大条令教育,真正让每位大学生认识到人民解放军正因为有铁的纪律,才能战无不胜。④ 军训一开始就要求着统一的制式军服,进行着装仪容教育和军姿训练,做到谈吐举止

---

① 施满:《素质教育视角下我国高校国防研究》,中南大学硕士学位论文,2006 年,中国知网。

② 参见徐福水、孙浩然:《高校国防教育的功能协调与形式创新》,《煤炭高等教育》2007 年第 7 期。

③ 李先德:《国防教育学概论》,国防科技大学出版社 2007 年版,第 93 页。

④ 参见樊清文:《高校国防教育刍议》,《山东省青年管理干部学院学报》2006 年第 3 期。

端庄,逐步养成遵守军容风纪的良好习惯。学生们冒着烈暑、雨水进行队列、战术、射击训练,做到整齐统一,令行禁止,养成了团结紧张、严肃活泼的作风。现在高校的学风建设问题是令不少管理者头疼的问题。一个重要原因就是部分大学生纪律散漫,主要表现有:逃课现象司空见惯、考试作弊屡禁不止等。国防教育的纪律性训练要求能培养学生良好的行为习惯,实现由他律到自律的转变,促进学生将军训中养成的良好习惯带到平常的科学文化知识的学习过程中,培育严谨的学风和求实的态度。

3. 任重道远,认识学习意义

在战云密布、战火纷飞的年月,国防意识容易萌发;但在和平时期,在集中力量进行经济建设的形势下,人们的国防观念容易淡化。所谓"有备无患"、"居安思危",是用血的代价换来的宝贵经验。放眼当今世界,和平与发展虽是时代主流,然而世界并不太平,冷战结束之后,局部战争并未冷下来。以海湾战争为开端,波黑战争、沙漠之狐行动、科索沃战争、阿以冲突,直至阿富汗战争、伊拉克战争等,战火连绵不断,硝烟四处弥漫。面对世界军事变革、战争威胁和国际恐怖主义的猖獗,我们必须有清醒的认识和估计,有强烈的危机感和紧迫感。国不可无防,国防不可无科技。军事科技界有一种说法:第一次世界大战是打"化学战",第二次世界大战是打"物理战",现代高技术战争是打"数字战"。[1] 科学技术是第一生产力,同时也是战斗力。在现代战争中,微电子技术、光电子技术、人工智能技术等高新技术被广泛运用于军事领域。军事理论课程中对现代高科技战争形式、典型战例和先进武器的介绍与展示,形象直观地警示当代大学生:当今世界竞争相当激烈,现代战争又是高技术战争,国家要想在安定中求发展,必须拥有强大的现代化国防。当代大学生,是我国未来成为创新型大国的科技中坚,必须强化自身的历史责任感和使命感,努力学习科学文化,增强科技意识和卫国本领。

---

[1]　参见张正伦:《科学技术是军事发展的坚强后盾》,《中国科技论坛》1986 年第4 期。

4. 前沿科技,培养创新精神

国防教育理论上是依托于军事科学的。军事科学不仅内容丰富,综合性强,而且拥有人类最先进、最前沿的科学研究成果。为了维护国家的根本利益,世界各国均无一例外地优先发展本国的军事科技,人类最新的科研成果许多都是通过军事科研产生的,并首先应用于军事目的。世界各国在军事科研上的竞争在人类科技发展史上起到了巨大的推动作用,如蒸汽机,原是用于军舰的动力,后来却成为世界上真正机械化纺织机的动力;如军用的全球定位系统,现在已成为民用汽车的卫星导航系统;如已成为当今世界人民主要的联络工具的国际互联网原本是作为美国的星球大战计划的副产品。军事科研处于世界前沿,必然带动军事科学在思维方面的创造性特点,而创造性思维正是创新意识和创新能力的源泉,军事斗争的对抗性、残酷性和复杂性,孕育了军事思想的创造性特点。激发创新意识,培养创新能力是《中共中央、国务院关于深化教育改革,全面推进素质教育的决定》中对高校科学文化素质教育工作的核心要求。国防教育通过军事理论的传播和军事技能的训练,使学生们了解甚至接触一些最新的军事科学技术成果,不仅有助于增强大学生的国防观念,增长军事知识和技能,而且有助于培养他们对高科技的浓厚兴趣,使他们更主动、更积极地投身于专业学科的学习,去开发自己的创新意识和综合能力,进而启迪创造性思维,培养创新精神。

三、科学文化素质教育对国防教育的积极作用

一位瑞士外交家曾有句名言:"瑞士公民迈出右脚的时候,是一个公民,迈出左脚的时候,就是一个战士。如果要问我们为什么一百多年来没有打过仗,其主要原因是我们随时都在准备打仗。"相对的和平,并不意味着可以放松警惕,越是处在和平时期,越要加强国防教育。科学文化素质教育的深入实施与发展壮大对推动国防教育的理论研究与实践操作具有积极的作用。

1. 夯实国防教育理论

毛泽东曾指出："科学研究的区分,就是根据科学对象所具有的特殊的矛盾性。因此,对于某一现象的领域所特有的某一种矛盾的研究,就构成某一门科学的对象。"①国防教育学就是研究国防领域教育这一特殊矛盾现象,它涉及的范围广、内容多、问题新、研究起来比较复杂,难度较大。从其本身的学科理论知识体系结构而言,它包括国防教育与国防教育学的基本理论问题、关于国防教育的组织与实施的理论、关于国防教育的领导、管理与保障的理论等。如此广泛的研究范围里,有的问题已经基本解决,有的还有待于我们组织学术研究,进行深入探索。尤其是我们所处的这个变革时代,现代战争模式与传统战争模式相比已发生了重大变化,人们在战争中的心理承受能力,自我防护能力以及支援战争的方式和方法都发生了较大的变化。同时,现代的国防已不仅限于对领土、领空、领海等疆域的防卫,还表现在保卫国家能源、经济、文化等的安全上;特别是国际恐怖主义势力的出现,使得国防的界限更加模糊,已远不是从前那种以击退敌手的军事进攻为标准的国防。面对这些新情况新形势,我们必须充分利用科学文化素质教育的丰硕成果,加强科学研究,及时更新国防理论,努力体现高校国防教育的时代性,使之更加贴近国防建设的需要。

2. 完善国防教育内容

当前,国防教育的课程体系和教学内容,主要问题在整体优化完善上。由于特殊的历史条件,普通高校军事学课程内容是从军事科学体系中挑选出来的,加之又沿用了军事院校的"课题式"教学方式,使普通高校军事学课程系统性较差,教学内容零碎,大多存在着重结论轻过程,重实体轻方法,重单一轻复合、重继承轻创新的现象。从人才培养的全局来看,缺乏整体优化的课程体系和教学内容很可能是无序和低效的,必须加以改革,并在课程、教材、大纲、教学日历及教学的具体实施中体现出来。科学文化素质教育在很多方面跟国防教育是相通的,可以借鉴科学文化

---

① 《毛泽东选集》第一卷,人民出版社1991年版,第309页。

素质教育完善国防教育内容建设。课程统筹安排时既要按学科结构的要求、学科逻辑顺序,同时要考虑学生心理特点。在教育过程中,既要讲理论知识本身,更要讲它们是怎么发展来的,是采用什么方法研究获得的;既要讲知识本身,也要介绍其创立者生平和创立的背景以及艰辛曲折的历程;既要讲作为逻辑体系存在的理论,也要讲如何应用于实践及其应用中会碰到或要注意的问题;既要讲本学科的理论,也要从学科复合的角度来加以思考,扩展视野和认知程度,如,军事物理、军事生物,甚至文理学科的渗透,如,军事经济学、军事伦理学;既要讲授已经相对稳定的知识,也要结合学科研究的动态和学术前沿,引导学生求异创新。①

3. 优化国防教育方法

形势在变化,国防教育对象的政治觉悟、科学文化素质在提高,提供国防教育的物质条件也在变化,国防教育的方式手段也就理所当然地应随之变化。否则,因循守旧、墨守成规,学生就会觉得"老一套",国防教育就可能事倍功半,甚至收不到什么效果。在改革传统国防教育方法的同时,可以吸纳科学文化素质教育教学方法的精华,合理利用开放式、启发式、问题式、引导式、发现法、讨论法等多种教学方式方法。② 在科学文化素质教育中,教师的首要任务是营造一种生动活泼的教学氛围,使学生形成探讨创新的心理愿望和性格。因此,国防教育应该重视学生在教学活动中的主体性,充分调动他们的积极性、主动性,如可以实行个性化的国防教育,针对男女生的差异、身体素质的差异、学生的兴趣差异以及特长优势等区别对待,分类实施训练等。现在科教事业日新月异,电视教学、多媒体教学等现代教学手段已在各高校的科学文化素质教育中得到普遍运用。过去手写、口讲的教学方法已经与现代化的教育手段形成反差。国防教育也要不断创新,特别是要充分利用现代科学技术发展的最新成果不断创新教育手段,提高教育效果,如可以制作网络版的国防教育

---

① 参见王松林:《当前加强国防教育的几点思考》,《国防》2008 年第 10 期。

② 参见赵全忠:《对高校国防教育的思考》,《国防》2000 年第 10 期。

影片、录像；可以把国防教育的各种资料、图像、信息建立成为查询简便、共享程度高的数据库，把国防教育同广大青年学生的生活、学习、娱乐紧密联系起来。

4. 巩固国防教育效果

短期军训式国防教育是一种强化性教育，它所产生的速效性如果不加以巩固的话，往往容易消失。在我国现在很多学校进行完新生军训后，就认为完成了国防教育任务，之后基本不再安排系统的国防教育，这是值得警示的。发达国家的高校国防教育在整个就学期间都安排有军事课。"如美国每周都有 2—5 小时的军事课，印度为每周 6 节课，每年 120 节课。美、俄、英都明确按与大学生身份相符的以培养预备役、现役军官为标准的教学大纲施训。课程时间的安排上也很合理。比如美国，基础训练时间短，高级训练时间长（约 1∶2）；三军种共同科目时间短，军种专业技术科目时间长（约 1∶4）；集中军训（夏令营）时间短，理论课时间长（约 1∶10）。不仅有必修课，还有军事类选修课。"①因此完善科学文化素质教育的课程体系，适当调整增加军事课内容有利于巩固国防教育效果。如中南大学等高校建立中国人民解放军驻校后备军官选拔培养办公室的做法也具有重要借鉴意义。这个办公室培养的学生除要与其他人一样完成规定的学业，还要参加必要的军政科目的训练，毕业时达到协议规定的条件后，办理入伍手续并任命为军队干部。这种以培养国防精锐后备军官和高素质的全面人才为目标，加强与军事院校及部队的合作与交流的举措既保证了高校国防教育的长期效果，又为部队的可持续发展提供了人才保障。

着力探索依托地方高校培养新型人才之路
8000 名国防生成为推动空军战略转型生力军

2009 年 6 月从西安科技大学毕业的国防生宁涛一进入空军某

---

① 王和中：《发达国家高校怎样开展国防教育》，《时事》2002 年第 1 期。

基地,就直接参与了复杂电磁环境下多机种、多兵种大规模对抗演练。记者从空军党委召开的人才培养专题会上获悉,空军依托地方高校已培养的近8000名适应部队现代化建设需要的各类国防生,在推动空军战略转型中发挥出重要作用。

空军作为全军此项工作首批试点的大单位,先后与18所地方高校签订培养协议,共招收1.6万名国防生。这些国防生85%以上分到师以下作战部队后,很快在作战训练一线挑起大梁,涌现出"空军十大杰出青年"康琼、二等功荣立者朱信同等先进典型,一批国防生走上基层主官和机关工作岗位。

据介绍,空军党委把国防生培养工作作为人才建设的基础工程纳入人才发展战略,探索出台了招收选拔、军政训练、教育管理、培养使用等方面的多项举措,初步形成"选、育、训、管、用"相互衔接的政策体系。协调签约高校将优质教育资源和特色专业集中用于国防生培养,成立空军"后备军官学院",建立军事理论教研室、思想政治教育专修室、科技创新实验室,设立"长空奖学金"等,定期组织国防生过"空军日";请军队院校专家开展军政理论教学,创办国防生网站、报刊;建立模拟连队,成立国防生党支部,让国防生轮流担任骨干。

据了解,为加速国防生与未来信息化战场的对接,空军还将在一线部队和新装备部队建立一批国防生见习锻炼基地,进一步完善国防生培养制度,按"早选苗、铺好路、勤帮带"思路,实施精准化、互动式培养。①

---

① 参见莫永成、谭洁:《我军着力探索依托地方高校培养新型人才之路》,《解放军报》2009年7月28日。

第七章　高校国防教育与身心素质教育的关系

身心素质教育是培养高素质人才的重要保障。高校国防教育对大学生身心素质培养作用体现在两个方面,一方面是具有增强大学生机能和体能的重要功能;另一方面是对于大学生非智力因素的培育具有其他教育形式所无法替代的作用。高校国防教育的身心素质培养内容主要表现为身体素质的增强、成就动机的激发、意志品质的磨砺、团队意识的培养和战斗精神的培育等,并有其独特的培养方法和途径。

第一节　身心素质的概念、结构及教育意义

厘清高校国防教育与大学生身心素质教育的关系,不仅要对身心素质的概念与结构有个准确的把握,还要认识到加强身心素质教育的意义。

一、身体素质的概念、结构及教育意义

身体素质教育的一个关键性概念就是身体素质的概念,准确地理解身体素质的内涵、外延和结构,对于把握其教育意义及其与国防教育的关

系是十分必要的。

　　1. 身体素质的概念

　　高校身体素质教育实践活动,是建立在对身体素质概念认识的基础之上的。对身体素质概念的认识,有一个逐渐深入的过程,可以概括为三个认识阶段。

　　第一阶段:认为身体素质就是运动素质。

　　国内比较权威的大辞典中对身体素质的定义就是如此。如,袁世全、冯涛主编的《中国百科大辞典》写道:身体素质是速度、灵敏、力量、耐力、柔韧等人体机能能力表现的统称,是掌握运动技能和提高成绩的基础。人体机能能力的大小取决于肌肉解剖生理特点、肌肉工作时供能状况、内脏器官及神经的调节。① 石作砺、于葆主编的《运动解剖学、运动医学大辞典》写道:身体素质是人体完成某个动作过程中表现出来的固有能力,身体素质包括五方面:速度素质、力量素质、耐力素质、柔韧素质和灵敏素质。② 顾明远主编的《教育大辞典》认为,身体素质是人体机能活动的一种能力,指人体在活动时所表现出来的力量、耐力、速度、灵敏性、柔韧性等机能能力。取决于身体形态结构特点和内脏器官、神经系统机能的调节状况。它是人们劳动、生活的物质基础,掌握运动技能,提高运动成绩的前提条件。

　　我国大部分体育教学教材中对身体素质的界定也不例外。如,我国《学校体育学》认为,身体素质是指神经系统控制下,运动时肌肉活动所表现的能力。这种能力分为速度、力量、耐力、灵敏、柔韧等。而全国体育学院教材委员会编写的《体育理论》认为,运动素质是指在中枢神经的控制下活动时所表现的能力,这种能力分为力量、速度、耐力、灵敏、柔韧等。

　　期刊上的研究成果对身体素质教育的理解也大同小异。大多数学者

---

　　①　参见袁世全、冯涛:《中国百科大辞典》,华夏出版社 1990 年版,第 483 页。
　　②　参见石作砺、于葆:《运动解剖学、运动医学大辞典》,人民体育出版社 2000 年版,第 291 页。

认为,身体素质通常指的是人体肌肉活动的基本能力,是人体各器官系统的机能在肌肉工作中的综合反映。身体素质一般包括力量、速度、耐力、灵敏、柔韧等。

上述关于身体素质概念的界定,可能是国内的一种共识。其共同的基本要点为:身体素质是人体活动的能力,这种能力体现在力量、耐力、速度、灵敏性、柔韧性5个方面。美国《健康、体育、娱乐、舞蹈协会》把身体素质概括为与健康相关的身体素质(也称健康素质)和完成运动动作相关的身体素质(也称运动素质)。"运动素质是指正确完成运动技术的能力,如,速度、反应、爆发力、灵敏性、协调性和平衡能力,是运动员所特有的。……"①而我国研究者过分强调了身体素质中的运动素质,其后果就是体育教学重视学生运动项目成绩的提高,忽视了以提高学生体质为目的的健康素质教育。由此我们不难看出,由于把身体素质当成了运动素质的认识上的偏差,导致在实践上认为提高学生的身体素质就是提高学生的力量、耐力、速度、灵敏、柔韧等运动素质,致使学校体育竞技化。

第二阶段:把身体素质理解为健康素质和运动素质两类。

在素质教育推进过程当中,我国学者逐渐认识到了学校身体素质教育存在应试教育的误区,表现为大中小学的普通体育课均以竞技运动成绩为教学和考核的主要依据,以运动素质代替身体素质,这样培养的人才很难适应现代社会对人才身体素质的要求。在此认识基础上,也吸取了国外对身体素质教育的理解,如1965年美国 AAHPED 郑重发表一个报告指出,人们对身体素质的理解存在着许多混乱,认为与练习运动技术动作有关的因素,如,灵敏、速度、爆发力等是身体素质的组成部分。为努力改变这个现状,采用一个新的方法,即把身体素质概括为两层意思:与健康相关的身体素质和与完成运动技术相关的身体素质。② 这与美国《健康、体育、娱乐、舞蹈协会》把身体素质概括为与健康相关的身体素质(也

---

① 《身体素质训练法》,人民体育出版社1995年版,第2页。

② 参见王良民:《论身体素质教育》,《体育文化导刊》2002年第4期。

称健康素质)和完成运动动作相关的身体素质(也称运动素质)的观点是一致的。随着现代医学和运动生理学的发展,人们认识到,人体心血管系统及呼吸系统功能强弱是反映一个人健康的重要标志,也是左右人们寿命和工作时间的重要因素,应该把发展学生心血管系统及呼吸系统功能贯穿身体运动的始终。因此,日本在 2000 年颁布的新体力测定标准中,对身体素质进行了重新分类,把身体素质分为与提高运动能力相关的和与健康相关的两大类:提高运动能力相关的有八项,即心肺耐力、肌肉力量和耐力、身体组成、柔韧性、敏捷性、爆发力、速度、平衡;与健康有关的只是上述八项中的前四项,即心肺耐力、肌肉力量和耐力、身体组成、柔韧性。鉴于教学实践的总结和学习国外的研究成果,我国在制定新课程标准,对身体素质的理解也发生了变化,季浏教授所著的《体育课程展望》一书中,对原来的身体素质的内容进行了调整,把它称为了体能,并把体能分为了与健康有关的体能和与运动技能有关的体能两部分。"与健康有关的体能包括了心肺耐力、肌肉力量、肌肉耐力、身体组成、柔韧性五项;与运动技能相关的体能包括了速度、力量、灵敏神经肌肉协调性、平衡、反应时五项。"[①]根据日本在 2000 年颁布的新体力测定标准,国内学者甚至提出,大学体育课程在发展体能时,重点是和健康的身体素质有较大的联系,但是和发展运动技能有关的身体素质联系较少。两者的年龄界限应该是 20 周岁,即相当于基础教育结束,进入大学教育。20 周岁前,除了把与健康相关的体力作为体力测定标准的项目外,与运动技能相关的体力测定项目也同样受到重视。这一做法针对全体同学;20 周岁后,作为与运动技能相关的体力测定项目基本上不再出现,所有的测定项目均属于与健康有关的。因此,科学、全面的把握身体素质的概念,对高校体育教学实践起着重要的指导作用。

　　第三阶段:认为身体素质是人体各系统、各器官在结构上与机能上种种潜能与系列特点的有机结合。

---

　　①　李传奇:《对健康、体质、体能、身体素质的认识》,《体育师友》2007 年第 4 期。

在揭示身体素质的内涵时,第一、二阶段的认识只考虑了人体的一般结构与机能的特点,这里的素质仅仅只考虑到了人体肌肉的素质。除考虑人体一般结构与机能特点外,我们还应当着重考虑人的感知器官、运动器官、神经系统,特别是大脑在结构与机能上的一系列特点和种种生理潜能。在燕国材教授主编的素质教育论丛书《身体素质教育论》中,作者对身体素质概念做了详尽的阐述。他认为,人的身体素质是与其潜能、特点紧密联系而不可分割的,而三者又都反映在人体各系统、各器官,尤其是神经系统与大脑器官的结构与机能两个方面。综合而言,身体素质是人体各系统、各器官在结构上与机能上种种潜能与系列特点的有机结合。

素质是人们先天具有与后天习得的一系列特点和品质的综合。据此,身体素质是人们先天具有的,但后天也可以得到一定的改变的一系列特点和品质的综合。人体系统和器官的结构、机能本身并不就是素质,素质应当体现在结构与机能的生理潜能和生理特点两个系列上,同时这两个系列又各自以不同的姿态表现在人体的结构与机能上。

2. 身体素质的结构

根据对身体素质概念全面而深入的考察,身体素质结构可分为三类,"与身体健康有关的身体素质,如,心肺耐力、柔韧性、肌肉力量、肌肉耐力、身体成分等;与运动技能有关的身体素质,如,速度、力量、灵敏性、协调性、平衡和反应时等;与心理生活有关的身体素质,如神经过程的三种基本特性等。"①

(1)与健康有关的身体素质。

与健康有关的身体素质主要有:①心肺耐力:指一个人持续身体活动的能力。心肺功能超强,走、跑、学习和工作就会越轻松,进行各种活动保持的时间也会越长。②柔韧性:是指身体各个关节的活动幅度以及跨过关节的肌肉、韧带、皮肤和其他组织的弹性和伸展能力。③肌肉力量:是一块肌肉或肌肉群一次竭尽全力从事抵抗阻力的活动能力。④肌肉耐

_____

① 刘振中、戴梦霞:《身体素质教育论》,广东教育出版社 2002 年版,第 34 页。

力:指一块肌肉或肌肉群在一段时间内重复进行肌肉收缩的能力。⑤身体成分:包括肌肉、骨骼、脂肪等成分。

（2）与运动技能有关的身体素质。

根据石作砺、于葆主编的《运动解剖学、运动医学大辞典》的定义,与运动技能有关的身体素质为:①速度素质（speed fitness）,是人体在单位时间内移动的距离或对外界刺激反应快慢的一种能力。②力量素质（strength fitness）,是身体某些肌肉收缩时产生的力量,以肌力来表示。③耐力素质（endurance fitness）,是人体长时间工作能力,包含抗疲劳能力和疲劳后身体恢复能力。它和心血管系统发展有关。④柔韧素质（flexibility fit-ness）,是关节活动幅度,与关节韧带、肌肉伸展能力有关。体育锻炼能改善肌肉、韧带的伸展能力,提高关节的活动幅度。⑤灵敏素质（coordi-nation fitness）,是人体定位、定向能力。它使人体在复杂条件下对外界刺激做出快速、准确的反应,并表现出随机应变的能力。

（3）与心理活动有关的身体素质。

①神经过程的强度:指神经细胞在工作中能经受得住的刺激强弱的程度。②神经过程的平衡性:指兴奋与抑制的力量对比的程度。③神经过程的灵活性:指兴奋和抑制互相转换或彼此替代的速度。

3. 身体素质教育的意义

身体素质教育是以发展与提高学生身体素质为目的的教育,它不仅包含了体育所要培养的一切,同时还充实了许多新的内容,是体育适应时代需要的一种新发展。

（1）身体素质教育的提出是对我国学校体育现状反思的结果。

身体素质教育显然是在体育的基础上提出来的。为什么要在体育的基础上提出身体素质教育呢？我国体育教育只重视教学阶段,忽视了以培养学生锻炼兴趣和习惯的健身阶段与养成阶段,致使大学新生身体素质普遍令人担忧。由于受应试教育的影响,我国体育大多采用的是竞技教育模式,主要教授竞技体育活动,以竞技运动成绩为教学和考核的主要依据,以运动素质代替身体素质,培养的人才很难适应现代社会对人才身体素质的要求。按照以人为中心的身体素质教育指导思想,学校身体素质教育包括三个循环阶段:教学阶段——健身阶段——养成阶段。学生机能与体能的提高主要在于养成锻炼习惯,在于坚持性原则,但有意识有目的坚持超负荷原则和反复性原则对于学生机能与体能的锻炼也是有意义的。以运动素质代替身体素质的体育教育模式影响了学生德、智、体诸方面的全面发展。具体表现在:体育教学指导思想混乱、体育教学目标错位和体育教学内容与手段单一。传统学校体育严重偏离了本来的轨道,成为了应试教育的牺牲品,没有起到提高学生身体素质的作用。身体素质教育的提出表面看来是素质教育全面推进的结果,实际上其内在的原因就是对我国学校体育现状反思的结果。

提高大学生体质水平不能全靠明星效应,须重普及

大运会捷报频传,在高校名运动员越来越多的同时,大学生身体素质却在连年下滑。

提高大学生体质水平不能全靠明星效应

在第八届全国大运会的羽毛球赛场上,名将云集,队员几乎都是国家队的,这次是代表学校和各省市参赛的。事实上,不仅羽毛球场上名将云集,其他项目上的大牌明星同样不少。高水平运动员带来出色的成绩。但与大运会水平越来越高形成鲜明对照的是,中国大学生整体身体素质却连年下降。在2009年卫生部公布的青少年体质调查结果中,青少年的体质降到了20年来的最低点。在大学生运动员水平越来越高的同时,如何能让普通大学生的身体素质得到提升,成了目前教育部门非常头疼的问题。

高校招名将希望能带动群体运动

在为天津代表团再添一金后,天津医科大学党委书记杨桂华高兴得合不拢嘴。在他看来,高校招收高水平运动员绝对是好事一桩,不仅能提高学校的知名度,还能带动学校的群体运动。杨桂华的观

点与教育部体育卫生与艺术教育司司长杨贵仁的观点一致,杨贵仁认为:"高等学校发展竞技体育是为国家培育高素质的体育人才,同时通过高水平运动队的建设,带动学校体育活动的开展,丰富学生的课余文化生活。"

专家称提高学生体质必须重普及

在谈到高校高水平运动员的现状时,首都体育学院体育教育学博士刘海元认为,高校培养高水平运动员并希望他们影响到普通大学生,带动普通大学生去锻炼,这种方法并不是很有效。最有效的办法还是学校不再计较金牌得失,把体育工作的重点放在发展学生群体体育上。在被问及学生素质为何逐年下滑时,刘海元认为主要是学生没有养成健身习惯,学校在群体工作方面缺乏足够的引导。要解决普通大学生身体素质下滑的问题,学校必须高度重视,要通过组织活动,引导学生锻炼身体,并且拨出相应的经费组织体育比赛。各个学校的体育方针只有做到"轻竞技、重群体",才能逐步提高普通大学生的身体素质。①

(2)提高身体素质,为整体素质的发展奠定必要的物质基础。

人的素质分为先天的自然(心理)素质、先天与后天结合的心理素质、后天的社会素质三类,其中身体素质是发展整体素质的物质基础。身体素质是"皮",其他素质都是"毛","皮之不存,毛将焉附"?物质基础打牢了,其他素质的发展就有了必需的土壤和养料。

(3)提高身体素质有助于发展学生的心理素质和综合素质。

具体说,提高身体素质有助于发展学生的智力,有助于保持学生的心理健康,有助于培养学生的思想道德品质,有助于提高学生科学文化素质等。

提高身体素质有助于发展学生的智力。身体素质教育对人的智力发

---

① 参见《中国青年报》2007年7月19日。

展起促进作用,这早已被生理学、心理学等研究成果所证实。首先,开展体育运动能增加大脑的重量和皮层的厚度。过多的脑力劳动会使学生容易患失眠、健忘、神经衰弱等症状,阻碍了智力的发展。其次,开展体育运动能促进大脑的调节和反应功能。体育运动是提高脑细胞反应的强度、灵活性与精确性的有效手段。最后,开展体育运动能增加体内的血糖。人体内部的血糖浓度在 120 毫克/100 毫升时,大脑反应最快,长时间脑力劳动后,血糖浓度会降低,体育运动能使人体内的胰岛素正常工作,促使肝贮备更多的肝糖原,以备大脑需要时补充血液。

提高身体素质有助于保持学生心理健康。从日常观察来看,身体素质对心理健康影响是显而易见的,一个体格健壮的人与体弱多病的人相比,在认识、情感、意志、兴趣、性格等各方面会有很大差别。一般而言,前者在遭遇失败和打击时,都会表现出顽强的意志和乐观的性格;而后者往往会表现出精神萎靡和悲观的情绪。从理论角度,多种理论可以解释体育锻炼与心理健康的关系。如认知行为说大师班杜拉认为,身体素质不同能引起个体自我效能的差异,身体素质高会产生一种成功的体验,自我效能就高,这有助于打破焦虑、忧郁等消极的心境。塞默斯等人也认为,开展体育锻炼可诱发和加强积极的思维和情感,有助于消除焦虑、抑郁和苦恼等消极的情绪。

提高身体素质有助于培养学生的思想道德品质。在开展体育活动提高身体素质过程当中,学生思想道德品质也能得到一定程度的培养和提升。如在短跑教学中,可培养学生实事求是的精神和诚实的品德;在耐久力教学中,可培养学生顽强的毅力和坚忍不拔的意志;在球类活动等集体项目教学中,可培养学生全局观念和团队精神;体育竞赛可培养学生胜不骄、败不馁的思想作风。

提高身体素质有助于提高学生科学文化素质。在开展体育活动提高身体素质过程当中,常常会涉及物理学、数学、卫生学、地理学和美学等其他学科的知识。如,在跑、跳、掷过程中应学习如何将力量有效地运用到运动当中,这就涉及物理学知识的运用;在开展体育活动中,各种队列练习与技术练习,各种体育竞技与表演,体育场地的布置等都涉及美学知识的学习与运用,同时可使学生受到美的熏陶,获得美的情感体验;体育活动还经常涉及大量的运算,这与数学知识的运用是分不开的。这样必然有助于文化知识素质的提高。

二、心理素质的概念、结构及教育意义

与身体素质教育一样,心理素质教育的一个关键性概念是心理素质概念,准确理解心理素质的内涵、外延和结构,对于把握其教育意义及其与国防教育的关系也是十分必要的。

1. 心理素质的概念

要培养大学生心理素质,其前提是必须了解什么是心理素质。关于心理素质概念,学术界众说纷纭,描述性的定义很多,严格定义的较少。心理素质作为心理学中的一个新生概念,人们的解释虽不相同,但也并不相互矛盾。燕国材教授在素质教育背景下,结合素质的概念及分类和心理学知识来严格界定心理素质的内涵和外延,因此,本文选用燕国材教授的观点。燕国材教授2000年在《论心理素质及其教育》一文中,认为心理素质是以生理素质为基础,在实践活动中通过主体与客体的相互作用,而逐步发挥和形成的心理潜能、能量、特点、品质与行为的综合。根据这个定义,心理素质由心理潜能、心理能量、心理特点、心理品质与心理行为5个因素构成的。崔丽莹等2002年在《心理素质教育论》一书中,"根据燕国材教授对素质的界定,可以认为心理素质是由心理潜能、心理特点和心理品质三个因素构成的。……所谓心理素质,就是由心理潜能、心理特点与心理品质三因素组成的完整结构。"① 下面对心理素质三因素进行分析:

(1)心理潜能。

每个人生来都具有一定的潜能,特别是现代人本主义心理学家认为每

---

① 崔丽莹、黄忆春:《心理素质教育论》,广东教育出版社2002年版,第24—25页。

个人生来都具有优秀的潜能。潜能并不神秘,它是人的心理素质乃至社会素质赖以形成与发展的前提条件或某种可能性。正因为人具有一定的潜能,所以才能把他们培养成为真正的人。每个人都亟欲把自己的潜能发挥出来或得到实现,每个人只要自己努力都可充分发挥或实现自己的潜能。

(2)心理特点。

特点是指事物本身所固有的某种东西。人生来就具有多种多样的心理特点,分别体现在各种心理因素上。如,感知的直接性与具体性,思维的间接性与概括性,情感的波动性与感染性,意志的目的性与调控性等。

(3)心理品质。

几乎每一种心理现象都具有一定的品质,如,记忆的敏捷性、持久性、准确性、备用性,思维的灵活性、深刻性、独立性、批判性,情感的倾向性、多样性、固定性、功效性,意志的自觉性、果断性、坚持性、自制性等。心理品质的优劣最能表现出人的心理素质的水平。品质有两个方面的含义:一方面是个别差异,即人与人之间各具有不同水平的心理品质;另一方面是培养标准,即要求人们的心理所应当达到的水平。

一般来说,心理素质三因素之间关系为:心理潜能与特点是先天的,而心理品质是后天的;心理潜能与特点是与生俱来的,但前者是发展的可能性,后者已是现实性;心理品质是在心理特点的基础上形成的,但一经形成并趋于稳定后,可把它看成是一种心理特点;心理潜能与心理特点、心理特点与心理品质之间没有不可逾越的鸿沟;在心理素质中,心理品质占主导地位。

2. 心理素质的结构

人们对心理素质结构的解释有很多种,如周治金认为,大学生心理素质是在生理素质的基础上,通过后天环境和教育的作用形成并发展起来的,是大学生的学习、学术研究和生活实践密切联系的心理品质的综合表现。① 王滔认为,大学生心理素质由认知特性、个性、适应性 3 个维度 10

---

① 　参见周治金:《论大学生心理素质结构》,《高等教育研究》2003 年第 3 期。

个因素 26 个成分构成。① 张焰认为,大学生心理素质包括基础性心理素质、实践性心理素质和综合性心理素质 3 个主要层面。② 罗品超认为,大学生心理素质是指在先天生理特性的基础上,大学生在社会适应过程中所形成的与其学习和生活实践密切联系的心理过程、个性心理方面的稳定的特征由性格特征素质、认知能力素质、人际管理素质、职业能力素质、心理动力素质、学习心理素质、自我意识八个因素构成,等等。③ 尽管研究者对心理素质结构的分析存在很大差异,但也有共同点:心理素质是由多种层次、多种心理成分组成;心理素质作为内隐的心理结构与其外显的功能相匹配。

人的心理素质是反映在各种心理因素上的,也就是体现在人们的心理活动的过程中。在心理学领域,人们对心理活动的划分通常采用科学的二分法:一是认识的心理活动,包括感知、想象、思维、记忆等,是在人们认识、了解和掌握客观世界发展规律时产生的;一是意向的心理活动,包括需要、兴趣、情感、意志等,是人们在改造客观世界的过程中形成的。根据心理活动的不同,燕国材教授采用二分法,将心理素质划分由智力素质和非智力素质构成。④ 所谓智力因素素质,是指智力及其五种因素即观察力、记忆力、想象力、思维力和注意力,各自蕴涵有心理潜能、心理特点与心理品质三项素质成分。所谓非智力因素素质,是指非智力及其 5 种因素即动机、兴趣、情感、意志、性格,其各自蕴涵有心理潜能、心理特点与心理品质三项素质成分。

3. 心理素质教育意义

心理素质教育以提高心理素质、促进心理健康为根本目的。根据心

① 参见王滔:《大学生心理素质结构及其发展特点的研究》,西南师范大学硕士学位论文,2002 年,中国知网。

② 参见张焰:《大学生心理素质的理论建构》,《教育理论与实践》2005 年第 4 期。

③ 参见罗品超:《大学生心理素质构成因素及其测量工具的研究》,华南师范大学硕士学位论文,2005 年,中国知网。

④ 参见燕国材:《论心理素质及其教育》,《云梦学刊》2000 年第 3 期。

理素质"三因素"成分,可把其教育意义分解为"开发心理潜能、发展心理特点、培养心理品质"①。

（1）开发心理潜能。

在人身上,有生理潜能与心理潜能。前者是身体素质教育的开发任务,后者则由心理素质教育来开发。开发心理潜能的重要性与必要性,国内外教育界早已达成共识。如人本主义心理学者认为,"人的创造性、自发性、个性、真诚、关心别人、爱的能力、向往真理等,全都是胚胎形式的潜能,这些潜能仅仅是人体内一种类似本能的微弱冲动、一种可能性或者萌芽,"要使可能性转化为现实性,要使萌芽不会夭折,就要开展教育,在教育中不断引导、发展、完善和巩固它们。有研究表明,人的心理潜能巨大,业已开发的只不过 10% 或 15% 而已。因此,开发心理潜能是心理素质教育一项重要的任务。

（2）发展心理特点。

在人身上,有生理特点与心理特点。前者是身体素质教育的开发任务,后者则由心理素质教育来开发。人的多种多样的心理特点体现在各种心理因素上。心理特点是先天的,因而它也是比较稳定的。但稳定的心理特点并非一成不变,而是具有一定的可塑性。因此,心理特点是可以培养、提高和改善的。

（3）培养心理品质。

人的各种心理品质也体现在形形色色的心理因素上。如,观察的目的性、理解性、敏锐性、精确性,记忆的敏捷性、持久性、准确性、备用性,思维的敏捷性、深刻性、批判性,情感的多样性、固定性、深刻性等。人的观察能力、记忆能力、思维能力、情感的表达方式等有一个学习、提高与发展的过程。依据心理学和教育学规律,培养学生正确的观察、记忆、思维和情感表达方式等,是心理素质教育的重要任务。

---

① 崔丽莹、黄忆春:《心理素质教育论》,广东教育出版社 2002 年版,第 46 页。

中南大学创新心理健康教育模式，
构建"五个结合"工作体系

中南大学坚持以"普及心理知识，加强心理调节，优化心理品质"为主旨，充分整合和利用校内资源，积极探索新形势下开展大学生心理健康教育的新途径和新方法，构建了具有本校特色的心理健康教育模式即"五个结合"并取得明显成效。

1. 思想政治理论课与必修课、选修课相结合

学校把"健康的心理与成才"作为《思想品德修养和法律基础》课的重要内容予以讲授，有针对性地对大学生进行价值观、人生观、世界观教育，为其形成优良的心理品质奠定基础。组织编写了《大学生心理健康教育概论》，并将其作为必修课程在全校学生中开设，确保心理健康知识在大学生中的普及，同时组织心理学专业教师开设了 10 多门心理健康教育选修课程，如，《普通心理学》、《成功心理辅导》等，每年选修学生达 2000 余人。

2. 心理咨询与心理测试相结合

学校完善了心理咨询室值班制度，全校心理咨询人员每周 5 天于晚上 7 点到 9 点半在 3 个校区的 4 个心理咨询室同时开展咨询。建立健全了《心理咨询师职业道德规范》、《心理咨询保密制度》等 8 项制度。咨询活动形式多样，包括面谈咨询、电话咨询、网络咨询等。每年举行两次大型现场咨询活动，利用团体咨询集中解决大学生中一些共同的和比较迫切的心理问题。如：新生适应、情绪管理、创造能力训练、学习心理能力训练、心理调试团体训练、人际交往团体训练、职业能力训练等。新生心理普查进行了 8 年，并已建立了心理档案。

3. 普及教育与自我教育相结合

学校建立了"三级心理健康教育网络体系"：第一级是学校心理健康教育中心，负责全校心理健康教育工作，开展日常咨询及辅导

员、学生骨干心理知识培训;第二级是学院心理健康教育骨干,负责心理健康知识讲座和宣传,识别学生心理异常现象;第三级是心理协会及班级心理健康教育骨干,负责在同学中宣传心理知识,开展丰富多彩的活动。学校心理健康教育示范基地在所属湘雅医学院挂牌成立,开展了一系列心理咨询及教育活动,成为全校心理健康教育工作的重要辐射源。与此同时,学校还成立了大学生心理健康协会,设有3个校区分会,会员达 1200 余人。协会每年在心理学专业教师的指导之下,开展 50 余项生动活泼的心理健康教育活动,并在专家指导下排演了反映大学生心理问题的话剧《阳光明媚》,连演数场,场场爆满。创办了心理教育专刊《心苑》,每周一期,每期印数 8000 余份,发放到各学生寝室,受到广大学生的欢迎。

4. 重点辅导与及时诊治相结合

学校每个学期都聘请心理学专家针对学生的心理困惑开设专题讲座,场场爆满。学校常年开设人际交往与心理健康、网络成瘾行为与心理健康讲座。每学期举办大学生心理素质提高班,通过系统的培训,提高参与者的心理健康水平和心理调适能力。在建立心理档案的基础上,对有心理问题的学生采取重点辅导、专人管理与及时医治相结合的方法,建立了心理问题医治的快速通道,及时诊治了多例有精神疾患的学生。学校还组织行为医学专家就自杀行为干预进行专题研究,从理论上完善学生自杀干预机制;并以怎样干预学生自杀行为为主题,聘请专家对全体学生辅导员进行培训,结合实际工作开展集体研讨。学校规定,遇到重大危机情况,由校领导直接参与,协调各方力量,及时有效控制心理危机。

5. 目标管理与工作创新相结合

为加强对心理健康教育工作的目标管理,学校把大学生心理问题分为 3 个层次。第一层次是大众化的、普遍存在的心理困惑;第二层次是一般的情绪挫折;第三层次是比较严重的心理问题。针对不同层次的问题制定措施。

为强化对有严重心理问题学生的目标管理,学校制定了5项措施。一是下达任务,落实责任,严防死亡事故发生。二是集中管理,突出重点,对自杀比例高的人群制定应对措施,加强心理健康教育工作。三是强化隐患排查制度。定期开展隐患排查,重点关注失恋学生、生病学生、毕业生、特困生和绩差生及有心理疾患学生,有针对性地开展深入细致的思想工作及心理咨询,有效降低了自杀风险。四是严格信息报送制度。有关责任人必须对学生异常情况及时报告,及时处理,严禁迟报、漏报、瞒报重要信息。学校每年通过调查研究筛选出"十大热点问题",责成相关部门予以处置。五是建立责任追究制度。按照谁主管,谁负责的原则,对出现严重问题的单位和个人实行年终评优一票否决制。

校园网是心理健康教育的必争之地。学校一次投入30万元建成了大学生心理健康教育网站,并利用学校的师资优势,开展网上心理健康教育讲座,自网站成立以来,已有10名院士、30多位知名学者和湖南省原省长周伯华、原副省长许云昭先后来校讲座或与学生进行网上交流,在学生中产生了强烈反响。

由共青团中央、教育部、全国学联主办,中南大学承办的"中国大中学生心理健康教育在线"网站,已成为我国首家针对广大中学生开展心理健康教育的门户网站。[①]

第二节　高校国防教育的身心素质培养功能

高校国防教育在身心素质培养方面的作用体现在两个方面,"一方

---

① 参见徐建军:《大学生思想政治教育前沿》,湖南人民出版社2009年版,第77—81页。

面是具有增强大学生机能和体能的重要功能；另一方面是对于大学生非智力因素的培育具有其他教育形式所无法替代的作用"①。

一、大学生机能和体能的增强功能

高校国防教育活动特别是军事技能训练如队列、轻武器射击、单兵战术、行军、野外生存、定向运动等对大学生的机能和体能的锻炼具有重要的意义。

1. 军训是一项具有一定生理负荷强度的有氧训练

高校军事训练如反复操练的队列练习、超负荷的行军、高强度的定向运动等不仅提高了大学生心肺适应能力、肌肉力量和耐力以及身体的柔韧性，对大脑及神经系统的神经过程强度、平衡性和灵活性有很好的调节作用。史绍蓉、汪强等对军训期间大学生的生理功能变化进行了调查研究。"该研究对 121 名男、女大学生在军训期间的晨脉、体重、反应时、RPE、血压、台阶试验、5 次肺活量、血常规和尿常规等生理指标进行监测与分析"②，发现：

（1）军训期间大学生生理功能具有以下适应性变化规律。

在心功能方面，在开始的 1 周内，大学生对军训负荷的生理反应比较敏感，随后产生适应性变化；在感觉功能方面，单手反应时监测结果表明大学生对军训期间所承受的生理负荷也产生适应性反应，感觉功能能力的恢复稍领先于心功能的恢复；在体重方面，军训开始学生体重小幅下降，后段体重呈现上升趋势。

（2）军训的生理负荷规律。

通过对 RPE 指标（是一项已被广泛应用于评定运动中生理负荷和自我有氧能力的指标）分析，军训是具有一定生理负荷强度的有氧训练。

---

① 廖文科：《贯彻落实〈规定〉全面推进大学生军训工作》，《中国高等教育》2007 年第 13、14 期。

② 史绍蓉、汪强：《军训期间大学生生理功能变化特点》，《中国运动医学杂志》2001 年第 4 期。

（3）军训对大学生心肺功能的影响规律。

对静态心功能的影响不显著；定量负荷心功能分析表明军训持续半月后对大学生心功能产生良好影响；对男生呼吸功能的影响不显著，但对女生呼吸功能的影响显著。

大学生在军训期间，身体因承受一定的训练负荷而产生疲劳，表现在军训开始后的 3—5 天内，心功能、感觉功能和体重等出现暂时性下降现象，1 周后逐渐恢复，并且在恢复过程中，心肺功能出现了超量恢复现象。因此，军训是一项具有一定生理负荷强度的有氧训练。

2. 军训有助于大学生健康素质的提高

与健康有关的身体素质在身体素质结构中处于基础地位。近年来，大学生的体质令人担忧。以湖北大学为例，通过多年学生体质检测，大学新生身体形态较为理想，多为"匀称"型，但身体机能呈下降趋势，且降幅大，近三年大学新生的体质健康标准合格率分别为 85.65%、83.75%、74.85%。① 因此，在大学新生入学阶段开展军训是非常有必要的。反复操练的队列练习、超负荷的行军、高强度的定向运动有利于提高大学生的心肺耐力。心肺耐力越强，一个人持续身体活动的能力就越强，进行各种活动保持的时间也就越长，工作和学习就不易疲劳。高强度的军事训练还能提高身体各个关节的柔韧性，增强肌肉力量和耐力。军训是户外有氧运动，可使心脏的活动大大增加，血液循环加快，促进了呼吸系统和循环系统的功能。

3. 军训有助于大学生运动素质的提高

与运动技能有关的素质包括速度素质、力量素质、耐力素质、柔韧素质和灵敏素质，在身体素质结构中处于重要地位。由于学校场地和设备限制，各种球类等活动开展不能普及；加之中长跑运动比较枯燥、乏味导致难以坚持，体育教育没有使学生的运动素质得到充分地发展。开展强制性的军事训练对学生运动素质的提高是一个有益的补充。炎炎烈日下

---

① 参见《楚天都市报》2008 年 11 月 4 日。

队列操练、超负荷的行军等有助于学生耐力素质的锻炼。定向越野运动是一项野外运动,不受学校场地的限制,而且趣味性强、集智慧与体力于其中,可以在大学生中普及。这项运动是一种长距离的间歇越野跑,即要有长跑距离的耐力素质,也需中距离跑的速度素质;在野外环境下的奔跑,有助于心肺功能的提高,促进生理机能的改善;还可以发展灵敏性、弹跳力、平衡力,提高大学生的综合身体素质。

4. 军训有助于大学生神经系统和大脑机能的调节

军事训练不仅仅是简单的体力活动,也是复杂的脑力活动。比如,实弹射击既需要掌握射击要领,还需要具有沉着冷静的心理素质,这就不仅涉及人体肌肉的素质,更涉及神经系统和大脑器官的机能。又如定向越野运动在奔跑中,需要不断地看图、用图,思考行进的方向、线路等问题,大脑在不停地活动,促进了神经系统的功能。另外,这项运动从起点到终点都必须独立完成,遇到任何困难,只能依靠自己,可以培养学生独立判断问题的能力;并且不同的参加者都只有自己的运动路线,有利于培养学生的创造性思维和创新意识,等等。

二、大学生非智力因素的培育功能

人的心理素质分为智力因素与非智力因素。在学习过程中,人们往往重视智力因素的发展,忽视非智力因素的作用。随着心理学研究的深入,非智力因素对学习的重要性越来越受到关注。高校国防教育强制性特点,使得它对学生非智力因素的培育具有无法替代的作用。

1. 非智力因素的概念与结构

对非智力因素的涵义,心理学家有不同的看法。有的认为非智力因素是指影响学生学习动机和个性品质的心理因素;有的认为非智力因素是除智力以外的一切对学习有影响的心理因素;也有的认为非智力因素是指那些"非认识因素";还有人认为非智力因素就是"人格因素"。大多数心理学家认为,非智力因素是指人的智力因素之外的那些参与学生学习活动并产生影响的个性心理的因素,如,兴趣、情感、意志和性格等。非智力因素也可以称作对心理过程有着起动、导向、维持与强化作用,又不属于智力因素的心理因素。所以非智力因素是一个内容十分广泛、复杂的概念,包含了除智力因素以外的所有的其他心理因素。

非智力因素的结构是指不同成分的非智力因素的整体构成。根据非智力因素对心理活动的调节范围以及对学习活动直接作用的程度,可将非智力因素划分3个不同层次。第一层次,指学生的理想、信念、世界观。它属于高层次水平,对学习具有广泛的制约作用,对学习活动具有持久的影响。第二层次,主要是指个性心理品质,如,需要、兴趣、动机、意志、情绪情感、性格与气质等,这些属于中间层次。它们对学习活动起着直接的影响。燕国材教授的非智力因素主要指的是这个层次的概念。第三层次,指学生的自制力、顽强性、荣誉感、学习热情、求知欲望和成就动机等,它们是与学习活动有直接联系的非智力因素,对学习产生具体的影响。这些因素充满活力,对学习的作用十分明显。

虽然说非智力因素是除智力因素以外的所有的其他心理因素,但两者关系密切。智力因素促进非智力因素的发展,一方面表现为外在的,开展智力活动对非智力因素提出一定的要求,因而促进其发展;另一方面表现为内在的,在实践活动中形成的各种智力因素的稳定特性,可以直接转化为性格的理智特征,成为一个人性格的内在成分。非智力因素也能促进智力因素的发展,表现在促进智力的提高以及在一定程度上补偿智力方面的某些弱点。另外,智力与非智力因素的发展具有一致性。通常智力水平高的人,其非智力因素的水平也会很高,反之,智力水平低下的人,非智力因素水平也往往比较低。心理学研究发现,超常儿童通常具有这样特点:兴趣广泛,求知欲强;思维敏捷,逻辑性强;注意力集中,记忆力强;上进心强,有毅力等。

2. 非智力因素培育的主要内容

高校国防教育对学生非智力因素的培育主要表现在成就动机的激发、意志品质的磨砺、团队意识的培养和战斗精神的培育等。

(1)成就动机的激发。

动机是指引起个体活动,维持已引起的活动,并促使该活动朝向某一目标进行的内在作用。动机是行为的原因。根据激发动机的因素的不同,可分为外部动机和内部动机。动机有两个心理特点:不稳定性和条件依附性。教育的目的是使学生正确的动机从不稳定状态趋于稳定;采取相应措施,使学生正确动机得以激发、转化与维持。高校国防教育对大学生成就动机的培养蕴涵在其具体形式与过程当中。首先,蕴涵在军事训练当中。军事训练分为军事技能训练与军事理论教学两部分。在军事技能训练当中,激发学生成就动机的诱因主要有阅兵式表演、先进连排的评选、射击先进个人评选等。每年新生军训阅兵式可以说是一次隆重的节日,每位同学、每个方队都想在那一天有完美的表现,正是这种成就动机驱使学生对每一个队列动作要做到精益求精,即使再苦再累也能坚持。先进连排的获得除队列成绩好以外,还必须在内务整理、歌咏比赛、野外拉练等有出色的表现,因此先进连排荣誉的获得就是学生成就动机的诱因,它调动每一位学生参与竞争的积极性。在军事理论知识教学当中,激发学生成就动机的诱因主要有如理想、兴趣、求知欲、好奇心等。如讲到中国近代革命时,能激发学生好好学习本领,毕业为国争光的成就动机。其次,蕴涵在军事体育活动竞赛当中。军事体育竞赛如一年一度全国高水平定向越野和射击运动比赛,参赛的每位学生都想取得冠、亚军,这种成就动机激励每个运动员平时的刻苦训练。

成就动机在某种程度上决定人的成就大小,成就动机由成就需要转化为成功意愿和志向。成就动机水平高的学生较之他人具有更饱满的工作热情、更坚强的毅力、更高水平的自律意识。高校国防教育特殊的教学、考核和评比方式,激发了学生的成就需要,使他们克服甘于中游的平庸心态,通过个人和集体的努力,不断发现新的"自我",在心理上感受到学习成功的喜悦。学习成功的体验是产生学习动力的源泉,有了这种成功体验,学习就形成了为成功进行努力——成功——更大努力——更大成功的良性循环。

(2)意志品质的磨砺。

如果只有成功的动机,而没有顽强的意志,恐怕很难获得成功的体验。没有意志,障碍难以逾越;没有意志,目标不易达成。意志品质是完成任务的保证。所谓意志,就是人们自觉地确定目的,并根据目的调节支配自身的行动,克服困难,去努力实现预定目标的一种意识倾向性。按照意志的内部心理机制,可以把意志的基本过程划分为决心——信心——恒心三个阶段。"下定决心"、"树立信心"、"持以恒心"构成一个完整的意志行动。

学生军训对学生顽强意志的培养具有其他学科无法替代的作用。"学生军训与一般教育形式最大的不同点是:学生军训对受教育者的教育过程,强调'自觉性和强制性的辩证统一'。"①一方面,要激发受教育者的学习动机,调动积极性,启发自觉性,从而自觉接受教育,自觉搞好训练;另一方面,又要靠强制的力量,达到教育训练的标准,实现教育训练的目标。特别是在军事技能训练当中,按照意志的内部心理机制,"下定决心"和"树立信心"两阶段属于自觉阶段,但"持以恒心"阶段除学生自觉性外,还有来自教官的强制性。教官从实战要求出发,按照教育训练目标,对学生进行从难从严训练,注重雷厉风行和令行禁止的作风培养。这种军营式特殊的教育、教学氛围,有利于受教育者在艰苦的条件下磨炼自己,有利于增强受教育者战胜困难的信心和勇气及抗挫折的能力,从而有效地培养他们百折不挠的意志、坚忍不拔的毅力、不畏艰难的吃苦精神。这种意志、毅力和精神,正是 21 世纪高质量人才所必须具备的高素质。

（3）团队意识的培养。

高校国防教育有利于培养大学生团队协作的集体主义精神。军事活动从来都是集体的行为,战争是军人集体和军人整体力量的较量。一定战争的客观需要决定军事教育训练不能只是促进军人个体素质的全面发展,而且必须促进军人集体作战能力的提高,这是军事集体教育思想。高

---

① 廖文科:《贯彻落实〈规定〉全面推进大学生军训工作》,《中国高等教育》2007 年第 13 期。

校国防教育要借鉴军事集体教育思想,在军事训练活动中,培育大学生的团队意识。尽管对什么是团队,我们会有直觉上的认识,但军事心理学家为了区别真正团队与其他类型工作群体,对这一领域进行认真探索。萨拉斯、狄金森、康沃斯和塔尼鲍姆在1992年给"团队"下的定义是:"团队(team)是两个或更多人的一种特殊组合。这些人为了一个共同的目标/目的/任务而进行动态的、相互依存的和产生更强适应性的互动,每一个人都被赋予特定的角色并在团队中发挥各自的作用。他们的组合关系被限制在一定的时间范围内。"①根据这个定义,至少揭示出团队的三个特点:其一,团队中的单个成员无法完成团队的任务,团队成员相互信赖;其二,团队有共同的、有价值的目标,所有成员必须为了共同的目标而工作;其三,团队能够比个体更容易并且更有效地适应新的环境。高校通过军事教育训练,使学生形成共同的理想和奋斗目标,明确自己肩负的光荣责任以及强烈的集体荣誉感,只有这样,学生才能达成集体的协同动作和步调一致,才能形成和谐的人际关系、健康的集体舆论,才能把一个来自四面八方的学生变成一个坚强的集体。

(4)战斗精神的培育。

克劳塞维茨在《战争论》中强调,精神因素在战争中占据最重要的地方。精神力量渗透着全部军事领域。拿破仑认为,世界上只有两种力量,就是利剑和精神。从长远说,精神总能征服利剑。军队战斗力是由物质与精神两种要素组成的。军队人为的因素就是战斗精神。军队的战斗精神直接影响着军人的行为和战争态势,是决定战争胜负的重要因素。

高校国防教育是新时期加强国防建设和国防后备力量建设的重要措施。我国国防现代化建设坚持走精干的常备部队与强大的国防后备力量相结合的道路。在现役部队减少的情况下,需要储备强大的具有现代科学技术知识的、用先进军事思想武装起来的、有高度政治觉悟的、并能运

---

① Christopher Cronin 主编,王京生译:《军事心理学导论》,中国轻工业出版社2006年版,第71页。

用高度现代化的军事技术和武器装备的后备力量。对高等院校学生进行军事训练,是加强我国国防后备力量建设的重要战略举措。因此,加强高校国防教育,培育大学生的战斗精神,是新时期国防建设和国防后备力量建设的中心环节。从心理学角度,战斗精神的培育过程是社会心理机制与个体心理机制交互作用的过程。① 一方面,战斗精神是国家意识和民族精神的集中反映。高校国防教育要强化大学生的政治信仰、弘扬民族精神和国家利益。另一方面,战斗精神培育过程又是个体认知、情感、意志等相互作用的过程。高校要加强军事理论知识教学,使学生对战争的根源、战争的本质、战争的性质、战争与国防的关系、中国近代革命史、现代国防建设等有深刻的认识,激发学生的爱国热情,使他们意识到自身的社会责任感和使命感。有了对祖国的热爱,有了社会责任感和使命感,大学生就会具备承受巨大的生与死压力的心理准备,就会产生坚强的战斗意志。一旦战争发生,他们将会源源不断地满足兵员动员的需要,保证战争的胜利。

第三节　高校国防教育与身心素质培养

高校国防教育具有提高学生身心健康素质的功能。高校国防教育在培养学生身心健康素质方面与一般教育形式相比,有着特殊的培养方法和途径。

一、培养方法

高校国防教育在学生身心健康素质方面特殊的培养方法主要是环境

---

① 参见龚玮:《战斗精神培育中的心理机制及其运用》,《军队政工理论研究》2005 年第 5 期。

磨炼、集体影响和自我养成。

1. 环境磨炼

人是遗传与环境的产物。环境对于人的成长,人的身心素质的发展是非常重要的。良好的身心健康素质的形成是在一定环境中磨炼出来的,离开有目的的实际锻炼,任何良好的身心品质都不会成为现实。高校国防教育的特殊性,就在于教育者根据国家国防建设发展和人的身心素质发展的需要,借鉴军事教育学的理论与方法,按照军人要求施训,实行军事化管理,使受教育者的身心发生某种变化。军事训练提供磨炼的环境,主要有紧张的生活、高强度的训练、艰苦的条件和严格的管理等。随着军营生活大幕渐次拉开,紧张快节奏的学习生活就开始了,"眼睛一睁,忙到熄灯"是最好的生活写照。军事化训练是从实战要求出发,按照军事训练的标准,对学生实施共同条令、队列动作、轻武器射击、战术基础和综合技能即行军、宿营、野外生存、定向运动等高强度的训练。这种训练是在艰苦的条件下进行的,或烈日当空,或大雨倾盆,晴天一身汗,雨天一身泥,或在训练场反复练习枯燥的队列动作,或在野外进行长时间的行军等。军训生活实行严格的军事化管理,按时作息,统一行动,服从指挥,听从命令,赏罚分明。

经过这种特殊环境的磨炼,绝大部分学生克服了困难,经受住了考验,练就出了强健的体魄、吃苦的精神、坚强的意志、高昂的士气、强烈的集体荣誉感和凝聚力等。

2. 集体影响

集体对个人的发展有重要影响。"军人作为军人集体的成员,在与自己同志交往过程中受到制约。他的思维、感觉和行为有许多要依赖于同事的态度、见解和希望。"①军人是军队这个特殊集体中的一员。军队的特殊性表现在,它是一个高度集中、组织严密的集体,具有明确的集体

---

① A. B. 巴拉班茨科夫编,温金权、吴奇程译:《军事心理学与教育学原理》,解放军出版社 1998 年版,第 57 页。

目标,完善的组织体系,严格而自觉的纪律,和谐的集体人际关系,健康的集体舆论,共同的理想、信念、世界观。军人在军队这个特殊集体中,会加速他的社会化过程。高校国防教育正是借鉴了军事集体教育思想,使学生生活在军营集体当中,通过耳濡目染和身体力行,通过集体影响,达到改善个体身心素质的目的。

既然军队集体影响对个体身心素质的提高具有重要意义,那么高校在开展国防教育时,必须采取得力措施,充分发挥集体影响的作用。首先,要确定共同的集体目标。如何引导每个个体走向一个共同的集体目标,是集体要解决的关键问题之一。这个问题解决好,整个集体就能朝着一个目标,拧成一股绳奋发前进,否则会各行其是。其次,要形成良好的集体心理。集体心理是促进或阻碍集体的共同活动和集体内个人发展的心理因素的总和。良好的集体心理会使集体中每个成员的健康、合理的心理需要得到充分的满足,从而产生积极乐观的情绪,对集体更加热爱,责任感增强,彼此团结合作,自觉使集体保持稳定、融洽、高效而有序的状态。再次,要营造健康的集体舆论。共同目标的形成和追求,必将激发起集体中多数成员奋发图强的自觉性,使他们不能容忍少数成员背离集体的共同目标,于是集体舆论形成了。健康的集体舆论的形成,是集体发展到高级阶段的标志。到了这个阶段,集体才能真正发挥出教育人、塑造人、陶冶心灵的作用。最后,要培育强烈的集体意识。有强烈集体意识的个体,时刻将自己的言行与集体联系起来,把集体利益置于个人利益之上,对自己所在的集体有一种责任感、荣誉感和自豪感,彼此互相帮助,人人关心集体,有强烈的主人翁意识。通过以上措施,使集体产生了凝聚力,集体凝聚力越强,就越能充分发挥每个个体的作用,顺利地实现集体目标。

3. 自我养成

在学生身心素质培养过程中,外界的帮助、教育和影响固然重要,但内在因素是起决定作用的。要引导学生不断加强身心品质的锻炼和修养,使他们充分了解自己的身心特点,明确身心素质上的缺陷,分析不良品质形成的原因,并在学习和生活中加以改正。要引导他们运用榜样的力量进行自我教育,引导他们树立崇高的精神偶像、崇尚英模人物,敬羡为社会作出突出贡献的人,佩服身边的先进典型。运用这些榜样的形象和力量,自觉控制那些不符合榜样标准的想法和行为,从而促进优良身心品质的形成。

二、培养途径

大学生身心素质教育具有独立的教育体系和内容、明确的教育任务、专门的教育训练方法,但高校国防教育的身心素质培养作用是贯穿于军事教学活动过程之中的,身体素质和心理素质训练往往有机结合在一起,与军事训练、思想政治工作以及生活管理也紧密相连,并强调学生学习的自觉性和教育的强制性。因此,其培养途径主要有 3 个方面:

1. 身体素质与心理素质训练的有机结合

身体素质和心理素质训练有机结合,是有明显实效的。身体素质和心理素质关系密切,可以说身体素质是心理素质产生的物质基础。古罗马谚语云:健康的精神寓于健康的体魄。一个人身体素质的好与坏会直接影响到心理素质的质量水平。一般,身体强健的人对挫折的适应忍耐力较强;而身体虚弱的人则反之。既然两者关系如此密切,那么身体素质与心理素质训练的有机结合,寓心理素质训练于身体素质训练之中,是会产生事半功倍的效果的。军事训练特别是技能训练是艰苦且枯燥的,教官调动学员的训练积极性事关重要。教官需要完全了解学员的训练态度、训练水平和身体的适应能力,学生需要配合教官的训练指导、要求和措施,主动完成训练内容和计划。在训练过程中,要充分运用鼓励、激励,适当采用奖励、惩罚的方法来体现训练的效果。通过一个技术动作的示范指导,一个眼神的交流肯定,一个拍拍肩膀动作的鼓励,激发运动员的潜力,增强自信,最大限度地发挥心理素质训练与身体素质训练有机结合的实效。

2. 训练、管理与思想政治教育的有机结合

在国防教育过程当中,可结合训练、管理和思想政治教育对学生进行身心素质教育。知识和技能的掌握必须以个体心理活动为基础。学生军事训练,不仅是技术和战术训练,同时也是一种心理训练。在管理工作中,有目的的对学生进行心理训练,比如为性格内向不善交际的学生创造锻炼机会,使其克服交往心理障碍;通过各种评比、竞赛强化学生的竞争心理。军训期间加强学生思想政治教育重大,因为人们的思想觉悟一旦形成,就可以影响乃至改变一个人的性格、气质特点和情绪特点,决定一个人的需要、动机、兴趣的趋向。结合思想政治教育进行心理素质教育,就是在提高思想觉悟的基础上,引导大学生自觉加强心理品质的训练和修养。

3. 学习的自觉性与教育的强制性的有机结合

对学生身心素质的培养要强调学习的自觉性与教育的强制性的有机结合。高校国防教育与一般教育形式最大的不同点就是强调自觉性和强制性的辩证统一。一方面,要激发受教育者的学习动机,调动积极性,启发自觉性,从而自觉接受教育,自觉搞好训练;另一方面,又要靠强制的力量,达到教育训练的标准,实现教育训练的目标。这种强制性的教育方式,有利于学生在艰苦的条件和严格的管理下磨炼自己,有利于培养学生高度的组织性、纪律性和令行禁止的作风,有利于增强他们战胜困难的信心、勇气及抗挫折的能力,有利于培养他们百折不挠的意志、坚忍不拔的毅力、不畏艰难的吃苦精神,有利于激发他们成就的动机、高昂的士气和敢于冒险的胆识,有利于培育他们团结协作的集体主义精神,有利于使他们形成正确的人生观、价值观和世界观。

第八章　高校国防教育与实践创新素质教育的关系

进入 21 世纪,实践创新素质,已成为人才综合素质中必不可少的素质。《中共中央国务院关于深化教育改革的决定》指出:"高等教育要重视培养大学生的创新能力、实践能力和创造精神,普遍提高大学生人文素质和科学素质。"在信息化军事变革迅速发展的今天,进一步认识国防教育与实践创新素质教育的内在联系,正确理解实践创新素质教育对国防教育的影响,在国防教育中培养人才的实践创新素质,使他们成为具有创新能力、实践能力和创造精神的创新人才,尤为重要。

第一节　实践创新素质教育

人的素质的形成和提高,不能仅靠书本知识和说教去实现,还必须通过各种实践活动使人的各种素质互相融合,各种能力互相提升,逐步形成具有创造特征的实践能力。现代社会对人才的要求更为苛刻,社会需要的是德、智、体、美、劳各方面和谐发展的人才,不能只具备某一方面的素质,其中实践创新素质则是现代社会对人才要求最为重要的一面。高等教育就是要为社会培养具有创新实践能力的高级专门人才,发展科学技术文化,促进社会主义现代化建设。

一、实践素质的基本内涵与种类

加强学生实践素质的培养,是当前素质教育的重要内容,也是知识经济时代对人才素质的要求。实践是检验真理的唯一标准,一个大学生是否合乎社会需要,同样需要通过社会实践的检验才能断定。因此,实践成了检验大学生素质的唯一标准,同时,实践也是大学生成才的必由环节。

从实践素质的地位看,实践素质是人类最基本的素质。实践活动是人类最基本的活动,从广义的角度来讲,人类的一切活动都属于实践活动的范畴,因此,在实践活动中形成和发展的实践素质是人类最基本的素质。从实践素质的价值看,实践素质是实现人的价值的一种有效方式。简言之,实践素质是指人们能动地改造及适应自然、社会的素质,在改造及适应社会的实践活动中,人的价值得以体现。

依据实践素质的分类标准不同,我们可以看到多样的实践素质。如按照主体实践活动的内容,可将实践素质划分为:语言实践素质(对词义特别敏感,擅长有效利用口头或书面语言进行表达和交流的素质),音乐实践素质(对乐曲、旋律、节奏特别敏感,有很强的感知、鉴赏、表达和创作音乐的素质),数理逻辑实践素质(有效利用数学和逻辑进行推理的素质),空间实践素质(准确感知视觉空间世界的素质),身体运动实践素质(动作灵巧、敏捷,在身体平衡、协调、力量、速度、灵活性等方面表现突出,善于运用身体来表达内心感受的素质),人际交往实践素质(善于觉察并区分他人动机、意图、情绪的素质),自我认识实践素质(善于认知人的内心世界,善于分辨自己的心理状态的素质)和自然实践素质(善于观察和洞察生物界以及自然规律的素质)。① 依据实践活动的客体特点可

---

① 参见戴维·拉齐尔著,缪胤译:《智慧的课程——利用多元智力发掘学生的全部潜力》,教育科学出版社 2003 年版,第 19—28 页。

以把实践素质分为工具性实践素质和人际性实践素质。工具性实践素质包括满足个人物质生活需要的基本实践素质,相对于不涉及人际情感因素的实践素质,如买书包、做饭、洗衣、班级值日等;人际性实践素质包括处理社会关系情境中出现的人与人之间引发了情绪反应的素质,包括与同学、老师以及父母、朋友等相处的实践素质,如完成父母交给的任务,缓和师生矛盾找老师交流的活动,消除同学误会向同学道歉的行为等。

　　大学生的实践素质包括实践意识、实践知识和实践能力。实践意识更多地是指学生自动自愿参与实践的愿望和冲动;实践知识涉及到技术规则、实践经验、情景知识、判断力知识、实践化的学问知识等;实践能力指最终解决实际问题的能力。同时也应该注意到,实践知识不同于理论知识,有的实践知识可讲解或传授,如,技术规则、经验;有的实践知识只能在实践中感受和积累,如,情景知识、判断力知识、实践化的学问知识。因此,实践意识是学生实践能力的发动机,实践知识是实践能力的保证。

二、创新素质的主要结构及内容

　　创新素质是创新人才获得成功必须具备的基本素质,创新素质并不一定要学习者创造新事物,这里的创新主要是指创新精神。因此创新素质主要包括四个方面:即创新意识、创新思维、创新精神以及创新能力。创新意识是创新的意图、愿望和动机,是人类意识活动中的积极的、富有成果性的意识形式,而创造性思维是不受固有模式束缚而进行的再创造的心理反映,它是一种超越固有的常态思维"模式"而进行的一种开创性的、探索未知的心理活动。创新能力既是各种创造方法和解答策略的掌握与应用,又是多角度地求异、求新图解的集成,是创造性思维方式技能层次的外化。创新精神,是指相信科学没有平坦的路可走,只有那些不畏艰辛、沿着崎岖小路勇于攀登的人才能达到光辉的顶点。因此,在学校教育中培养学习者的创新素质,主要在于激发学习者创新意识,开发学习者的创新思维,培养学习者的创新精神,提高学习者的创新能力,这样才能产生创新行为。创新意识、创新思维、创新精神、创新能力之间是相辅相成的,而且又有各自的特征。

1. 创新意识

意识,是指人们与动物心理区别的根本标志,是人最高效、最主要的反映形式,是人自觉地认识现实、反映现实和精神上把握现实的形式。意识和存在是哲学的范畴。所谓创新意识,是指创造的愿望、意图、激情等思想观念,它是创新起点,也是创新的前提。创新意识,也指具有独立思考、发现问题、求是求佳意识;具有求证否定、释疑解蔽意识。前者要求创新者带有质疑的目光,克服司空见惯的障碍,于寻常中见怪则怪;后者则要求创新者既不以己蔽人,更勿以人蔽己,对周围发展变化的事物,包括自身,不断地证实证伪,无畏权威,追求真理,与时俱进。

2. 创新思维

关于创新思维的含义,从不同的角度去研究,其表述方法也不同。从思维科学的角度看:创新是逻辑思维与非逻辑思维的巧妙结合与对立统一的过程;从心理学角度看:创新思维是大脑潜能的释放,是智慧的升华,也可以说是发散思维和聚合思维的结合,二者相辅相成,缺一不可。从思维结果的角度看,创新成果不仅具有新奇性、独创性,而且对社会有一定的建设性和推动性。综合各方研究,创新思维是以新颖、独特的方式解决问题的思维过程,创新思维是在实践和感性认识的基础上,利用人的头脑有意识的理性思维,在揭露客观事物的本质及其内部联系的同时,产生出新颖、创新的有社会意义的思维成果。创新思维具有5种具体表现形式:提出新概念、作出新判断、提出新假设、作出逻辑论证、作出检查验证。创新思维的形式,是主体思维视角转换和触发的结果,是智慧水平高度发展的表现。主要有4种类型,即逆向思维、侧向思维、类比思维和发散思维。思维的多类型、多角度决定着人可以不受一种思维方式的束缚,可以充分地获得解决问题需要的设想,可以采取多种的途径达到获取创新成果的目的。

3. 创新精神

创新精神是创新人才的素质核心。行为是思想的外化,是创新精神的外显。创新精神是把创新思维转化为创新行为、付诸行动,形成的创新能力;而创新能力在正确的人生观价值观、世界观支配下,便能形成创新精神。如,1903 年获得诺贝尔物理学奖、1911 年获得诺贝尔化学奖的居里夫人。她在其研究放射性元素镭的发现历程中,遭遇到无数次失败,还要忍受丈夫去世、孩子夭折等家庭灾难的打击,但她痴心不改,在艰苦卓绝的条件下,从一吨沥青的油矿残渣中进行提炼。经过 45 个月辛勤劳动,1902 年获得最终成功,提炼出 1/10 克镭,从此开辟了科学世界的新领域,为人类作出了巨大贡献。居里夫人的成功,不仅体现了她在创造过程中思维具有创新性、意识具有创新性、能力具有创新性、更重要的是她具有创新精神。

4. 创新能力

创新能力是指具有创新的基本本领,它是创新素质的基础支撑。它就是运用一切已知的知识、信息,产生出某种新颖、独特、优质"产品"的能力。创新能力包括较扎实的基础知识、基本技能、较宽的知识面、较强的实践能力和丰富的实践经验,还包括在大量信息中选择、辨别知识的能力。它反映创新主体行为技巧的动作能力,是在创新智能的控制和约束下形成的,属于创新性活动的工作机构。在心理学中,它属于非智力方面,是创新素质中比智力素质更为重要的素质,是创新素质内在的自然倾向性。这里所谓的"内在的自然倾向"是指在先天素质的基础上后天养成的对创新的意愿性和习惯性作用。

三、实践创新素质教育的原则

实践创新素质教育的原则是实践创新素质教育规律的体现,是实施实践创新素质教育必须遵循的行动准则。在大学生实践创新素质教育中应遵循以下基本原则。

1. 整体性原则

恩格斯在《反杜林论》中写到:"当我们深思熟虑地考察自然界或人类历史或我们自己的精神活动的时候,首先呈现在我们眼前的,是二幅由种种联系和相互作用无穷无尽地交织起来的画面。"①恩格斯精辟地指出了事物间的普遍联系性,同时,也表明了唯物辩证法的重要特征之一。实施实践创新素质教育必须坚持整体性原则,根据系统科学的原理,统筹规划,科学运作,追求实施实践创新素质教育的整体效益。根据这一原则,高校实施实践创新素质教育,就要有计划地围绕大学生实践能力、创新品格的培养,针对教育办学体制、教育观念、教育模式、教育内容、教育条件、教育评价方法等诸要素进行综合改革、系统创新和整体优化,使各要素之间协调运作,相互促进,建立良好的实践创新素质教育运行保证机制和体制,发挥素质教育系统的最大功效。

2. 主体性原则

在马克思主义思想体系中,关于人的主体性的论断占据着重要地位,马克思与恩格斯在《德意志意识形态》中提到:"全部人类历史的第一个前提无疑是有生命的个人的存在。"②因此,实施实践创新素质教育必须坚持主体性原则,坚持落实学生主体地位,尊重学生,信任学生,让学生主动活泼地发展。坚持主体性原则,要充分考虑到大学生主体性因素作用,认识和分析大学生的主观特征和主观愿望,激发大学生在实践创新素质教育过程中的主观能动性。同时,要以大学生主体为出发点,充分利用大学生的自主状态和自主意识,发动、操纵、控制和协调大学生实践创新素质教育这一实践活动,增强大学生实践创新活动的内在趋向和内源驱力,扩大实践创新素质教育工作的效果。

3. 创新性原则

马克思说:"哲学家们只是用不同的方式解释世界,而问题在于改变世界。"③恩格斯说:"随着自然科学领域中的每一个划时代的发现,唯物主义也必然要改变自己的形式。"④马克思、恩格斯正是善于在科学研究

①　《马克思恩格斯选集》第 3 卷,人民出版社 1995 年版,第 359 页。
②　《马克思恩格斯选集》第 1 卷,人民出版社 1995 年版,第 67 页。
③　《马克思恩格斯选集》第 1 卷,人民出版社 1995 年版,第 57 页。
④　《马克思恩格斯选集》第 1 卷,人民出版社 1995 年版,第 76 页。

中,用批判性和怀疑性的眼光审视周围世界,从不盲从和崇拜任何东西,才创造性地建立了科学的世界观和方法论。实施实践创新素质教育必须坚持创新性原则。要摒弃循规蹈矩、谨小慎微、墨守成规的传统观念,大胆倡树善于思考、善于置疑、独立判断的学风。要实现人才培养模式创新,由培养单一的专业人才向复合型人才转变。要实现教学方式创新,第一课堂要注重启发式、研讨式、问题式教学;第二课堂要深化构建课外科技活动运行保障机制、激励措施。要实现课程体系的创新,课程设计要有针对性,基础课程要突出系统性和基础性,专业课要突出实用性和前沿性,选修课程要突出综合性和应用性等。

4. 实践性原则

恩格斯指出:"在社会主义社会中,劳动将和教育相结合,从而既使多方面的技术训练也使科学教育的实践基础得到保障。"[1]列宁继承并发展了马克思、恩格斯关于教育必须同生产劳动相结合的先进思想,指出:"没有年轻一代的教育与生产劳动的结合,未来社会的理想是不能想象的;无论是脱离生产劳动的教学和教育,或者没有同时进行教学和教育的生产劳动,都不能达到现代技术水平和科学知识现状所要求的高度。"[2]因此,高校要把教育同实践紧密结合起来。实施实践创新素质教育必须坚持实践性原则,坚持实践第一,坚持教、学、做相结合,让学生在实践中学习,在实践中创新。坚持实践性原则,就要走出课本,走出学校,贴近生活,贴近生产,贴近科技前沿。坚持实践性原则,就要开展丰富多彩的创造性活动,让学生自己设计,亲自体验,自我评价,体味创造的滋味。

5. 发展性原则

马克思认为"全面发展的个人"是指不受外在力量,如自发形成的社会分工体系等分配,而能够充分和全面发展"本身的才能的一定总和的

---

① 《马克思恩格斯选集》第 3 卷,人民出版社 1995 年版,第 673 页。
② 《列宁全集》第 2 卷,人民出版社 1984 年版,第 461 页。

发挥"的人。① 实施实践创新素质教育必须坚持发展性原则。在实践创新素质教育过程中,学校要紧跟时代发展的步伐,认清时代发展的潮流。实践型人才、创新型人才、实践创新教育都是时代发展的产物,都是历史的概念。不同的时代对于人才有不同的评价标准、有不同的要求,但总的目标不变,那就是围绕人各方面才能的全面发展。因此,实践创新素质教育要体现时代性,能与时俱进,伴随时代变化,不断更新教育思想、教育模式,适应社会对人的全面发展的要求,培养具有可持续发展能力的实践创新型人才。

在德军院校见学

3月15日至21日,信息工程大学理学院队干部许宇鸣和学员石梦益、夏天星,赴德国陆军军官学校,同来自13个国家的30名军校学员参加第13届国际学员周活动,这是他们的所见所闻和所感所悟。——编者

德国陆军军官学校位于萨克州首府德累斯顿。我们一行来到这所被誉为德国陆军军官训练中心和"军官摇篮"的学府后,深深感受到了它在德国军事指挥人才培养中的重要作用。

在我们印象中,德国人严谨得似乎有些刻板。可是一走进德国陆军军官学校的教室,我们却感觉到了课堂气氛的活跃。授课中,教员只充当"导演"角色,围绕授课主题不时发问,引导学员畅所欲言。学员不仅主动回答教学的问题,而且还不时向教员提问。平等对话,气氛轻松,甚至还不时传出笑声和掌声。在小班制教学中,学员成了课堂的主角,师生平等互动,学员敢于质疑和批判,以此培养学生的创新精神。

在德国陆军军官学校,我们经常看到三三两两的学员一起学习和训练。据德国学员介绍,他们拥有自主的学习训练空间,教员只是

---

① 参见《马克思恩格斯选集》第3卷,人民出版社1985年版,第76页。

布置任务,规定完成时间,至于这段时间你干什么,用什么方法,都由学员自己选择。在课程时间分配上,集体授课、小组讨论、个人自学与体育活动分别占总课时的 20%、45%、30% 和 5%,学员自主时间占的比例很大。由于德国军校实行全程淘汰制,平均淘汰率为36%,个别专业甚至高达 50%,学员们丝毫不敢懈怠,每个学员都有详细的学习训练计划表。课余时间,他们会主动走进教室和体育训练馆学习或者锻炼。相比较而言,我们的教学和管理统得过死。如何搞好"统"和"放"的尺度,值得我们思考。①

第二节 国防教育与实践创新素质教育的契合

国防教育与实践创新素质教育都属于素质教育大系统中的一个子系统,它们均是存在于一个统一的结构之中的,只是在各自理论抽象中才各自独立存在。而它们之间是相互渗透的,在国防教育中包含了实践创新素质教育的很多内容,并在其实践创新意识、实践创新思维、实践创新潜能等方面都存在一定的交互性和相关性。

一、国防教育有利于实践创新意识的培养

国防教育理论上是依托于军事科学的。军事科学不仅内容丰富,综合性强,而且拥有人类最先进、最前沿的科学研究成果。世界各国在军事科研上的竞争在人类科技发展史上起到了巨大的推动作用。军事科研处于前沿,必然带动军事科学在思维方面的创造性,而创造性思维正是实践创新意识和实践创新能力的源泉。军事斗争的对抗性、残酷性和复杂性,

---

① 参见杨克功、樊净芷:《在德军院校见学》,《解放军报》2010 年 5 月 4 日。

孕育了军事思想的创造性特点。

历史告诉我们："最落后的军队不是劣势装备的军队,而是观念陈旧的军队。"①目前世界各国推行新军事变革、进行军事转型都把观念的更新作为突破口。这主要是因为,只有不断冲破旧观念的束缚,才能从全新的视角、用正确的思维方法看待复杂变化的现实问题和新生事物,从而得出科学的结论,采取正确的态度。正如恩格斯所说:"每一个时代的理论思维,成为我们时代的理论思维,都是一种历史的产物,它在不同时代具有完全不同的形式,同时具有完全不同的内容。"②

对信息化军事变革来说,观念的更新是一切进步的枢纽。"思想观念是人的大脑对客观事物的反映,如果反映正确,就会对客观事物的发展具有正确的指导作用。反之,就会对客观事物的发展产生极其严重的制约和阻碍。谈及信息化军事变革,人们往往想到武器装备首先要向信息化变革,而往往忽视思想观念的更新,殊不知观念落后比武器装备落后还可怕。"③美军的军事转型实践让我们清楚地认识到,旧的观念是无法打造信息化军队并指导信息化军事变革的,如果不更新观念,即使拥有了信息化军事变革的硬件基础,也难以取得信息时代的军事优势。正如美国前国防部长拉姆斯菲尔德所说的那样:"给亚瑟王宫廷里一位骑士一支M-16自动步枪,如果他拿着这件武器,骑上他的马,用枪托砸他对手的脑袋,这样就不是转型。如果他躲在一棵树后边,开始射击,这样做才是转型。"④为此,培育创新性文化环境,推进信息化军事变革,必须首先从转变观念开始。当代的军事实践告诉我们,明天的战争永远不可能是对今天的重复,只有善于冲破旧观念的束缚,用正确的观念、思维和方法应

---

① 孙科佳:《中国特色的军事变革》,长征出版社 2003 年版,第 211 页。
② 《马克思恩格斯选集》第 3 卷,人民出版社 1995 年版,第 284 页。
③ 奚纪荣、时刚:《信息化条件下军事理论创新研究》军事科学出版社 2005 年版,第194 页。
④ 奚纪荣、时刚:《信息化条件下军事理论创新研究》,军事科学出版社 2005 年版,第194 页。

对变革,才能少走弯路,增强时效。否则,将会迷失方向,坐失良机,直接影响我军信息化军事变革的进程。

国防教育通过军事理论的传播和军事技能的训练,使学生们了解甚至接触一些最新的军事科学技术成果,不仅有助于增强大学生的国防观念,增长军事知识和技能,而且有助于培养他们对高科技的浓厚兴趣,使他们更主动、更积极地投身于学科的学习,去开发自己的实践创新意识,进而提高他们的综合能力。

二、国防教育有利于实践创新思维的训练

回溯人类军事历史的发展,我们不难发现,一部军事实践的历史,反映在军事思维、观念层面,就是一部军事思维方式的变迁史。当前,人类文明正在由工业时代向信息时代过渡,机械化军事形态正向信息化军事形态转变,广泛而又深刻的世界新军事变革,不仅仅是武器装备的断代性发展,编制体制的重塑,作战样式的更新,更深层次也更为基础的是军事思维方式的转变。而具有时代特征的海湾战争、科索沃战争、阿富汗战争和伊拉克战争,进一步重新诠释了战争形态的基本内涵,标志着信息化战争正在揭开神秘的面纱,登上历史舞台。所有这些,正在以前所未有的深度和广度冲击、改变和重塑着传统的军事思维方式。

军事思维方式先进,能够推动军事思维活动的科学运行。军事思维方式落后,则会阻碍军事思维。当前,从某种意义上说,以信息化为本质和核心的新军事变革,其关键环节是军事思维方式的转变。因为“新军事变革首先是一场军事认知领域的革命”[①],其中逻辑地蕴涵着重新审视既往经验并进而重新架构军事实践范式的深刻内容。面对新军事变革的严峻挑战,完成我军机械化和信息化建设的双重历史任务,实现国防现代化建设跨越式发展,有效履行我军新世纪新阶段历史使命,我们必须以军事思维方式的转变为先导,从传统的战争观念中解放出来,理性地把握世

---

① 严高鸿:《军事思维学前沿问题研究》,军事科学出版社 2005 年版,第 384 页。

界新军事变革的发展趋势,为推进中国特色军事变革提供思维保障。

思维方式是行为方式的内在规定性,如果没有思维方式的转变,就不会产生行为上的变化。因而,自觉进行军事思维方式的转变,是当今世界各国的普遍追求,也是当前军事领域中的一个前沿问题。军事思维方式的变革,为军事领域带来了巨大的变化,也为大学生国防教育提供了极为丰富的内容。因此,国防教育对于进一步开发当代大学生的智力与技能,促进创造性人才的实践创新思维,朝着良性方向发展,有着不可忽视的积极作用。

三、国防教育有利于实践创新潜能的挖掘

恩格斯曾经指出:"一旦技术上的进步可以用于军事目的并且已经用于军事目的,它们便立刻几乎强制地,而且往往是违反指挥官的意志而引起作战方式的改变甚至变革。"①在前面几次军事革命中由于社会、军事系统发展相对缓慢,使得军事理论的发展一般滞后于军事技术的发展。在当今这场信息化军事变革中,虽然军事技术依然对军事理论变革起着强制作用,但人们主动地转变自身的军事思维方式,积极研究和创造有利于发挥信息技术优势的作战理论,使军事理论的"超前性"越来越明显。英国军事理论家富勒曾指出:"现在是 1920 年,我们不要老是回头看1914 年。我们的思想应该走在时代的前面,我们的眼睛应向 1930 年看,否则就会变成时代的落伍者。"②这一点,透过当今世界各国军队信息化建设的滚滚大潮就可略见一斑。正如国防大学张召忠教授所指出:"今天如果不生活在未来,那么,明天,你将生活在过去。"③这是因为,军事的竞争在更多的时候不是在现在而是在将来,不是赢得今天而是赢得明天。要赢得明天,就要始终保持创新能力,而要保持创新能力,就离不开思维

---

① 《马克思恩格斯军事文集》第 1 卷,战士出版社 1981 年版,第 17 页。
② 钮先钟:《现代战略思潮》,台湾黎明文化事业 1985 年版,第 12 页。
③ 参见张召忠:《谁能打赢下一场战争》,中国青年出版社 1999 年版。

方式变革的引领。

军事思维方式本身的科学性与先进性能够保证人们在军事变革中作出前瞻的、科学的决策来推动军事变革。一方面,任何先进的军事理论,不会自发地对包括军事变革在内的军事实践活动发挥作用,必须依靠人的头脑对军事理论进行消化、吸收、改造和加工,思考制定出对策才能指导军事实践。因为反映一定时代军事存在的军事理论总是抽象的、具有普遍的意义,与军事实践存在着一定程度的间接性和不切合性,不可能直接用来指导军事实践。在军事理论发挥对军事实践先导作用的过程中,军事思维方式起着"转换器"、中介和桥梁的作用。具体而言,就是军事思维方式将军事理论逐步转化为具体的、可操作的实践观念、实践目的和实践方案,在观念中对未来军事实践活动的目标、方法、手段、结果等做超前设计和决策,明确要"做什么"以及"怎么做",从而达到实践观念先进,这是军事实践活动得以展开所必需的首要条件,也是人的思维活动的一个显著特征。当前,世界各国军事理论创新成果的不断涌现,军队信息化建设步伐明显加快,其中一个重要原因就是由于军事思维方式变革和军事理论创新的共同引导,使军事实践的盲目性大大减小,风险性降低,速度和效率大大提高。而另一方面,军事思维方式的科学性与先进性,本身就是在军事变革过程中能否进行理论创新和正确决策的前提条件,是军事系统更新中的基础性软件工程。计算机系统是一个集诸多硬件与软件为一体的综合大系统,其运行必须以操作系统为平台,才能发挥硬件与软件的功能。如同计算机系统一样,新军事变革也是一项系统工程,是武器装备、军事技术、军事理论、作战方式、训练方式、军事思维与决策等诸多软硬件的综合集成。如果没有科学的先进的军事思维方式,各个要素和系统就失去了有效运行的基础。军事思维方式转变的深度和广度,不仅深刻地影响着军事理论创新,而且制约着军事实践的进一步发展。推进中国特色军事变革,我们不但需要优化、创新武器装备、军事技术、军事理论、作战方式、训练方式等各个系统,而且更紧迫的是必须进行军事思维方式的转变与重构,唯有如此,才能将各个系统的创新整合到一起,真正实现军事系统的功能和效能的全面提升。

国防教育的实践发展表明,国防教育他不是一项孤立的、单纯的教育活动,不是一味的为了传授军事知识,培养军事技能,更不是为了教育而教育,而是通过这种必须而有效的教育形式,给予学生以熏陶和影响,促进学生整体素质的全面发展。国防教育对于创新人才的智力开发,对于当代大学生的创新潜能的挖掘,都会起到极大的帮助和促进作用。通过国防教育让学生潜移默化地接受一种创新意识的教育,对于开发当代大学生的创新思维,拓展他们的知识视野,促进他们创新能力的提升,无疑是大有裨益的。

第三节　国防教育促进实践创新素质的提高

实践创新素质的提高不是一个自发的过程,而是有其他客观条件。当前从客观条件看,社会形态由工业社会向信息社会转型,军事形态由机械化军事形态向信息化军事形态演进,科学领域发生的信息技术革命,为实践创新素质的提高奠定了深厚的社会条件、技术条件和认知条件。但是,实践创新素质的提高是一个复杂的思维活动过程,需要主体付出艰苦努力。也就是说,当客观条件具备时,实践创新素质的提高并不会自然发生,还必须有赖于一定的主观条件与努力。国防教育对于推进这一工作具有重要作用。

一、克服畏惧障碍

畏惧思想,是实践创新思维最大的障碍,因为有了畏惧思想,就会谨小慎微,前怕狼后怕虎,怕失败,怕困难,怕犯错误;畏惧思想,会磨灭人的想象力和创造精神,使人在许多有可能获得成功的机会中,失之交臂;畏惧思想,使人缺乏活力,缺乏生气,实践创新需要热情,没有实践创新的热情,就没有实践创新的活力;畏惧思想,会使人失去信心和勇气,担心失败,实践创新者是不应怕失败的,失败是成功之母。有关资料介绍世界体育明星卡尔·耶斯特成功地完成他的第三千次击球后,记者问他:"耶斯特,你当时难道不担心这第三千个球的成功与否会影响你一生的声誉吗"？他回答说:"在我的击球生涯中,我已击球一万多次,这就意味着我有七千多次是失败的,单凭这一点,就足以使我保持清醒的头脑。"他深知,成功与失败是同一进程中的两个方面,错误只不过是创造过程中的一个台阶。因此作为实践创新者,应该经得起失败的考验,要大胆的探索,勇于进取,无所畏惧,在实践创新的道路上勇往直前。

以军事训练和军事理论教育为主要内容的国防教育,对于学生的理想、信念、毅力、情操、品格、纪律、精神等非智力因素的培育具有其他学科所无法替代的重要作用。军事教育与普通教育、高等教育最大的不同点是,前者对受教育者的培养过程,强调自觉性和强制性的辩证统一。它既激发受教育者的学习动机,调动积极性,启发自觉性,从而自觉接受教育,搞好训练;又靠强制的力量,达到教育训练的标准,实现教育训练的目标。军事教育要求从难从严从实战要求出发练兵。这种强制性,有利于学生在艰苦条件下磨炼自己,树立正确的苦乐观,从而有效地培养百折不挠的意志、坚忍不拔的毅力和不畏艰难的吃苦精神。不难看出,国防教育是全面推进素质教育的不可替代的重要环节。在高校国防教育中不仅要注重培养学生的国防意识,增强学生的国防知识和技能,更要发挥国防教育学科的特点和优势,在"综合育人"上下功夫,以促进学生全面发展,从而提高学生在实践创新过程中克服畏惧思想障碍的能力。

二、突破定势羁绊

传统的理论、观点、方法,常常束缚着人们的头脑,特别是对从事发明创造的人更为不利。传统观念常常使人思想僵化,搞个人崇拜、个人迷信,不敢提出任何问题,不敢对任何问题怀疑,甚至"循规蹈矩"。这种观念时常堵塞创新思维的发展。冶金学家贝塞麦说:"比起许多研究同样问题的人,我有一个极大的有利条件,那就是,我没有被长期既定的惯例所形成的固定观点束缚思想,造成偏见。我也未受害于认为现存一切都是对的那种普遍信念。"①由此可见,要创新,就要破除旧的传统观念,要解放思想,实事求是,敢于冲破各种思想束缚,大胆探索,勇于攀登科学高峰。

一般人都有自己的习惯的思维程序。人们在解决问题过程中,沿着同一思想进行,使各种观念在头脑中形成固定的思想锁链。这种习惯性思维程序在创新性思维中,往往使人思路阻塞。习惯性思维是我国多年应试教育的结果。例如,几乎从入学的第一天开始,学生所受到的教育就是每一个问题都只有一个正确的答案,因而就自觉地养成了局限性思维。其实,在实际生活中,当面临难题时,多方面寻找第二个或更多的答案,它会产生你所需要的新观点。创新思维就是要跳出习惯性思维的圈子,凡遇到需研究的和探讨的问题时,要思考该问题会有几个答案,这样思路就会拓宽,就会产生新意。

辩证唯物主义原理告诉我们,只有灵活地、辩证地、发展地看待和运用过去的知识和经验,才能防止经验定势、书本定势和权威定势的束缚。正如法国著名生物学家贝尔纳所说:"妨碍人们学习的最大障碍,并不是未知的东西,而是已知的东西。"②一方面,任何经验总是在一定的时空范围内和实践中产生的,而且往往只适用于一定的时空范围,一旦超出这个时空范围,这种经验的有效性就大打折扣了,也就不存在一劳永逸的经验,绝不能照搬。特别是信息时代,知识更新的速度越来越快,周期越来越短,过去成功的经验更不能死板教条地照抄照搬。另一方面,知识和经验是从实践中产生的,它还要在新的实践中不断地发展和完善,从而获得某些新的特质,而不能一成不变。我们面对的是变动不居的战争,上一场战争的经验不可能完全适用于下一场战争,下一场战争也不可能是上一

---

① http://www.jledu.com.cn/jyjxyj/view_content.asp? id=11&seq=8&c_seq=516.
② 孙洪敏:《创新思维》,上海科学技术文献出版社 2004 年版,第48页。

场"战争版本"的简单"复制"。这就更需要军事思维主体打破思维定势、思维惯性的束缚，具体情况具体分析，以开放的思维和进取精神对待过去的经验，做经验的主人，而不做经验的奴隶。

国防教育对于推进这一工作具有重要的作用。国防教育所依托的学科体系是军事科学。现代军事科学是一门范围广博、内容丰富的综合性学科。军事斗争的残酷性和复杂性，孕育了军事思维的创造性特点。而创造性思维正是创新意识和创新能力的源泉和动力。因此，国防教育不仅有利于学生开阔眼界，扩大知识面，而且有利于学生打破专业学习的思维定势，拓展思维空间，进一步提高创造力和综合思维能力。

三、摆脱懒惰思想

实践创新来源于勤奋。懒惰和投机的人总是想不流血流汗，靠意外侥幸取得成果，这是实践创新中的大忌。实践创新活动的成功永远是属于肯于吃苦、勤劳勇敢的人们，它与懒惰、投机取巧的人毫无缘分。治疗懒惰的好办法，就是要养成勤奋求知、严谨治学的思想品质。

中国科学院院士、著名数学家华罗庚教授说："有些同志觉得我在数学方面有什么天才，其实我身上是找不到这种痕迹的。我读小学的时候，因为成绩不好，没有拿到毕业证书，在初中一年级的时候，我的数学也是经过补考才及格的。但是说来也怪，从初中二年级以后，就发生了根本变化，这就是我认识到既然我的资质差一些，就应该多用一点时间来学习，别人学习用一个小时，我就用两个小时，这样我的数学成绩就不断的提高。一直到现在，我也贯彻这个原则，别人看一篇东西要三个小时，我要用三个半小时。经过长时间的劳动积累，就多少可以看出成绩来，并且在基本技巧熟练以后，往往能够一个钟头就看完一篇人家十天半月也解不透的文章。所以，前一段时间的加倍努力，在后一段时间内却收到预想不到的效果。"[①]当代的学习者无论是现在还是将来，都要牢记，在科研和创

---

① 段永忠：《非智力因素在数学教学中的作用》，《中国教师报》2009 年 9 月 27 日。

新的征途上,没有平坦的大道可走,只有勤奋求知、严谨治学,勇于攻关的人才能到达光辉的顶点。

军训中要求大学生从思想上、行动上都要以一个军人的标准来严格要求自己。要尊敬教官,服从命令,听从指挥,严守纪律,勇敢顽强,坚持到底,坚决完成各项训练科目;要学习军队的好思想、好作风,严格训练、勤学苦练、吃苦耐劳,发扬"流血流汗不流泪、掉皮掉肉不掉队"的革命精神。军训期间,严格的训练要求和艰苦的训练环境,有利于学生在艰苦环境下磨炼自己,奋发进取。严格的军训对规范大学生不良的生活习惯和行为习惯,促进他们努力学习,争当身心健康的优秀人才能起到重要作用。

四、树立自信观念

自信心,是个人对自己信念、能力和力量的认识和评估,相信自己有能力面对现实解决问题。缺乏自信心的人,总认为自己不够聪明,脑子不够用,能力低下,做什么都不行。遇到困难、挫折、逆境就退缩,没有抗拒的能力。加强和改进高校的素质教育,必须结合大学生的心理特征,有效的进行心理素质培养,增强大学生的自信心。袁伟民在担任中国女排教练并谈到中国女排成功的经验时说:"失败是块磨刀石。""在事业的追求中,不可能有一步登天、一举成功的幸运儿。可以说没有一个世界冠军不是从失败中走出来的。不会正确对待失败的教练员和运动员,绝不可能登上事业的顶峰"。不仅是体育比赛如此,可以说任何一方面的成功都是在克服了各式各样的艰难困苦之后取得的,不能正确对待困难、挫折和失败的人是不能取得成功的。爱迪生被誉为发明大王,许多记者问他:什么是他获得成功的重要秘诀? 爱迪生沉着地回答说:"很简单,无论何时,不管怎样,我也决不允许有一点灰心丧气"。

在中国革命历史中,我们看到,毛泽东和周恩来无论是战争年代,还是建设时期,他们总是充满信心和智慧,给人以无限鼓舞和力量,使革命和建设取得一个接一个的胜利。据说法国的拿破仑一上战场,士兵的力量就可以增加一倍,因为将帅的信心可以增加部下的勇气。一个人的成就大小,往往不会超出他的自信心的大小。成功的先决条件就是自信心。缺乏自信心,就会大大减弱自己的生命力。

国防教育对心理素质的提高与自信心的培育具有十分重要的作用。国防教育所进行的超强度训练,让受训者在艰苦复杂的环境条件下磨炼,能有效地培养百折不挠的意志,培养良好的心理素质。美国的大学生国防教育经常进行一些军事技能训练,目的也是为了培养良好的自信心,适应日益激烈的社会竞争。

第九章　以国防教育促进大学生
综合素质培养

　　关于国防教育的意义或作用,已有的观点比较接近,如:"通过国防教育可以使全民增强国防观念,树立居安思危的思想;可以使全民族的国防精神得以发扬,增强公民的使命感和责任感;对于加速培养国防人才,促进国防现代化乃至整个国家的社会主义现代化建设也有着重要的意义。"[①]再如:"加强国防教育,强化国防观念,是关系国家兴衰的一项重要基础工程,是增强民族凝聚力和向心力的'黏合剂',是现代化国防的一项基本的思想建设。"[②]事物的作用总是与具体条件相联系的,离开具体条件的事物的作用不免显得抽象和空泛。根据这一思路,笔者将国防教育的作用归纳为以下 4 个方面:一是和平条件下的固本作用,二是特定条件下的应急作用,三是对峙条件下的威慑作用,四是战争条件下的实战作用。这是我们对国防教育作用的整体认识,但属一般性的了解。从军事价值论的角度来分析,上述关于国防教育作用的归纳几乎都是指向主体的价值强化,而对于指向客体的价值转化则缺乏概括和说明。就高校而言,这种价值转化集中地体现在国防教育的综合素质培养功能上,国防教

　　①　张万年:《当代世界军事与中国国防》,军事科学出版社 2002 年版,第 266—267 页。
　　②　参见李保忠:《中外军事制度比较》,商务印书馆 2004 年版,第 380—384 页。

育是对大学生进行综合素质培养的重要内容,也是重要的方法和途径。现从以下 3 个角度探究国防教育的综合素质培养功能。

第一节　国防教育的系统性决定其综合素质培养功能

人的综合素质本身有其内在的要素结合或组织方式,它主要包括 3 个层面:即知识、技能和精神。简单地说,知识是对人类社会的各种文化现象的了解和熟悉程度。技能是在运用知识的过程中表现出来的技巧、能力或特长。而精神则是一个人内在的意义世界,是对人的价值在集体、社会、国家、时代中如何体现的理性思考和积极实践,是人类对真善美永恒追求的力量源泉,是人的综合素质的本质和最高境界。知识是技能的基础,技能是知识的运用,而精神则是知识和技能的升华。概而言之,知"道"为智,用"道"为能,体"道"为德,人的综合素质就是知道、用道、体道的有机结合和不断发展。从国防教育的自身结构来看,它系统地包含了综合素质的形成要素。

一、国防知识的价值特性

国防知识包括国防理论知识,国防历史知识,国家领土、领海、领空、领天和信息疆域方面的知识,现代战争及现代军事知识,军兵种常识,国防科技普及知识,国防法律知识等方面的丰富内容。

正如黄埔军校的教学方针所言,要使得学员"不仅知道枪是怎样放法,而且知道枪向什么人放"[1]。国防知识不仅是一种知识体系,而且是一种价值体系,它包含着人们对事物"是什么"的认识,更为重要的是它包

---

[1] 广东革命历史博物馆编:《黄埔军校史料》,广东人民出版社 1982 年版,第 86 页。

含着人们对事物"为什么"和"应该怎样"的判断与选择。也就是说,在国防知识的接受过程中,人们不仅要回答知识性的"对与错"的问题,而且要回答价值性的"是与非"、"这或那"的问题,它必然涉及人们的思想、观念、道德、情感、态度等主观性的世界,即马克思所说的人的"内在尺度"。

国防知识价值的高低,取决于下述两个条件:首先,是对事物本质或规律的掌握程度。因为认识的目的就是表现事物的本质,表现事物某个突出而显著的特性、某个重要观点、某种主要状态,如果认识更接近本质,那么就更接近真理。其次,是在认识主体的社会实践中,这种认识对个人的发展起积极的还是消极的作用,对社会的发展起促进的还是阻碍的作用。实际上,这是国防知识价值特性的一体两面:一方面,我们着眼于事物的本质,眼睛向内,一级一级地往下,走向决定事物发展的基本力量;另一方面,我们着眼于事物的方向,眼睛向外,一级一级地往上,走向构成事物目标的高级形式。真理是一元的,价值是多元的,但二者又是统一的,真理中有价值的因素,价值以真理为前提,二者在矛盾发展中相互引导、相互趋近并相互过渡。

以人们对战争的矛盾态度为例。"重战"与"轻战"、"勇战"与"反战"是人们态度的两个极端,如果孤立或抽象地看,我们无法作出判断和选择。对战争知识的掌握离不开对战争价值的认定。自古以来,有人歌颂战争,也有人诅咒战争;有人挑起战争,也有人抵抗战争。古希腊诗人阿那克瑞翁自称他的诗是歌颂美、爱情与欢乐的,但他完全不加区别地反对一切政治斗争,反对一切战争,把凡是破坏生活和谐的一切都看做是恶,因而不分是非、美丑和善恶地陶醉于抽象美和抽象爱情的歌颂。他说:"我不爱在杯盏交欢中听到那些雄辩,高谈流血的战争和斗争的论调。但是,谁在宴会中歌颂爱神、爱情、缪斯,我便高兴谛听他们的谈笑。"[1]我国古人也有"宁为太平鸡犬,不作乱世离人"的善良愿望。而伯

---

① 罗国杰、宋希仁:《西方伦理思想史》(上),中国人民大学出版社 1985 年版,第 35 页。

里克利在《阵亡将士国葬典礼演说》中的思想则代表了另一种深刻而悲壮的观点。他说："在我看来,像这些人一样的死亡,对我们说明了英雄气概的重大意义,不管它是初次表现的也好,或者是最后证实的也好。……在战斗中,他们认为保持自己的岗位而战死比屈服而逃生更为光荣。……他们用自己的血肉之躯抵挡了战役中的冲锋,顷刻间,在他们生命的顶点,也是光荣的顶点。"①作为一种流血的政治,战争是一种客观存在,每一场战争都具有"实然"的一面,但作为一种人类行为,它又必须具有"应然"的一面。也就是说,战争的性质有正义与非正义之分,战争的目的有正当与非正当之别。如果没有一种正确的战争价值观,我们在战争现象面前就会丧失正确的立场和坚决的行动,我们将不知为何而战,也不知为何不战。正如亚斯贝斯所说:"如果人们不顾一切代价地奉行和平的原则,那么,当有人设法使他们陷入不斗争就被消灭、被奴役的状况中时,他们就会茫无所措、跌入深渊。"②"慎战"而不"惧战","重战"而不"好战",当正义、进步的崇高事业受到战争的威胁和蹂躏的时候,我们就须决一死战,就须准备着一切牺牲,前仆后继,坚持到底,不达目的,决不停止。这是我们在学习战争知识时应形成的正确的战争价值观。

　　总之,国防知识的积累过程就是其价值性逐步凝聚和释放的过程。国防知识的价值性是大学生价值体系构成的重要来源。

二、国防技能的融合特性

　　国防技能是通过训练形成和巩固的具有军事性质的行动方式,它指向主体可能面临的任务和活动,是保证其顺利完成的现实条件,它主要包括运动技能、战术技能和技术技能三个方面。

　　国防技能在不同的个体之间存在着现有成就水平的差异,这种差异与其所掌握的国防技能容纳范围的大小、接受程度的高低以及运用是否

---

① ［古希腊］修昔底德:《伯罗奔尼撒战争史》,商务印书馆1978年版,第134页。
② ［德］卡尔·雅斯贝斯:《时代的精神状况》,上海译文出版社1997年版,第86页。

熟练有着密切的关系。这种技能一般不会以某种单一的形式出现,它不可能孤立地形成,而往往以一种综合的状态呈现出来。反过来,多种国防技能成分的调动和参与,又能促使某一专门的技能表现得更为淋漓尽致。更进一步说,国防技能本身又处在一个更大的有机系统之中,它与主体综合素质的其他要素相互依存,相互促进,如同一块"合金",其内在运动规律具有互为因果的特性,即其中任何一个要素的变化既是另一个要素变化的原因,又是另一个要素变化的结果,而且这种要素的变化有着极强的关联性,它总是以系列反应、连锁反应的形式表现出来,在整体的融合之中我们甚至很难区分"始因"或"第一原因"。但国防技能作为一种行动方式,它作为最终的结果显示出来,正如打出来的一只拳头,不管其中凝聚着多少物质的或精神的力量,我们能直观感受的只能是这只拳头和它的力量。从这个角度来说,国防技能的融合特性就有了特别重要的意义。

孙中山先生关于"军人之勇"的分析对我们很有启示意义。他把军人之勇归纳为两个方面:"一为长技能,二为明生死"。又把技能分为五种要素:"一曰命中,二曰隐伏,三曰耐劳,四曰走路,五曰吃粗。"认为掌握了这五种技能,就能够制胜敌人,所以他把长技能作为军人之勇的"第一必要者"。但他又特别强调军人之勇"须为有主义、有目的、有知识之勇始可",否则,"逞一时之意气,勇于私斗,而怯于公战,误用其勇,害乃滋甚"。因此,他极不赞成那种"发狂之勇"、"血气之勇"、"无知之勇",而大力提倡"成仁取义"的"真正的军人之勇"。① 也就是说,真正的军人之勇必须在"长技能"的同时融合"明生死"。

增强国防技能的途径无非是训练,只是针对不同的类型,这种训练的内容和程度有所区别而已,但应采取的训练方法则是相通的。心智技体训练一体化的方法作为一种科学的选择,正是考虑到了国防技能的融合特性。首先,"技"与"心"应该而且可以融合。心是知情意的统一,练技

---

① 《在桂林对滇赣粤军的演说(1921-12-10)》,《孙中山全集》第六集,新华出版社1981年版。

与练心相互影响和促进。我国古代兵法就说过:"教兵之法,练胆为先;练胆之法,习艺为先。艺高则胆壮,胆壮则兵强"。我国近代著名将领蔡锷也有类似的论述:"欲效命于疆场,允宜于平时竭尽手段,以修养其精神,锻炼其体魄,娴熟其技艺,临事之际,乃能有恃以不恐。"①其次,"技"与"智"应该而且可以融合。一支没有文化的军队是愚蠢的军队,而愚蠢的军队是不能战胜敌人的。"如果我们进一步研究战争对军人的种种要求,那么就会发现智力是主要的。战争是充满不确实性的领域,战争中行动所依据的情况有 3/4 好像隐藏在云雾里一样,是或多或少不确实的。因此,在这里首先要有敏锐的智力,以便通过准确而迅速的判断来辨明真相。"②最后,"技"与"体"应该而且可以融合。身体以及体能不仅是人的一切行动的物质载体,而且是行动的促进或障碍因素。莫斯(M. Mauss)曾经指出:"身体是一个人最初的也是最天然的工具,或者更确切一些,不用工具这个词,身体是人的最初的和最天然的技术对象,同时也是人的技术手段。"③

总之,国防技能的发展过程必然是其融合性在更广的范围和更深的程度上体现的过程,它有助于大学生做到军民结合、平战相连、心智技体、协调发展。

三、国防精神的动力特性

国防精神是国民关心和维护自己国家的主权、安全和尊严的观念、意志、情绪和状态的总和。它主要包括爱国主义精神、自我牺牲精神、无私奉献精神、艰苦奋斗精神、爱军尚武精神、自强勇敢精神等,其中爱国主义精神是核心和灵魂。

人是要有点精神的,这种精神来源于我们对生命本质和人生目的的

---

① 韩秋风、刘勇、王明山:《心理训练理论与实践》,国防大学出版社 2003 年,第 74 页。

② [德]克劳塞维茨:《战争论》第 1 卷,解放军出版社 2005 年版,第 51 页。

③ M. Mauss: *Sociology and Psychology*,1979,p. 104.

正确认识与自觉把握,它是直接影响个人生命进程的强大的内在驱动力。恩格斯强调:"军人的精神状态和民族的情绪,是影响战争的两个最重要的因素。"①如果说国防精神只是军人的专利,那不仅在理论上是狭窄的,而且在实际上也是有害的。蔡锷将军非常深刻地指出:全民国防教育"必先陶铸国魂",树立爱国主义思想。他认定,爱国之心是"国家建立之大纲,国民自尊自立之种子,其于国民之关系也,如战阵中之司令官,如航海之指南针,如枪炮之照星,如星辰之北斗"。因此,既要使国民"知生存之惟艰,乃发畏惧心、捍卫心、团结心,与一切勇猛精进心",又要使"军人之智识,军人之精神,军人之本领,不独限之从戎者,凡全国国民皆宜具有之"②。实际上,国防精神属于人文精神的范畴,而且现实地处于人文精神的高端地位,由于人文素质在综合素质中的基础地位,由于国防精神在人文精神中的高端地位,因此,国防精神不仅应为军人所特有,而且应为国民所共有。毛泽东说过:"我们的实践证明:感觉到了的东西,我们不能立刻理解它,只有理解了的东西才更深刻地感觉它。"③人文精神包括国防精神正是理解之后的深刻感觉,透视各领域成功人士之所以成功的原因,我们不难看到其背后人文精神的强力支撑。王东华在对天才问题进行研究后得出几条重要的结论:智力商数——天才都是神童;意志商数——天才都是斗士;品德商数——天才都是圣徒;气概商数——天才就是天才。④ 这从一个侧面说明,人文精神的动力特性能把普通的血肉之躯所具有的能量发挥到某种极至。

　　总之,对于大学生来说,人文精神特别是国防精神,是其人生的指向之灯和力量之源,它决定大学生的成长高度及其社会示范意义。

---

① 文星:《国防精神》,《国防》2004 年第 2 期。
② 《蔡松坡集》,上海人民出版社 1984 年版,第 32、27、16 页。
③ 《毛泽东选集》第一卷,人民出版社 1991 年版,第 286 页。
④ 参见王东华:《发现母亲》上,四川人民出版社 1999 年版,第 56—62 页。

第二节 国防教育的渗透性拓展其
综合素质培养功能

当年钱学森回到中国时,美国海军次长痛心疾首地说:"钱学森无论到哪里,他都能抵得上5个师。"正是这位著名的科学家指出:"一个完整的人应该具备一些军事方面的知识",①这句简短的话语蕴涵的深意值得我们深思。

让我们先来看看两组数据:

一组数据是关于"哈军工"的。"哈军工"的办学历史不到13年(从1953年9月创办到1966年4月退出军队序列),据"哈军工"校友会的不完全统计,在其培养的10400名毕业生中产生了26名两院院士、20名党和国家领导人以及省部级以上干部、154名将军,65名大学校长、国家大型科研机构和重点企业的负责人。江泽民同志在一次讲话中指出:"要把大学办得像清华、北大和当年的'哈军工'一样。"②

另一组数据是关于美国西点军校的。在西点200余年的历史中(1802年建校),培养了3位总统、3700位将军。而据《美国商业年鉴》统计,第二次世界大战以后,在世界500强企业里面,西点出身的董事长有1000多名,副董事长有2000多名,总经理、董事一级的有5000多名。首度登上月球的3位太空人当中也有两位出身西点。在社会生活的其他领域如国际外交、政府管理、大学教育、公共工程等方面均有西点人的杰出

---

① 陆华:《中国三代领导集体国防教育思想的历史探索》,《东南大学学报》(哲学社会科学版)2002第2期。

② 张新科:《世界近代史上高等工程教育与军事教育完美结合的典范》,《南京理工大学学报》(社会科学版)2003年第4期。

表现。西点因此被誉为"领导人才的基地、商界精英的摇篮"①。

我们不能不承认,"哈军工"和西点代表了一种成功的教育模式。在古希腊,有两个著名的城邦,雅典因其崇尚知识和追求艺术而令人瞩目,斯巴达因其崇尚武力和集体精神而英名远播。西点模式就是把这两种曾经对人类历史产生过巨大影响的精神合而为一。而"哈军工"模式就是专业上以高等工程教育为主体,素质上以军事教育为途径,用陈赓的话来说:"哈军工的模式可以概括为左膀是老将军,右臂是老教授的二元模式。"②二者所选择的类似的教育模式经受了历史的检验,也一定能经受未来的考验,受过此种教育的人才其人生发展的渗透力之强蕴涵着某种必然。

一、同构渗透

军事领域与社会生活的其他领域具有深层联系上的结构相似,因而具有明显的同构对应关系,我们很多时候可以非常直接地从一个对象的属性和规律类推另一个对象的属性和规律。

首先是时代特点同构。列宁曾经说过:"不理解时代,就不能理解战争"。我们同样可以说,不理解时代,就不能理解教育。当军事领域面临知识军事挑战的同时,教育领域也面临着知识经济的挑战,由此产生一系列相同的时代规定性。各领域积极努力的成果都是时代所需要的精华,并不因为领域的不同而有质的差别。譬如新军事革命,它是"因科学技术进步和生产力发展而使武器、军队、军队训练、进行战争和实施战斗行动的方法等发生根本变革的一种概念",③但它绝非一个纯军事的概念,而是时代概念在军事领域的体现。推动这场军事变革的信息技术等高新技术首先就是在社会上得到了较充分的发展,然后才推广运用到军队的。

① [美]道格拉斯·麦克阿瑟:《责任 荣誉 国家》,哈尔滨出版社 2004 年版,第 1—2 页。

② 张新科:《世界近代史上高等工程教育与军事教育完美结合的典范》,《南京理工大学学报》(社会科学版)2003 年第 4 期。

③ 张勤德:《现代国防大典》第 3 卷,中央文献出版社 1999 年版,第 1540 页。

美国有本名叫《下一场世界大战》的书,其副标题是"武器人人都有,战线到处都是",它形象地说明,在相同的时代背景之下,看似多么不同的领域实际上是多么的相通。

其次是素质要求同构。著名的未来学研究权威奥雷列奥·佩西在他的报告《未来一百年》中说:"无论从哪个角度去提示未来,有一点必须首肯——未来是以个人素质全面发展为基础的社会"。① 其实,回首过去一百年,这一结论同样成立,也同样精辟。只不过现在使用的是"素质"这个词,过去使用的是其他表述方法而已。概而言之,军事教育的培养目标是德、智、军、体全面发展,国民教育的培养目标是德、智、体全面发展,教育的成效最终都内化为受教育者的某种素质结构,并在外化的过程中显示其普适性。孙子认为:"将者,智、信、仁、勇、严也"。"将有五危:必死,可杀也;必生,可虏也;忿速,可侮也;廉洁,可辱也;爱民,可烦也"。② 克劳塞维茨也认为:"军事天才是各种精神力量的和谐的结合,其中这种或那种力量可能起主要作用,但是任何一种力量都不应起阻碍的作用。"③无论是孙子所说的将帅五德,还是克氏所说的军事天才,都共同地阐明了人的素质结构原则,不仅在当时,而且在当代;不仅在军事领域,而且在其他领域,它们都具有同样重要和有效的原则意义。尽管随着时代的变迁,它们的具体内容会有所变化,但它们的原则地位却永远值得尊重。在塞拉西尼《未来战争》中的"特种战士"身上我们可以看到,它"代表了长久以来期望的组合:技师—科学家和熟练的高度职业化军人,这样一种组合在20世纪四五十年代是不可想象的,而它却是现代战争的需要"④。如此"特种战士"不仅在未来的战争中,而且在未来的生活中同样可以成为"超级英雄",他不仅代表了共同的素质要求,而且也代表了共同的发展趋势。

最后是谋略思维同构。肯定世界的普通联系和永恒发展是马克思主

① 解思忠:《国民素质忧思录》,作家出版社1997年版,第4页。
② 参见孙武:《孙子兵法》,武汉出版社1994年版,第1,92—93页。
③ [德]克劳塞维茨:《战争论》第1卷,解放军出版社2005年版,第49页。
④ [美]马克·塞拉西尼:《未来战争》,南京出版社2004年版,第65页。

义唯物辩证法的总特征,它承认事物之间的差异和界限,但是反对把事物的差异和界限绝对化,除了承认"非此即彼",又要在适当的地方承认"亦此亦彼"。实践具有普遍性的品格和直接现实性的品格,人们在这种能动地改造现实世界的社会性的客观物质活动中,其谋略思维有着惊人的相似。"正如军队需要军官和士兵一样,在同一资本指挥下共同工作的大量工人也需要工业上的军官(经理)和军士(监工)。"①竞争即战争、商场即战场的观念已取得人们的普遍认同,军事上的战略战术已被人们自觉地运用到经济、管理等领域当中并取得了无法估量的成效。现代谋略研究者概括总结了谋略的六大原则,即:利益原则、变化原则、整体原则、周密原则、慎重原则、奇胜原则,而这六大原则在被奉为兵家圣典的《孙子兵法》中俯拾皆是。英国军事管理家约翰·唐尼在《军队管理》一书中指出:"军队一直是社会组织观念的创造者","一部军事史就是一部管理史"。② 难怪有学者直截了当地宣称:你想成为管理人才吗? 必须去读《孙子兵法》。美国亚马逊网站上曾经有一位读者的留言则更为极端:如果人的一生只能读一本书的话,那就应该是《孙子兵法》。

二、异样渗透

同构渗透表明的是共性,它只具有普通的力量,而异样渗透表明的是个性,它包含着特殊的力量。对人的综合素质培养来说,关键是两个字,一个字是"习",一个字是"化","习"就是接受外界的东西,"化"就是变成自己的东西。换句话说,素质教育的关键就是习育和化育的辩证统一。正是在这一点上,军事领域的教育训练活动对人的综合素质培养有着特别的作用和功效。

1. 习得——以特定环境默化

环境具有重要的育人作用,特定的环境具有特定的育人作用。特定

---

① 谢登峰:《应用孙子兵法浅谈企业领导素质》,《经济工作导刊》2001 第 17 期。
② 李保忠:《中外军事制度比较》,商务印书馆 2004 年版,第 188 页。

环境以其历史传统、价值观念和现实氛围时刻提示居于其中的主体：你应该这样、不应该那样，否则你就有可能被视为异类。军队中非常突出的服从意识、团队精神、荣誉观念和吃苦作风，就与其特定环境的作用有关，正如我国古人所说：潜移默化，自然似之。一位美国军事社会学家经对比研究后发现，正常服役入伍并以此为职业的"职业士兵"与专门应对战争的"非常时期入伍的"志愿兵，如大学生或其他职业者相比，"后者的价值观念主要还是民间的，他们常发现自己同许多以军事为职业的人存在冲突，前者比较注重军队传统礼仪和纪律的约束，他们认为有关权力和特权的正式制度是公道合理的"①。问题的意义不只是在这里。如果我们把环境也比成一种学校的话，那么不同学校的教学质量与特色是不同的，在学生由此环境进入彼环境的过程中，区别就能充分地表现出来。威廉·奎因以一介武夫的出身却在商业上取得了成功，他分析其中的原因时说："如果一定要逼我说出在我身上发生的最伟大的事的话，那就是得到了那张毕业文凭。这个地方（指西点）笼罩着一种神秘莫测的气氛，使你永远也不会忘记，永远也不能把它排除出你的体系，你永远感到骄傲和自豪，你十分清楚自己属于伟大人民的一个令人难以置信的传统——格兰特、艾森豪威尔、巴顿、布莱德雷。在整个历史长河中，他们是多么的漫长悠久。"②商业只不过是一种新的国防，而这种"漫长悠久"的东西却可以进入任何领域并发挥重要作用。

2. 习惯——以特别手段教化

教化是一种教育的积累，它在军队里集中地表现为艰苦的训练，它时刻明示受教育者：本来如此，只能如此。这是一种系统的洗刷过程，受教育者开始告别旧的自我，而被灌输以一套严格的行为模式，例如对身体一举一动的严格规定，使得身体本身成为角色内化的一条通道，从而使自我

---

① Charles H. Coats & Roland J. Pellegrin: *Military Sociology: A Study of American Military Institution and Military Life*, Maryland: The Social Science Press, 1965: 290.

② [美]道格拉斯·麦克阿瑟：《责任 荣誉 国家》，哈尔滨出版社 2004 年版，第 134 页。

约束变成一种习惯。福柯指出:"一种精心计算的强制力慢慢通过人体的各个部位,控制着人体。……新兵逐渐习惯于'昂首挺胸,收腹垂臂,笔直地站立……'"①这种特别的训练并非不讲科学的蛮干,对受教育者来说虽难以承受,但终究能承受。人的行动并非每时每刻都经过身体严格的理性化思考过程,它有时依赖于一种"行动流"的惯性绵延,"灵魂和身体的结合每时每刻于存在的运动中实现"。②通过身体的这种"习惯性"的行动流,身体的行动由开始时有意识的学习和训练,逐渐变为无意识的身体习惯,一旦达到这种程度,这种训练对人的素质的培养作用就水到渠成了,对受训的集体是这样,对受训的个体也是这样。《美军大改革》一书的作者所持的观点与一般的观点不同,他们所描写的改革很少涉及高技术武器,而是更多地涉及军官的培养、部队的训练,书中说:"在新技术要求新战法的同时,存在着在战争中几千年都不会变的成规。……纵观战争历史,胜方几乎都是训练有素者,马其顿军队、罗马军队、瑞士长矛兵、腓特烈的掷弹兵、拿破仑的帝国近卫队和20世纪的德军都是在战场上极难战胜的军队典范,即便在人数上处于劣势的情况下也是如此。不少古代军队在这方面的共同格言是:'平时多流汗,战时少流血'。基于这一点就更加强调训练效果。"③

3. 习服——以特殊要求激化

习得—习惯—习服是社会遗传的一般机理,它们结出的果实凝聚成根深蒂固的习性,只是各自向习性内化的含量不同,呈现出由易到难、由低到高的特点,这实际上就是一个接受—承受—忍受的过程。这里所说的习服,是以一种特殊的要求,让矛盾的尖锐程度和挑战的严峻程度达到某种极限,它时刻警示行为主体:必须这样,别无选择,从而使他们在成功地经历该领域极苦极难的事件刺激之后,获得一种心灵上的诚服、心理上

---

① [法]米歇尔·福柯:《规训与惩罚》,三联书店1999年版,第153—154页。

② [法]莫里斯·梅洛-庞蒂:《知觉现象学》,商务印书馆2001年版,第125页。

③ [美]詹姆斯·邓尼根、雷蒙德·马塞多尼亚:《美军大改革——从越南战争到海湾战争》,海南出版社1999年版,第161—162页。

的自信和心态上的从容。这种习服的形成有自然习服和人工习服两种方式,例如缺氧耐力磨炼,在高原环境中达成的习服就是自然习服,在人工环境如低压舱中达成的习服就是人工习服,当然这二者之间有着相互促进和转化的关系。克劳塞维茨说过:"一支军队,如果它在极猛烈的炮火下仍能保持正常的秩序,永远不被想象中的危险所吓倒,而在真正的危险面前也寸步不让;如果它在胜利时感到自豪,在失败的困境中仍能服从命令,不丧失对指挥官的尊重和信赖;如果它在困苦和劳累中能够像锻炼肌肉一样增强自己的体力,把这种劳累看做是制胜的手段,而不看成是倒霉晦气;如果它只抱有保持军人荣誉这样一个唯一的简短信条,因而能经常不忘上述一切义务和美德,那么,它就是一支富有武德的军队。"①我们完全可以把这段话视为对习服的精彩描述。而"人工习服"最典型的实例莫过于西点的"兽营训练",西点的一位毕业生认为:"兽营的挑战是全方位的,是的,你不得不接受身体方面的训练,但真正的战斗都是在你头脑中进行的,压力几乎全是精神方面的。第一个星期他们似乎要把你的肉体全部撕裂,过了这一星期,他们又把你拼凑起来。但是,他们在精神上却一直将你打得七零八落。"②人们可以不去忍受这种特殊的激化,却不能否认它对集体和个人成长的特殊作用。西点培养出了无数杰出的人物,我们没有理由怀疑兽营挑战的独特价值。

第三节　国防教育的针对性强化其综合素质培养功能

　　有的放矢才会命中,对症下药方能治病。当代大学生作为一个精英

---

①　[德]克劳塞维茨:《战争论》第 1 卷,解放军出版社 2005 年版,第 182 页。
②　[美]道格拉斯·麦克阿瑟:《责任 荣誉 国家》,哈尔滨出版社 2004 年版,第 60页。

群体,他们必将在国家和社会生活的各个领域成为接班人,这是不以人们的意志为转移的世代更替规律。我们在整体肯定大学生的主流的同时,必须清醒地看到他们身上存在的缺陷与不足。扬其长、避其短,是一定范围内人才使用者的合理选择,但就国家和社会层面上的人才使用来说则只能是一种整体接受,这种接受也许是一种幸运,也许是一种遗憾。必须承认,作为人才的培养者,其正确的选择只能是扬其长、补其短,补短与扬长具有同等重要的意义,也是学校和教育者的意志应该而且必须有所作为的领域。

江泽民早在1988年就提出:"开展全民国防教育是当前加强和改进思想政治工作的一个重要内容,在整个思想教育总体系中有着重要的位置,应当把它纳入到这个总体系中去。"①《国防教育法》第十三条指出:学校的国防教育是全民国防教育的基础,是实施素质教育的重要内容。既有重要位置,又是重要内容,按理说其作用不容小觑,但遗憾的是,国防教育犹如一块远未充分燃烧的炭,以至让人们误以为它产生的热量可以忽略不计。让国防教育之炭充分地燃烧,让大学生经历一段激情燃烧的岁月,正是当前帮助大学生"补短"的有效途径。

一、借重国防教育的"魂"以帮助克服精神上的"松"

当代大学生都是改革开放以后出生的,他们没有经历过战争或临战状态的生死考验,但他们经历着异常复杂的观念交锋。在市场经济浪潮的冲击下,一方面,社会主流思想的导向、优秀人物的示范、建功立业的愿望等积极因素促人向上;另一方面,个人主义、拜金主义、享乐主义等消极因素也有可能让人迷失。大学生的自我意识、利益观念和务实作风普遍增强,这是必须肯定的时代和社会的进步。但健康和谐的社会进步不能顾此失彼,得一美就必须露一丑,尤其是不能以精神上的松懈为代价。大学生精神上的松就是不敏锐、少锋芒、多冷漠,主要表现为"三种缺乏":

---

① 江泽民:《国防教育应纳入思想教育总体系》,《解放军报》1988年10月25日。

一是缺乏信仰支撑,二是缺乏集体意识,三是缺乏奉献精神。正如一位研究中国问题的西方学者所说:"现在中国一些人最缺乏的不是货币,不是彩电,不是煤炭,不是粮食,而是昂扬的民族精神。"①

要克服精神上的松,必须加强爱国主义教育。不是我们对爱国主义教育的重要性强调不够,而是爱国主义教育的实效性明显不够,甚至还有在一片落实声中落空的危险。对于国防教育和大学生综合素质培养来说,爱国主义教育都是其核心和灵魂。但从总体上来说,国防领域的爱国主义教育效果要明显得多。以美国西点军校为例,为了向学员灌输强烈的国家观念,学校采取了许多看似刻板然而有效的方法。每个新学员都要参加宣誓仪式,其誓词是:"为了保卫我们的国家和生活方式,准备献出生命。"每年的 7 月 14 日是美国国旗日,西点学员都要面对国旗宣誓。在日常生活中,对国旗的敬重有着明确的规定,任何人都不得违背。这还只是表层的仪式性的要求,更深层的要求包括:牺牲特权:任何投身军旅、不惜牺牲效力于国家的青年,其精神都是伟大的,不应该也不允许分出等次,区分只在他们自己,而不在于出身。牺牲自由:把自己交给纪律,交给制度,交给长官意志。对于一向崇尚自由民主的美国人来说,这多少有些不可思议。但多年来就是这样做的,虽然偶尔有不同的声音,但大多数人包括学员自己表示赞同和接受。必须服从:不提倡盲目服从,但强调必须服从。服从长官只是初级要求,更重要的是以此为起点,服从国家的法规、法令,服从国家的利益和广大人民的利益。重视团队:他们的口号是:西点第一,陆军第二,美国第三,实际上,这句话反过来说也是一样。体育锻炼被当成增强竞争精神和凝聚力的有效途径。在西点体育馆大门上方铭刻的口号是:"今天,在竞技场上播下种子;明天,在战场上收获胜利果实。"一位西点上校的讲话很能说明这种教育的成效:"我们不过是枪里的一颗子弹,枪就是整个美国社会,枪的扳机由总统和国会来抠动,是他

---

① 解思忠:《国民素质忧思录》,作家出版社 1997 年版,第 64 页。

们发射我们,他们决定我们打谁就打谁。"①

孙中山先生曾认为黄埔学生"能够学多少便是多少,只要另外加以革命精神,便可以利用。如果没有革命精神,就是一生学到老、死记得满腹的学问,总是没有用处。"②精神性的东西对人来说就如同空气一般,最为重要又最易忽视,平时感觉无足轻重,只有当窒息来临的时候才感觉弥足珍贵。对国防教育之魂的借重,首先在思想上,要把魂放在魂的位置;其次在行动上,要有切实有效的措施确保这种位置。

二、借重国防教育的"严"以帮助克服纪律上的"散"

有专家曾在管理上提出过"电烤炉原理",大意是说,在管理过程中必须有一些纪律上的禁区,而且要使这些禁区像始终接通电源的电烤炉,如果有人敢接近它,就要让他感到难受的灼热,如果有人敢接触它,就要让它感到痛苦的灼伤。高校在学生的管理上并非不存在"电烤炉",但大学生纪律上的散却也是不争的事实,而且是年级越高,纪律就越散,尤其是在违反考试纪律方面,其胆量之大,花样之繁,人次之多,简直让人难以置信。这固然有纪律不完善、执行不力等方面的原因,但更重要的原因是大学生自身纪律上的散,这种散主要表现为:模糊的认识、散漫的习惯、游戏的态度和侥幸的心理。

没有规矩不成方圆。任何成功的教育和管理都离不开严格的纪律。在人类群体当中,灌输纪律观念和执行纪律条文最为成功的典型莫过于军队,即便是在军队当中,当它具有严明纪律的时候,它的战斗力便锐不可当,当它的纪律观念涣散的时候,其战斗力也是不堪一击。我国南宋时期的"岳家军"军纪严明,他们冻死不拆房、饿死不掳掠、夜宿不入宅,深受人民群众的拥戴,所向无敌,令金军闻风丧胆,获得了"撼山易、撼岳家

---

① 参见[美]道格拉斯·麦克阿瑟:《责任 荣誉 国家》,哈尔滨出版社2004年版,第125—143、104—109页。

② 《黄埔军校史料》(1924—1927),广东人民出版社1982年版,第52页。

军难"的美誉。黄埔军校的管理特色之一就是严字当头,在其校歌中就有"纪律神圣,重于生命,服从遵守,革命军人本性"的歌词。在学生军出兵东江途中,学校规定:有骚扰人民、违犯军纪的,上自校长、下至士兵,都要枪毙。据东征日记记载:"我军士气旺盛,实由于平时良好之训练者半,由于党之纪律严明者亦半。由此作战,战无不克。"①从严治军也是中国人民解放军的优良传统。《三大纪律八项注意》在军队建设史上独具特色,短短60余字,包含了政治纪律、军事纪律、群众纪律等深刻的内容,要求极其严格,由此铸造了一支钢铁长城般的军队。乔治·福蒂在《乔治·巴顿的集团军》中写道:"1943年3月6日,巴顿临危受命为第二军军长。他带着严格的铁的纪律驱赶第二军就像'摩西从阿拉特山上下来'一样。他开着汽车转到各个部队,深入营区。每到一个部队都要啰啰唆唆地训话,诸如领带、护腿、钢盔和随身武器及每天刮胡须之类的细则都要严格执行。巴顿由此可能成为美国历史上最不受欢迎的指挥官。但是第二军发生了变化,它不由自主地变成了一支顽强、具有荣誉感和战斗力的部队……"巴顿将军自己曾经说过:"只有纪律才能使你所有的努力、所有的爱国之心不至于白费。没有纪律就没有英雄,你会毫无意义地死去。有了纪律,你们才真正的不可抵挡。"②

借重国防教育的严以帮助克服纪律上的散,对大学生来说不仅是必须的,而且也是可能的。以大学生受过的教育及其可塑性,完全可以理解和接受。斯托弗等人在《美国士兵》一书中写道:"相比受教育较少的人来说,一个受过更好教育的人可能更会对一个既定环境作出合乎实际的评价。虽然事实上他对军队的批评总是更厉害,但从中也可以看出他对军队强烈批评的那些领域可能就是军队一直以来最受攻击的领域。……对类似这样的事,受过良好教育的人显然比其他人更为敏感。……但是

---

① 顾冬辉:《黄埔军校的管理》,《军事历史研究》1995年第2期。

② [美]道格拉斯·麦克阿瑟:《责任 荣誉 国家》,哈尔滨出版社2004年版,第50、46页。

一旦说到对于部队为了更大限度地避免纷乱,需要纪律和统一,受过良好教育的人不论在口头上还是行动上都更可能接受军官的意见。"①

三、借重国防教育的"苦"以帮助克服身心上的"软"

当代大学生多为独生子女,如何培养和教育好独生子女已经成为我国当代教育的重大课题。源于美国和德国的独生子女研究,从一开始都是把他们作为"特殊儿童"、"问题儿童"来看待的。有心理学家断言:独生子女本身就是一种疾病。对当代心理学有重要贡献的阿德勒甚至认为:"独生子女在从事每件独立活动时都困难重重,他们迟早会变成生活中的废物。"②其观点可能有些危言耸听,但现实问题的普遍和严重却要求人们必须正视。在大学生的教育当中同样面临着这样的问题,正如一颗绿豆变成了豆芽,要对豆芽有正确的认识,仍离不开对绿豆的了解。在各种"苦"和"难"面前,大学生的"独生子女病"明显地体现为身心上的"软",其主要表现有:赖一赖——就是采取依赖者的态度;看一看——就是采取旁观者的态度;挑一挑——就是采取自私者的态度;躲一躲——就是采取逃避者的态度。

人的一生难免经历各种苦难的考验,有的时候是被动面对,有的时候还要主动挑战。大学生们之所以表现出身心上的软,重要原因之一就是他们遭遇的总是温室或花盆式的环境,而这种环境是方方面面、尤其是他们的家庭刻意制造出来的。生活的本来面目并非如此,温室里的花朵经不起风雨的吹打,花盆里也不可能长出参天大树。对苦难越陌生,心理上就会越恐惧。要积累经验就必须经历苦难,要建立自信就必须战胜苦难,因而必须通过一些方法给他们"制造"出有苦有难的环境,否则就不可能指望其身心的强健。要培养身心强健的人,不论他是军人还是公民,都需

---

① *Samuel A. Stouffer et al. The American Soldier* Vol. I, Princeton University Press, 1949: 153.

② 王东华:《发现母亲》上,四川人民出版社 1999 年版,第 408 页。

要合理的锻炼甚至不合理的磨炼。克劳塞维茨在这方面有着丰富而深刻的论述，他说："锻炼使身体能忍受巨大的劳累，使精神能承担极大的危险，使判断不受最初印象的影响。通过锻炼就会获得一种宝贵的品质，它是下至士兵上至师长所必须具有的，它能减少统帅在行动中的困难。……在这方面的锻炼，不仅能使肉体，更主要的是能使精神习惯于劳累"。即便是武德这种高贵精神的培育，也"只有在不断活动和劳累、困苦的土地上，武德的幼芽才能不断成长，而且只有在胜利的阳光下才能成长。一旦武德的幼芽长成粗壮的大树，就可以抵御不幸和失败的大风暴"。甚至最为平常的身体锻炼，它的作用也非同小可，"在战争中（我们完全可以把这句话换成在生活的苦难中，此处为笔者所加），有许多事物是无法严格规定出它们的使用限度的，其中尤其是体力。如果体力不被滥用，那么它是一切力量的系数，而且任何人都不能确切地指出人体究竟能够经受多大的劳累。"①

　　西点对学员的训练以严格甚至惨无人道而著称，但美国有许多富豪愿意让自己的子女到西点花钱买苦吃，目的不是让他们成为军官，而是为了改造他们的纨绔习气，炼成吃苦耐劳的本领。校方也适应这一需要，开设了一个特别班，训练时间 6 个月，收费 5 万美元。毕业考试项目是超越死亡的长途行军。那些阔少们不准带钱、干粮和水，途中也没有任何补给，只能自己采集野果、野菜和能够捕捉到的小动物维持生命。步行 200公里，在一座指定的山上找到一块写着自己姓名的小木板。凡是熬不住的人都有权自动退出，但他们就拿不到特别班毕业的荣誉证书了。这一考试项目发明于 1921 年，头一次实施就死了 10 名学员，但这种制度却一直保留了下来。②

　　从某种意义上来说，身心上的软就是一种"富贵病"，是一种自视金

---

　　①　参见［德］克劳塞维茨：《战争论》第 1 卷，解放军出版社 2005 年版，第 84—85、185、76—77 页。

　　②　参见章明：《在西点军校感悟东西方文化差异》，《出版参考》2003 年第 15 期。

贵的娇气,也是一种装模作样的矫情,治疗这种病的良药只能是苦药。以训练军人的某些方式对大学生进行针对训练,必将有助于克服其身心上的软。

第四节　国防教育促进大学生综合素质培养的路径探寻

苏联女作家奥谢耶娃写了一篇题为《错在哪里》的小文章:有只小猫面对一条恶狠狠咆哮的狗,吓得"喵喵"地叫着,浑身的毛都竖起来了。两个小男孩站在旁边,笑着看会发生什么事情。一位大婶从窗口看到这个情景后,马上跑出来把狗赶开,对那两个小男孩生气地喊道:"你们太不像话了!一点儿也不觉得难为情吗?"两个小男孩奇怪地辩解道:"有什么难为情的?我们什么事也没做。"大婶厉声地说道:"错就错在什么事也没做!"①

国防教育在大学生综合素质培养中具有重要地位和特殊作用,从实际情况来看,我们有没有"难为情"的地方呢?不能说我们什么也没做,但我们的确做得很不够、很被动。无论从哪个角度说,我们都应该把有质有量的大学生国防教育深入地开展起来,特别是应该把它具备的综合素质培养功能充分地发挥出来。在此对影响国防教育成效的几个主要问题提出几点思考和建议。

一、清醒而非模糊的认识前提

观念是行为的先导,没有清醒的认识就不可能有坚定的行为。在高校深入开展国防教育的认识问题上,我们应牢牢把握住以下"三个需

---

① 解思忠:《国民素质忧思录》,作家出版社 1997 年版,第 104 页。

要"。

1. 国家利益的需要

这是由国家利益的至上性以及国民与国家的关系所决定的。只要世界在政治上还有国家的构成,那么国际政治中实际上最后的语言只能是国家利益。国家的安全、统一和稳定,是全体国民的生存之本和发展之源,而国家本身也有一个生存发展的权利问题。如果一个国家的主权地位被威胁,甚至作为主权实体被消灭,那么与之相关的一切就都失去了意义。国防意识作为人类意识的一个方面,它表现的是国家意识、民族意识,它从来就是社会的意识而不只是少数人的意识,国民与国家的关系要求每一位国民参加到国家中去。马克思曾经指出:"国家的全体成员同国家的关系就是他们自己同自己的现实事物的关系。……他们既然是国家的一部分,那么他们的社会存在自然就是他们实际上参加了国家,不只是他们参与了国家大事,而且国家也参与了他们的事情。要成为某种东西有意识的部分,就要有意识地去掌握它的某一部分,有意识地参加这一部分,没有这种意识,国家的成员就无异于动物。"①国防维系着一个国家和民族的生死存亡,而一个国家和民族的国防教育又维系着国防的巩固、发展和壮大。所以国防教育应该成为每一位国民有意识地去掌握、有意识地去参加的一部分。

在古今中外的历史上,都有大量的因国防观念淡薄而使国家付出惨重代价的教训。和平时期人们的国防观念最容易淡化,因而我们要特别注意克服和平麻痹思想。江泽民指出:"总体和平、局部战争,总体缓和、局部紧张,总体稳定、局部动荡,是当前和今后一个时期国际局势发展的基本态势。"②也就是说,和平与发展是当今时代的主题,但不公正不合理的国际政治经济旧秩序没有根本改变,影响和平与发展的不确定因素在增加,传统安全威胁和非传统安全威胁的因素相互交织,世界还很不安

---

① 章明:《在西点军校感悟东西方文化差异》,《出版参考》2003 年第 15 期。
② 解思忠:《国民素质忧思录》,作家出版社 1997 年版,第 104 页。

宁,人类面临着许多严峻挑战。因此我们必须清醒地认识到"国防教育是关系国家兴衰的战略性问题"①。居安思危,有备无患,才能永远立于不败之地。即便是作为当今世界第一军事强国的美国在为未来的战争做准备方面也没有丝毫的松懈,正如塞拉西尼所言:"未来激烈的军事革命已经播种,其中一些正在结出果实。现在,瓶中的精灵已被放出,任何力量都不能阻止科技的新发展对军事造成的冲击。我相信作为世界上科技最先进、经济最发达的国家的人民,我们有责任熟悉和了解即将出现的革命性科学技术。有一天——或者为期更早——为'下一场伟大战争'设计的新式武器将用来保卫我们不受敌人的侵犯。"②

也许有人认为上面的这一通议论与大学生的综合素质培养没有什么关系,事实绝非如此。有谁能说大学生的综合素质培养与国家的根本利益需要无关呢?马克思关于国民与国家关系的论述早就为我们指明了正确的认识方向,国家利益是人的综合素质最现实和最高的表现领域。

2. 学校育人的需要

育人是学校的根本任务,而育人的方法则浓缩在综合素质教育的理念之中。但是,如果事物的表现形式和事物的本质会直接合而为一,那么一切科学就成为多余的了。大学生综合素质教育的实施过程犹如一个"黑箱",存在着诸多人们难以确定的因素,这一方面增加了探索的难度,另一方面也预示着突破的希望。

如何使一块肥沃的土地不长杂草?答案是方法只有一个——种上庄稼,并适时除草。高校要履行好育人的根本职责,既要掌握成才规律,又要提供成才条件,要把教育者的主导作用和被教育者的主体作用紧密结合起来,要把丰盛的"菜单"和自由的"点菜"结合起来,鼓励特长,张扬个性,挖掘潜能,尊重选择,引导和帮助学生成为自己能够成为的那种人才,

---

① *Samuel A. Stouffer et al. The American Soldier* Vol. I, Princeton University Press, 1949, p. 153.

② [美]马克·塞拉西尼:《未来战争》,南京出版社 2004 年版,第3—4 页。

成为自己愿意成为的那种人才。

当前高校对大学生实施综合素质教育的关键,就是如何在多样化的基础上做到优化。首先是多样化的问题。丰富多彩的教育内容、方法、途径是实施综合素质教育的客观需要,正如丹纳所说:"科学抱着这样的观点,既不禁止什么,也不宽恕什么,它只是鉴定与说明。……科学让各人按照各人的嗜好去喜爱合乎他气质的东西,特别是用心研究与他精神投机的东西。科学同情各种艺术和各种艺术流派,对完全相反的形式与流派一视同仁,把他们看做人类精神的不同表现,认为形式与流派越多越相反,人类的精神面貌就表现得越多越新颖。"①不同的教育内容对大学生的综合素质培养有着不同的具体作用,固守某一方面而排斥另一方面不是科学的方法和态度。其次是优化的问题。实际上,每一个体都存在着巨大的差异,所谓综合素质在每一个体中都具体化为某种特定的素质结构,它不可能甚至没有必要包罗一切。综合素质的提高无疑需要"量"的扩张,但更重要的是在有限扩张的基础上实现"质"的提高。这就需要对素质教育的内容、方法、途径等进行最优选择。教育是其社会功利性与其自身内在规律性的有机统一,具体到育人工作,就是必须与应该的统一、指导与引导的统一、灌输与适应的统一。综合素质教育的开展要有助于育人目标的实现,而绝不能割裂甚至对立。由于国防教育的重要地位和独特作用,它必然成为大学生综合素质教育不容回避的选择。在这方面,艾森豪威尔的观点很有代表性,他说:"根据我想像中的制度,美国每一位年轻男子,不论他在生活中的地位如何,也不管他将来有什么计划,都应受到 49 周——一年扣除 3 周假期的军事训练。……这一年不仅是他们对国家的贡献,也是他们受教育的一部分。……这样做对于不负责任的行为和防止犯罪大有好处,让我们的年轻人受一年的纪律训练,使他们懂得正确的生活态度,无疑将使一大批潜在的制造麻烦的人明白过来。……即使这些训练别的都没有做到,只要能使这些人整齐清洁,衣着

---

① 丹纳:《艺术哲学》,安徽文艺出版社 1996 年版,第 49—50 页。

正派,我看也就值了。"①

3. 学生成才的需要

心理学家弗兰克尔说过:"人并非仅仅活着,而是每时每刻都在决定他将怎样活着,下一刻他将怎样做","我指的是那种对人的看法,无视人在任何条件下有能力采取自己的立场、人并不是完全受条件限制和决定的,而是能够自行决定究竟屈服于环境,还是勇敢地面对一切,换句话说,人是根本上自决的"。② 当代大学生是一个充满朝气和务实精神的精英群体,他们渴望成才,积极向上,可塑性强,吸收性好,正是这些主要特点构成了他们根本上自决的内因,值得注意的是这种自决的结果,有可能是屈服于环境,也有可能是勇敢地面对一切。

人的成长成才是对自己的否定之否定,也是对自身所处环境的适应与改造。如果说成才需要某些符合要求、达到标准的品格,那么成才的过程就是对"反品格"的纠正和对"低品格"的提升。这一过程的顺利推进,必须以学生的心理内部矛盾为动力,即教育要求与学生现有水平之间的矛盾。我们必须看到,内因是事物变化发展的根据和第一位的原因,同时我们也必须看到,外因是事物存在和发展的必要条件,外因通过内因而起作用。

对于大学生来说,国防教育是一种特殊的人生经历。它开始于人生的一个重要转折点,既有新鲜性又有挑战性,这种教育内容特别适合大学生。自 1985 年以来,高校的军训工作由点到面,由浅入深,取得了较为明显的成效,特别是面向大学新生普遍开展的集中军事训练,被广大学生誉为"难忘的第一课、可贵的新起点和特殊的大熔炉",在他们的成长过程中发挥了重要的作用。2001 年 11 月,江泽民在给全国学生军训工作会议的指示中充分肯定了这种作用,他说:"学生军训,我看要坚持下去,通

---

① [美]道格拉斯·麦克阿瑟:《责任 荣誉 国家》,哈尔滨出版社 2004 年版,第 43 页。

② [美]维克托·E.弗兰克尔:《人生的真谛》,中国对外翻译出版社 1994 年版,第 102 页。

过到部队的锻炼,培养一个人的组织纪律观念,艰苦奋斗精神,不管他将来从事什么工作,都是大有益处的。"①

　　我们甚至可以说,军训中的大学生是他们4年当中最可爱的时候,这固然有他们是新生的原因,但军事训练的作用不能低估。那些远离父母呵护的少男少女,穿着清一色的草绿色军装,在炎炎的烈日下进行队列操练,动作虽然笨拙但态度非常认真,困难虽谈不上严重但对他们来说也并非易事,当他们用"掉皮掉肉不掉队,流血流汗不流泪"之类的军营格言激励自己的时候,一种新的观念、态度、作风开始萌芽,这是一件多么有意义的事情啊!军训还牵动着无数父母的心,他们虽然为孩子们吃苦受累感到担心,但更多的是为孩子们的成长进步感到高兴。

　　渴望成才却又缺乏毅力,渴望挑战却又害怕困苦,渴望自律却又自律不严,这是大学生自身特点的另一个方面,知与行的背离是困扰他们成长的一道难题,通过有效的方式帮助他们加以解决,必将受到他们的普遍欢迎。

二、有机而非封闭的内容设计

　　国防教育本身就是一个科学的体系,它是大学生综合素质培养的重要内容而不是全部,而且它与大学生综合素质培养的其他内容相互渗透而非孤立存在,如果把国防教育封闭起来,片面地强调其自身体系的完整性和内容衔接的渐进性,那么就很难在高校完成国防教育的任务并实现它的功能。素质教育思想指导下的教育内容总体设计的要求是高起点、综合型、开放式和时代性。按照这一要求,我们在设计大学生国防教育的内容时应把握好以下两点:

　　1. 结构要合理

　　我们没有必要机械地去寻求国防教育的完整体系,但从该体系中择

---

① 陆华:《江泽民同志国防教育思想探析》,《南京工业大学学报》(社会科学版)2003年第3期。

取的教育内容却应有一个合理的结构,这是事物发挥应有作用的基本条件。"少"是相对的量的要求,"精"是必然地质的要求,"少"的量与"精"的质完全可以形成一个合理的结构。

目前高校开展的国防教育以新入校的大学生军训为主要表现形式,但军训只是国防教育的一个组成部分,对军训内容的设计不能代替对国防教育内容的设计,国防教育内容的结构缺陷是高校应该正视的普遍问题。按照国家颁布的《高等院校学生军事训练大纲》,大学生军事训练的课程主要有军队条令、入伍须知、军兵种知识、军事地形学、卫生与防护、连以下战术、人民军队的宗旨和任务、时事政策教育、社会调查及拉练等,这些课程在集中训练期间完成。此外,还有外军研究、现代军事科学知识、现代战争特点、兵役法、军事思想、战时动员等课程,这些课程在分散训练即穿插在专业课之间进行。① 也就是说,我们现在所开展的大学生国防教育,大多在内容上只选取了一块——身体与基本军事技能训练;时间上只选取了一段——集中训练,这种不太合理的结构限制了国防教育作用的发挥。

大学生国防教育的内容应在少而精的原则指导下形成一种结构合理的课程体系,这些课程大致可以分为4类:

一是精神性课程:就是以爱国主义为核心的思想教育,包括人民军队的宗旨和任务、解放军简史、形势与政策、国防法规、社会调查等。

二是知识性课程:就是以现代国防和知识军事为重点的理论教育,包括高科技武器、军事心理学、指挥艺术、军事思想、外军概况等。

三是训练性课程:就是以体能锻炼和纪律约束为重点的行为教育,包括条令教育、队列训练、轻武器射击、单兵、分队战术、按图行进等。

四是挑战性课程:就是以难度项目为内容的综合考验教育,如野营拉练、武装越野、生存训练等。

以上每一块课程的设计都要针对大学生的综合素质培养,以充分发

---

① 参见李保忠:《中外军事制度比较》,商务印书馆2004年版,第423页。

挥国防教育的独特作用。特别是挑战性课程的设计,目前仍是一片空白,可以分类设计难度系数适中的项目,提出明确的过关要求,设立荣誉学分或颁发荣誉证书,逐步形成相对稳定的特色项目并逐步提高难度。

2. 结合要紧密

国防教育在高校只有生根,才能开花结果,不仅要在思想上生根,而且要在实践上生根,这就取决于国防教育与高校育人工作结合的紧密程度。

首先,要把国防教育纳入大学生综合素质培养体系。

大学生综合素质培养与国防教育在内容上既有交叉的部分,又有不同的部分。在交叉部分,应统筹考虑,既要避免简单重复,又要兼顾各自的侧重。同一教育内容通过不同的途径进行,往往能取得殊途同归、相得益彰的良好效果。在不同部分,应重点把握、大胆创新、勇于实践,突出各自的特色,最大限度地实现各自的功能。

最早提出"创新理论"的熊彼特(J. Schumpeter)认为:创新就是一种"创造性破坏的过程",从经济学上讲,创新就是"不断地从内部革新经济结构,即不断地破坏旧的、不断地创造新的结构"的这种过程。① 大学生综合素质培养的体系及其实践过程也应该是一个开放的系统,只有在"创造性破坏的过程"中,才能达到一种动态优化的平衡。尽管关于大学生综合素质培养的理论探讨的热度有所回落,但在实践上它仍然是一种新生事物,它具有强大的生命力和远大的前途,但必须按照事物的发展规律和人的全面发展的需要来改造事物的现存状态。把国防教育纳入到自己的体系和实践之中,是大学生综合素质培养合理而深刻的选择。

最后,要把国防教育纳入教学工作轨道。

这是发达国家高校开展国防教育的一条重要经验。如,美、俄、英等国都把以学生军训为基本形式的国防教育视为高等教育的有机组成部分,纳入了以教学为中心的高等教育轨道,呈现出教学机构健全、师资队

---

① 参见熊彼特:《经济发展理论》,商务印书馆1990年版,第4页。

伍健全、经费有保障、有正规的管理体系等特点。特别是课程安排一般与院校其他课程同步进行,整个就学期间都安排有军事课,如美国每周都有2—5小时的军事课,印度为每周6节课。课程时间的安排也很合理,如美国,基础训练时间短、高级训练时间长(约1:2);三军种共同科目时间短、军种专业技术科目时间长(约1:4);集中训练(夏令营)时间短、理论课时间长(约1:10)。①

　　目前,高校课程改革的难点在于:需要增加课程或增加分量的压力很大,同时削减课程比增加课程难度更大,解决的办法只能是提高课程的集成度和综合性,做到有增有减、有分有合,改善课程的整体结构。对于国防教育而言,首先,它必须在第一课堂占有一席之地。这是由高校的特定情况所决定的,一种教育活动无论你把它说得有多么重要,如果它进不了第一课堂,那它就没有一个合法的、合适的身份。同时,第一课堂是大学生综合素质培养的主渠道,国防教育进入第一课堂,有利于切实提高大学生的国防素质。其次,要注意与其他课程的结合与渗透。除了独立性很强的课程之外,国防教育课一般应以合成的面目出现,如覆盖多个学科领域的"概论课",融合相邻学科的"集成课",同一学科不同分支的"系列课",跨学科的交叉"边缘课"等,这些课程当中均可以包含国防教育的内容。最后,要推行必修与选修相结合的方式。选课制是实行学分制的关键,也是实施素质教育的关键。推行必修与选修相结合的方式,是修业型国防教育的内在要求,它既能为普及性的国防教育提供条件,又能为提高性的国防教育开拓空间。

三、长期而非暂时的实践过程

　　在充分肯定高校国防教育已取得的成效的同时,我们也要清醒地看到存在的问题和不足。从目前大部分高校实施国防教育的模式来看,普遍存在着"一步强一步弱"的现象,即集中教育的一步较强,分散教育的

---

① 参见王和中:《发达国家高校怎样开展国防教育》,《时事》2002年第1期。

一步较弱,有的学校甚至在集中教育之后就没有后续的分散教育了。这样就带来了一系列的问题,例如深入度不够的问题、持续性不强的问题、成效的巩固和转化欠佳的问题、氛围的营造与熏染偏弱的问题。等等。

《国防教育法》明确提出了"经常教育与集中教育相结合,普及教育与重点教育相结合,理论教育与行为教育相结合"的原则。实际上,我们既存在着把经常教育、普及教育和理论教育"淡化"的现象,也存在着把集中教育、重点教育和行为教育"简化"的现象。上述三条原则是辩证统一、相互促进或相互制约的关系,每条原则的前者是后者的基础和前提,而后者是前者的提高和升华,淡化和简化就会形成一种恶性循环,从而使国防教育看起来劳神费力做了不少事,但实际上是骤热骤冷,其结果必然是冷;骤紧骤松,其结果必然是松。要克服这些问题和不足,就必然要求我们树立长期而非暂时的实践观念,抓好以下几个环节,深入、持久、有效地开展国防教育。

1. 集中强化

实践证明,在大学新生入学之际,对他们集中进行军事训练,既有造势的作用,又有增效的作用,这种好的做法仍应坚持下去。如果能创造条件,在大学生读书期间再增加一次强化的时间,那么效果将会更好。

不过,上述做法只是学校能力范围内的枝节性的变革,对搞好国防教育,对提高大学生的综合素质当然能起到积极的促进作用,但根本性的变革只能是国家行为,从国防形势的发展以及各方面的实际需要来看,推行这种根本性的变革将具有重大的现实意义和深远的历史意义。这种变革就是规定中学毕业被高等院校录取的青年必须服兵役一年后才能继续上学。这种在部队利用一年的时间集中进行军事训练的模式(可简称为"送出去"的模式),其效果必将大大超过请教员来学校集中进行军事训练的模式(可简称为"请进来"的模式)。对于那些愿意献身国防事业的,可同部队签订服役合同,并在完成学业期间享受有关优惠政策。这样做至少有三大好处:一是集中地为国家和部队解决兵源以及兵源质量的问题;二是集中地对大学生进行正式的、强化的国防教育;三是部分地解决学校和学生关注的就业问题。若能经历一段这种特殊的教育,大学生毕业之后无论是作为国家的建设者还是保卫者,都将更加可靠和合格。

2. 持续实施

这是目前高校深入开展国防教育的难点,也是充分发挥国防教育效能必须突破的瓶颈,因而我们在制定和实施国防教育计划的时候,必须做到分阶段、有侧重、讲内涵、求实效。

例如西点军校认为,要达到培养学员军人素质的目的,必须加大实践教学的力度,因此,西点学员在 4 年的学习中,每个学年都要接受军事方面的训练。第一学年进行为期 6 周的入伍教育与训练,学员们把它称为"野兽营";第二学年进行为期 8 周的野外训练;第三学年训练的内容趋于多样化,学员将进行各种历险性训练;第四学年学员成为高班生后,在夏季仍要进行更多的野外军事训练,同时他们将成为低年级学员队的小"头头",以锻炼领导才干。此外,体育训练和运动竞赛被视为培养军人品格和提高领导能力的重要途径,为此,西点规定参加体育运动和竞赛是每个学员绝对要履行的任务。① 鉴于西点军校现在基本上是一所军队开办的地方大学,而且它把培养学员军人素质的关键归结为实践教学的力度,尽管要求和分量会有所不同,但它的思路和做法对我们持续实施国防教育具有很现实的借鉴意义。我们可以把一年级或入学前一年作为集中强化阶段,为学生打下国防教育的整体性基础;二、三年级以知识性课程为主,且应在三年级时完成挑战性课程;四年级时进行领导才干方面的锻炼;而精神性课程与训练性课程则应贯穿于大学学习的始终。

3. 多线渗透

做到多线渗透,是浓厚国防教育氛围、巩固国防教育成效的重要措施,我们在这方面还有很多工作可以做。

如:坚持用军训标准加强大学生的日常管理。大学生集中军训的重

---

① 参见孔毅、要振生:《西点军校的办学特色及启示》,《中国大学教学》2004 年第 3 期。

要成果之一就是严格的作息和规范的内务,遗憾的是军训一结束,这种要求和纪律就由放松到放弃了。坚持用军训标准加强大学生的日常生活管理,在具有一定强制性的管理环境中,逐步增强适应能力,从不自觉到自觉,从行为到习惯,这是增强大学生的纪律观念、养成良好生活习惯的重要手段。俄罗斯军队的"一日生活秩序管理",其内容不过是抓好时间管理,抓好起床、早检查和晚点名,抓好操课,抓好就餐,抓好接待来访,但俄军认为,这是有组织地实施训练、维持正常秩序和军队纪律的重要内容。① 由此可见小事不小,在集体生活中能持之以恒地抓好这些小事,其意义和作用不容低估。

再如:要促使国防教育在第二课堂中"异军突起"。哈佛大学的博克校长认为:"课外活动计划不仅已经成了对学生的有益的服务计划,而且成了教育过程本身的组成部分。教育家曾指出过大学存在的危险:只强调知识和技能,而忽视向学生提供从事相互依赖的合作活动的机会。课外活动,即使是运动队、学生报纸、戏剧组织或音乐团体,都是为了克服这个问题而发展起来的重要手段。这些课外活动,不仅被看成是娱乐的场所,而且被看做是本科生学习相互合作,学习为同伴谋福利的理想的组织形式。"②在高校如雨后春笋般的学生社团和丰富多彩的校园文化活动中,我们鲜见国防教育类的社团及其活动,这是一块值得我们填补的空白。我们应采取"高看一眼,厚爱三分"的态度,通过舆论引导、网络覆盖、文化感染、活动体验等多种形式,促使国防教育在第二课堂中尽快异军突起。

4. 网络育人

充分利用网络平台开展教育,是强化和巩固国防教育的必要途径。

作为一种数字化信息交流系统,网络之所以能风靡全球,关键在于它具有日益强大和丰富的功能。网络现已成为大学生学习、生活和休闲的

---

① 参见李保忠:《中外军事制度比较》,商务印书馆 2004 年版,第 170—173 页。
② [美]德里克·博克:《美国高等教育》,北京师范学院出版社 1991 年版,第 40 页。

基本工具。它为大学生提供了广阔的学习空间、适应大学生丰富的精神需要,并深刻影响他们的思想观念和行为方式。

网络的独特功能与国防教育的关联性主要表现在:

(1)网络信息承载功能,能够扩大国防教育的影响。网络是继报刊、广播、电视等大众传媒之后的"第四媒体",具有强大的信息承载功能。在网络中,国防教育信息承载具有以下特点:一是多媒体技术使教育内容的形态从平面走向立体,由静态变为动态,从现实时空趋向超时空;二是网络的超大信息量,使教育内容变得丰富多彩,具有客观性和可选择性;三是教育内容具有极高的文化与科技含量;四是各种信息超越了地区和国家的界限,教育内容呈多元化趋势。通过网络载体进行国防教育,可以扩大国防教育的覆盖面和影响力,使大学生在接受广泛社会信息的同时接受国防教育信息,且与其他载体的国防教育形成互补,有利于增强国防教育的影响力和有效性。

(2)网络信息传播功能,能够实现国防教育知识价值的传播。从传播学角度看,国防教育是以国防知识、国防技能和国防精神等为主要内容的教育信息的传播行为和过程。国防教育信息的网络传播具有以下优势:一是吸引力更大。网络信息的共享性,能够激发大学生的求知欲和想象力,能够调动大学生的主动性和参与性。二是感染力更强。网络提供的仿真的画面、悦耳的声音和立体的动画,使人身临其境。三是快捷性更高。网络方便快捷,可在任何一个终端获取知识和信息。四是开放性更广。网络为大学生提供了更大范围的学习和社会实践环境。

(3)网络平台互动功能,能够满足国防教育互动的需要。国防教育过程也是国防教育主体与客体之间交流思想、观念、情感、态度和意识的过程,教育者与受教育者的行为和活动同样需要互动。网络提供了一个开放的互动平台。首先,丰富的网络信息,使大学生不满足于课堂的单向灌输,而是积极主动地猎取各种有价值的国防知识和信息。其次,教育角色可以互换,在浏览和选择信息时,参与者以受教育者的身份出现,而在参与网络制作、信息发布等实践活动,将自己的思想、观点、看法及信息传播时,参与者又成为教育者。教育者与受教育者的关系是两个主体相互依存、相互制约的互动过程。

鉴于以上关联性,高校要积极推进网络条件下国防教育的创新。如,根据目前军事课堂教学时数不够的情况,教师可制作多媒体课件,将国防教育课堂搬到网络上。又如,当前部分高校军事学科力量不足,利用网络资源共享功能,可逐步解决目前的困难。具体做法是:选择若干所既有技术、又有师资的高校建立"全国军事理论课网络中心",是军事理论课发展的趋势之一。① 西安交通大学 2003 年研制的"三合一"天地网教育系统,就为开展网络化国防教学提供了一个有效平台。再如,高校在校园网上可建立各具特色的国防教育网站,以利于本校学生以及校际的学习与交流,等等。

---

① 参见张晓霞:《网络化——国防教育之趋势》,《高等教育研究学报》2006 年第 3 期。

主要参考文献

[1]《马克思恩格斯选集》第 1 卷，人民出版社 1995 年版。

[2]《马克思恩格斯选集》第 3 卷，人民出版社 1995 年版。

[3]《马克思恩格斯选集》第 4 卷，人民出版社 1995 年版。

[4]《马克思恩格斯全集》第 3 卷，人民出版社 1980 年版。

[5]《马克思恩格斯全集》第 16 卷，人民出版社 2007 年版。

[6]《马克思恩格斯全集》第 23 卷，人民出版社 1972 年版。

[7]《马克思恩格斯全集》第 31 卷，人民出版社 1998 年版。

[8]《马克思恩格斯全集》第 42 卷，人民出版社 1979 年版。

[9]《马克思恩格斯军事文集》第 1 卷，战士出版社 1981 年版。

[10]《马克思恩格斯军事文集》第 4 卷，战士出版社 1982 年版。

[11]《马克思恩格斯军事文集》第 5 卷，战士出版社 1982 年版。

[12]《列宁全集》第 10 卷，人民出版社 1987 年版。

[13]《列宁全集》第 26、30、32、33 卷，人民出版社 1985 年版。

[14]《列宁全集》第 27 卷，人民出版社 1984 年版。

[15]《列宁军事文集》，人民出版社 1984 年版。

[16]《斯大林文集》(1934—1952)，人民出版社 1985 年版。

[17]《斯大林军事文集》，人民出版社 1984 年版。

[18]《毛泽东选集》(第一、三卷)，人民出版社 1991 年版。

［19］《毛泽东论教育革命》,人民教育出版社 1967 年版。

［20］《邓小平文选》第二卷,人民出版社 1994 年版。

［21］《邓小平文选》第三卷,人民出版社 1993 年版。

［22］《邓小平军事文集》第三卷,军事科学出版社 2004 年版。

［23］《江泽民论有中国特色社会主义》,中央文献出版社 2002 年版。

［24］江泽民:《国防和军队建设思想学习纲要》,解放军出版社 2003 年版。

［25］《孙中山全集》第六集,新华出版社 1981 年版。

［26］Samuel P. Huntington, The Soldier and the State: The'theory and Politics of
　　　Civil-Military Relations, Cambridge: The Bell: nap Press of Harvard University
　　　Press, 1957.

［27］克劳塞维茨:《战争论》第 1 卷,解放军出版社 2005 年版。

［28］约米尼著,钮先钟译:《战争艺术》,广西师范大学出版社 2007 年版。

［29］罗伯特·T. 清崎:《富爸爸投资指南》,世界图书出版公司 2001 年版。

［30］Christopher Cronin, 王京生译:《军事心理学导论》,中国轻工业出版社
　　　2006 年版。

［31］A. B. 巴拉班茨科夫:《军事心理学与教育学原理》,解放军出版社 1984
　　　年版。

［32］修昔底德:《伯罗奔尼撒战争史》,商务印书馆 1978 年版。

［33］卡尔·雅斯贝斯:《时代的精神状况》,上海译文出版社 1997 年版。

［34］道格拉斯·麦克阿瑟:《责任 荣誉 国家》,哈尔滨出版社 2004 年版。

［35］马克·塞拉西尼:《未来战争》,南京出版社 2004 年版。

［36］米歇尔·福柯:《规训与惩罚》,三联书店 1999 年版。

［37］莫里斯·梅洛-庞蒂:《知觉现象学》,商务印书馆 2001 年版。

［38］詹姆斯·邓尼根、雷蒙德·马塞多尼亚:《美军大改革——从越南战争
　　　到海湾战争》,海南出版社 1999 年版。

［39］丹纳:《艺术哲学》,安徽文艺出版社 1996 年版。

［40］维克托·E. 弗兰克尔:《人生的真谛》,中国对外翻译出版公司 1994
　　　年版。

［41］熊彼特:《经济发展理论》,商务印书馆 1990 年版。

[42]军事科学院外国军事研究部译:《新世纪美国军事转型计划》,军事科学
　　出版社 2004 年版。

[43]马斯洛、林方:《人的潜能与价值》,华夏出版社 1987 年版。

[44]《中华人民共和国国防教育法》,中国法制出版社 2001 年版。

[45]《辞海》,上海辞书出版社 1989 年版。

[46]袁世全、冯涛:《中国百科大辞典》,华夏出版社 1990 年版。

[47]顾明远:《教育大辞典》,上海教育出版社 1990 年版。

[48]侯树栋:《国防教育大词典》,军事科学出版社 1992 年版。

[49]石作砺、于葆:《运动解剖学、运动医学大辞典》,人民体育出版社
　　2000 版。

[50]潘琦:《邓小平大辞典》,广西人民出版社 1998 年版。

[51]张首吉、杨源新、孙志武:《党的十一届三中全会以来新名词术语辞典》,
　　济南出版社 1992 年版。

[52]《中学教师实用政治辞典》,北京科学技术出版社 1989 年版。

[53]廖盖隆、孙连成、陈有进:《马克思主义百科要览》下卷,人民日报出版社
　　1993 年版。

[54]《中国军事百科全书》增补卷,军事科学出版社 2002 年版。

[55]《〈中共中央国务院关于进一步加强和改进大学生思想政治教育的意
　　见〉学习辅导百问》,中国人民大学出版社 2005 年版。

[56]《十四大以来重要文献选编》,人民出版社 1999 年版。

[57]徐志刚:《论语通译》,人民文学出版社 1997 年版。

[58]孙钦善:《论语本解》,三联书店 2009 年版。

[59]颜之推:《颜氏家训》,北京燕山出版社 1995 年版。

[60]《管子》,北京燕山出版社 1995 年版。

[61]孙武:《孙子兵法》,武汉出版社 1994 年版。

[62]高时良:《学记译注》,人民教育出版社 1982 年版。

[63]《诸葛亮集校注》,天津古籍出版社 2008 年版。

[64]冯桂芬:《校邠庐抗议》,中州古籍出版社 1998 年版。

[65]郑观应:《郑观应集——盛世危言卷》,上海人民出版社 1982 年版。

［66］曾业英:《蔡松坡集》,上海人民出版社 1984 年版。

［67］《黄埔军校史料》,广东人民出版社 1982 年版。

［68］《爱因斯坦文集》第 3 卷,商务印书馆 1979 年版。

［69］张万年:《当代世界军事与中国国防》,军事科学出版社 2002 年版。

［70］瞿葆奎:《教育基本理论之研究》,福建教育出版社 1998 年版。

［71］罗国杰:《中国伦理学百科全书·伦理学原理卷》,吉林人民出版社 1993 版。

［72］罗国杰、宋希仁:《西方伦理思想史》上,中国人民大学出版社 1985 年版。

［73］徐建军:《大学生思想政治教育前沿》,湖南人民出版社 2009 年版。

［74］徐建军:《大学生网络思想政治教育理论与方法》,人民出版社 2010 年版。

［75］徐焰:《中国国防导论》,国防大学出版社 2006 年版。

［76］吴温暖:《高等学校国防教育》,厦门大学出版社 2007 年版。

［77］武炳、张彦斌、杜景山:《国防教育学》,国防大学出版社 2000 年版。

［78］糜振玉:《中国的国防构想》,解放军出版社 1988 年版。

［79］金一鸣、唐玉光:《中国素质教育政策研究》,山东教育出版社 2004 年版。

［80］李元喜:《国防教育百题问答》,国防大学出版社 1989 年版。

［81］张明仓:《军事价值论》,云南人民出版社 2004 年版。

［82］李保忠:《中外军事制度比较》,商务印书馆 2004 年版。

［83］张之著:《国防意识与民族精神》,国防大学出版社 1989 年版。

［84］田佑中:《学生官——军营里的知识分子》,社会科学文献出版社 2005 年版。

［85］中共中央宣传部宣传局、福建省委宣传部:《国防教育文选》,福建人民出版社 1994 年版。

［86］胡凌云:《国防星光》,东南大学出版社 1997 年版。

［87］贾永堂:《大学素质教育:理论构建与实践审视》,华中科技大学出版社 2006 年版。

［88］徐涌金：《大学生素质教育教程》，中国标准出版社 2008 年版。

［89］邱观建：《面向 21 世纪高校素质教育新体系》，武汉理工大学出版社 2007 年版。

［90］朱如珂：《军事教育学》，解放军出版社 1988 年版。

［91］南京师范大学教育系编：《教育学》，人民教育出版社 2003 年版。

［92］刘子明：《中国近代军事思想史》，江西人民出版社 1997 年版。

［93］王国新：《国防教育》，机械工业出版社 2004 年版。

［94］杨邵愈：《高校国防教育与人才培养研究》，军事科学出版社 1999 年版。

［95］杨东平：《艰难的日出》，文汇出版社 2003 年版。

［96］《普通高校思想政治理论课文献选编》（1949—2008），中国人民大学出版社 2007 年版。

［97］张耀灿、郑永廷、吴潜涛、骆郁廷：《现代思想政治教学》，人民出版社 2006 年版。

［98］陈万柏、张耀灿：《思想政治教学原理》，高等教育出版社 2007 年版。

［99］郑永廷、江传月：《主导德育论——大学生思想政治教育一元主导与多样发展研究》，人民出版社 2008 年版。

［100］刘沧山：《中外高校思想教育研究》，人民出版社 2008 年版。

［101］谢祥清、杨曼英：《素质教育教程》，湖南师范大学出版社 2007 年版。

［102］李先德：《国防教育学概论》，国防科技大学出版社 2007 年版。

［103］彭聃龄：《普通心理学》，北京师范大学出版社 2004 年版。

［104］严玉明、吕家兴：《高校国防教育理论与实践》，中央民族大学出版社 2008 年版。

［105］齐俊桥、王万军：《高等学校国防教育教程》，北京理工大学出版社 2005 年版。

［106］郝翔：《国防教育概论》，高等教育出版社 2005 年版。

［107］胡杰权：《大学生国防教育教程》，武汉理工大学出版社 2009 年版。

［108］毛建盛：《大学生国防教育》，科学出版社 2008 年版。

［109］王传中：《大学国防教育》，武汉大学出版社 2009 年版。

［110］霍凤鸣：《大学生国防教育》，高等教育出版社 2007 年版。

［111］段伟:《大学生素质教育指南》,科学出版社2008年版。

［112］李建珊:《科学方法纵横谈——大学生文化素质教育世纪文库》,河南
　　　人民出版社2004年版。

［113］刘振中、戴梦霞:《身体素质教育论》,广东教育出版社2002年版。

［114］崔丽莹、黄忆春:《心理素质教育论》,广东教育出版社2002年版。

［115］韩秋风、刘勇、王明山:《心理训练理论与实践》,国防大学出版社2003
　　　年版。

［116］王东华:《发现母亲》上,四川人民出版社1999年版。

［117］张勤德:《现代国防大典》第3卷,中央文献出版社1999年版。

［118］解思忠:《国民素质忧思录》,作家出版社1997年版。

［119］孙科佳:《中国特色的军事变革》,长征出版社2003年版。

［120］奚纪荣、时刚:《信息化条件下军事理论创新研究》,军事科学出版社
　　　2005年版。

［121］毕文波、严高鸿:《军事思维学前沿问题研究》,军事科学出版社2005
　　　年版。

［122］先钟:《现代战略思潮》,台湾黎明文化事业1985年版。

［123］孙洪敏:《创新思维》,上海科学技术文献出版社2004年版。

责任编辑:夏 青

图书在版编目(CIP)数据

高等学校国防教育与素质教育关系论/徐建军 汪 强 著.
　-北京:人民出版社,2011.6
ISBN 978-7-01-009898-2

Ⅰ.①高… Ⅱ.①徐…②汪… Ⅲ.①高等学校-国防教育-关系-
　素质教育-研究-中国 Ⅳ.①G641.8②G640

中国版本图书馆 CIP 数据核字(2011)第 086040 号

高等学校国防教育与素质教育关系论
GAODENG XUEXIAO GUOFANG JIAOYU YU SUZHI JIAOYU GUANXI LUN

徐建军 汪 强 著

人民出版社 出版发行
(100706 北京朝阳门内大街166号)

北京集惠印刷有限责任公司印刷 新华书店经销

2011年6月第1版 2011年6月北京第1次印刷
开本:710毫米×1000毫米 1/16 印张:20.75
字数:280千字 印数:0,001-3,000册

ISBN 978-7-01-009898-2 定价:45.00元

邮购地址 100706 北京朝阳门内大街166号
人民东方图书销售中心 电话 (010)65250042 65289539